思想會

[法]让-保罗·宽泰 著

Jean-Paul Cointet

DE GAULLE Portrait d'un soldat en politique©Perrin, 2020
Simplified Chinese language edition published by arrangement with Editions Perrin, through The Grayhawk Agency.
本书根据Perrin出版社2020年法文版译出。

思想會

GAULLE
DE GAULLE

卢梦雪——译

Portrait d'un soldat
en politique

戴高乐

军人政治家的
肖像

社会科学文献出版社
SOCIAL SCIENCES ACADEMIC PRESS (CHINA)

致我的妻子米歇尔
和我的女儿奥瑞安

目 录

引 言 ··· i

第一章 预料之中的战争 ·· 1
成长经历 ·· 1
他那个时代的欧洲是什么样子？ ·· 10
戴高乐与德国 ·· 19
圣西尔军校与军队 ·· 21

第二章 战争学校 ·· 24
战争以及战争的教育 ·· 24
敌人的弱点：《敌人内部的倾轧》 ·· 31

第三章 战后时期：挫折与野心之间 ·· 35
指挥时期—战争学校—在贝当的内阁中 ···································· 38
一位多产的作者：《剑锋》 ·· 50

第四章 装甲部队之"战"：从军事到政治 ·································· 55
迈向职业化军队 ·· 55
跃升为政治家 ·· 64
从《法国及其军队》到战争 ·· 76

迎面而来的战斗 ··· 83
　　政府方面：整装待发 ······································· 86

第五章　自由法国，即三国战争 ······························· 96
　　6月18日的宣言及其后继者：现代版的《埃涅阿斯》 ······ 96
　　"我一开始一无所有" ······································ 110
　　戴高乐的三重战争 ··· 117
　　寻找军队与主权 ·· 133

第六章　从北非登陆到临时政府：戴高乐赢得了将军们 ····· 151
　　登陆：戴高乐的好消息？ ································· 151
　　迈向与伟大盟国的决裂？盟国的背后一击：苏联？ ···· 154
　　阿尔及尔的等分线：一个孤单的领导人 ················· 172

第七章　战时戴高乐主义在关键时刻的表现 ················· 186
　　战争的三重任务 ·· 186
　　三场战役的三位军事领导人 ······························ 192
　　"这是法国的战役，这是法兰西之战" ··················· 196
　　巴黎争夺战暨合法地位争夺战 ···························· 199

第八章　战时戴高乐主义与法国及国际现实的对抗 ········ 206
　　对"地位"的艰难探索 ···································· 206
　　失败与成功 ·· 211

第九章　冷战时期的戴高乐主义 ······························· 220
　　一个新的自由法国？ ······································· 220

在科隆贝，一个新的世界观 ·················· 224

第十章　为了争取法国的地位、反对战争而进行的核试爆
　　　　——一场政治献礼 ···················· 236
　戴高乐回归前夕的世界 ······················ 236
　阿尔及利亚事件：实现伟大雄心道路上的一个障碍？········ 238
　当务之急：国家独立 ······················· 241
　对西方联盟的批评：1958 年 9 月的备忘录 ············ 243
　核爆事件及其政治影响 ······················ 246
　一个为外交服务的炸弹：消逝的欧洲梦 ·············· 252

结　语 ······························· 262

附　录 ······························· 264

注　释 ······························· 284

参考文献 ····························· 294

索　引 ······························ 299

引 言

> 什么都没有意义
> 什么都没有发生
> 然而一切都发生了
> 但这并不重要。

尼采的这句格言,是戴高乐于 1969 年 6 月在他的《战争回忆录》第三卷,针对不同人物的献词中提到的,此时他正在爱尔兰逗留。1947 年 9 月 1 日,当戴高乐在位于弗朗索瓦一世大街的解放勋章授勋总部,从蒂埃里·德·阿根利乌(Georges Thierry d'Argenlieu)上将手中接过特等解放勋章(grand maître)时,他就已经分享了这一格言。

这些失意的言辞,先后发表于他 1946 年 1 月下野[①]之后,以及 1969 年 4 月 27 日在全民投票[②]中败北之后的第二天。这位"骄傲的行动天才"——这是拉马丁(Alphonse de Lamartine)[③] 用在

---

① 1946 年 1 月 20 日,戴高乐因为军事贷款问题向国民议会主席费力克斯·古安提出辞职。(编者按:全书脚注如未做说明,均为译者所添加。)
② 戴高乐就有关区域改革和参议院体制改革提议进行全民公决,1969 年 4 月 27 日,该提议以 52.4% 的反对票被否决。戴高乐宣布辞职。
③ 阿尔彭斯·德·拉马丁(1790~1869)是法国 19 世纪第一位浪漫派抒情诗人,也是作家和政治家。

9 拿破仑身上的话——经历了以忧郁和帕斯卡式的悲观主义[①]为标志的黑暗时期，深深感受到了"万物之渺小"，但仍"孜孜不倦地在黑暗中寻找希望的微光"。

在1919年的波兰战役中，他曾对一位波兰同志说过这样的话："梅德韦奇（Medwecki），咱们是灾难的一代"[1]［这个说法是从夏多布里昂（Chateaubriand）[②]那里借用的］。戴高乐喜欢一种黑色幽默。这完全可以按照安德烈·布勒东[③]的方式，编写一本文集。

他本质上是悲观的，他在判断上是清醒的，承诺上是积极的，这就是戴高乐的个性。简而言之：一个积极的悲观主义者。

在行动中，对他来说重要的不是任务本身、不是目的，而是激发这个行动的意志，戴高乐是不是这样一个人？拒绝和反抗，是他做出决定的核心。

在他身上似乎同时存在着两个人，一个是军人，一个是政治家。军人还是政治家？或二者兼备？他不是曾经向他的副官克劳德·盖伊（Claude Guy）倾诉过，"我如果没有成为一名军人，就一定会投身于政治事业"[2]吗？

戴高乐很早就主张，政治要高于军事，此后也一直如此。然而，从军事到政治的过渡发生在他的身上，他经历了一种人格重叠。1940年6月，戴高乐将军宣布自己为自由法国的领导人。这是对他代表全体法国人民的隐性肯定，是以继续战争的名义做出的。这是一个高度政治化的姿态；他的个人命运从此与整个国家合

[①] 布莱士·帕斯卡（Blaise Pascal，1623~1662），法国数学家、物理学家、哲学家、散文家。著有《思想录》等。

[②] 夏多布里昂（1768~1848），法国18世纪至19世纪的作家、政治家、外交家、法兰西学院院士。著有《墓畔回忆录》等，是法国早期浪漫主义的代表人物。

[③] 安德烈·布勒东（André Breton，1896-1966），法国诗人和评论家，超现实主义创始人之一。

为一体。解放时担任临时政府首脑，1958年当选为国家元首，1965年再次当选，他同时也是武装部队的首脑。为此，各种形式的战争都是必要的。他在1927年指出："没有战争，就没有伟大的政治家。"[3]

战争的确是戴高乐的忠实伴侣。他的主要职责是为军队服务。为军队服务就是为法国服务。这就是历史教给他的。1938年，他在《法国及其军队》中写道："法国是用剑创造的。我们的祖先带着布伦努斯（Brennus）[①]的盾牌进入了历史。"戴高乐对他的总理说："要强硬，蓬皮杜，要强硬。"脱离了他周围的事物，脱离了其他人，由判断力指引着，戴高乐本能地知道什么对法国有益。他对法国的判断是相当悲观的，与依波利特·泰纳[②]（Hippolyte Taine）的《当代法国的起源》中的观点接近，这是一部在他父亲的时代和他自己的时代被广泛阅读的作品。法国不是注定会经历"完美的成功"或"典型的不幸"吗？与泰纳一样，他对法国持有"悲观的看法"。他把法国的衰落追溯到拿破仑从俄罗斯的撤退。其责任在于——这一点必须大力强调——"在于法国人民的过失，而不在于法国的天才"[③]，正如他在《战争回忆录》的开头写道。在法国人的上面，站着法国。一个守护者式的天才[④]看着法国，他似乎尤其对法国人民的特殊命运漠不关心。法国是永恒的，法国人会逝去。他不是曾坦言"法国在法国人之上。我并不关心法国人

---

① 布伦努斯是一位高卢酋长，曾在公元前390年带领高卢人攻陷罗马。
② 依波利特·泰纳（1828～1893），法国哲学家、文艺评论家、历史学家，法国实证主义史学的重要代表，主要作品有《英国文学史》《现代法国的起源》《艺术哲学》等。
③ 天才（génie）也有守护者的意思。与后文相呼应。法国的天才，即指法国的领导人，比如拿破仑、戴高乐。
④ 指戴高乐。

的幸福。我们为法国而死。这证明了法国是另一个东西,而且比法国人更重要"[4]吗?

这种人格重叠和戴高乐特有的距离感,使任何传记的书写都变得特别困难,因为这当中充满了陷阱。

遗憾的是,在他去世五十周年之际,我们只有一些不尽如人意的资料。很少有文本或文件提到他的青年和少年时期,这些时期对一个人的人格形成具有决定性意义。我们可以回顾他1905年写的《德国战役》(他当时只有15岁),他在其中描绘了戴高乐将军领导着最强大的法国军队(有20万人)所取得的成就。缘由似乎已经找到了。戴高乐很早就看到了自己作为军人的天职。

毫无疑问,一切都不是那么简单。在其他圈子里,人们想成为灭火员。在戴高乐的传记作者中,有谁对1908年(他当时18岁)的这篇题为《扎拉伊娜》(*Zalaïna*)①的报道感兴趣?[5]这段文字提出了令人不安的问题。它讲述了一位年轻的殖民地军官——我们的英雄——在新喀里多尼亚登陆的故事。在这里有一段异域缘分。他遇到了一个来自波利尼西亚的年轻女孩,女孩和她的老父亲,一个巫师,住在一个与世隔绝的小屋里。他思绪混乱,犹豫不决,准备留在岛上,远离任何事业前程。通过自己的努力,他的状态恢复了。年轻的女孩爱着他,在他离开时送了他鲜花。这些是充满诱惑的花朵,它们的香气能诱人走向死亡。他险些难逃一劫。在这里,我们看不到特定的顺序:异国风光,一见钟情,被放弃的诱惑,以痛苦为标志的恢复,作为对这种放弃的惩罚而险些没能逃过去的死亡。

因此,戴高乐余下的生活和工作——也就是本书的第一个假

---

① 戴高乐用笔名查尔斯·德·卢加勒(Charles de Lugale)写了一篇题为《扎拉伊娜》的短篇小说,讲述了一个法国军官和一个年轻女孩在新喀里多尼亚(Nouvelle-Calédonie)的爱情故事。

设——可以看成是拒绝坦白的,并且还伴随着因对坦白的掩饰而产生的遗憾。在《战争回忆录》中,他所思考和沉淀下来的内容,几乎不涉及私人领域。他的成长期仿佛被略过了,直到20世纪30年代,他才开始真正地、在极短的时间内成长起来。除了几本主要富含格言的私人笔记外,他似乎没有连续的日记。对于1914年之前的时期,《信件、笔记和笔记本》的相关记载仍然非常简短。戴高乐身上似乎有一种天然的谦逊,有驱除任何诱惑的意志,而这些诱惑,在我们的时代,对许多人来说,会导致频繁的放荡且幼稚的行为。

我们有必要谈及他用坚定的意志来压制一个热情灵魂的随心所欲吗?他对孤独和痛苦还适应吗?

本书的最后一个假设是,我们面对的是一个基于真实心理的贪婪而诞生的虚构人物的创作现象吗?让我们在此基础上,再补充领导者一定会拥有的"秘密"和"神秘"。戴高乐很早就为自己塑造了一个历史角色。环境,以及抓住历史机遇的能力,为这个火热的灵魂添上了双翼。作为一个长期解读戴高乐"现象"的人,我只能得出这样的结论。[6]

这也是让-吕克·贝尔(Jean-Luc Barré)[7]的观点。他得出的结论是,戴高乐作为一个历史学家,他的个性是,"不为交出自己而写作,而为构建自己"。因此,他没有必要进行任何反省或私人忏悔。《战争回忆录》的作者顺从了自己的本性,从而避开了任何触及内心的忏悔。夏尔·戴高乐讲述了戴高乐将军的故事。①

这是否意味着后者只是在最后一次战争结束后被塑造出来的?

---

① 即《战争回忆录》是一本关于戴高乐这位职业将军的故事,不涉及戴高乐的私人领域,极为客观,像在写别人的故事。

我认为我们必须追溯到更早的地方。事实上，从很早的时候就开始了。

我在他1914年24岁时写的短篇小说中发现了证据——这是出人意料的。这个短篇小说的标题是《洗礼》，讲述了地方官员兰格（Langel）（De Gaulle 的不完全变体）的故事。兰格是他的朋友贝尔托上尉的妻子的情人。在这里，我们看到了勇气：爱人、朋友……由于感觉自己即将死亡，船长将他的文件委托给兰格。船长死后，兰格将文件交给了船长的遗孀。当兰格开赴前线时，这位中尉被悔恨冲昏了头脑，决定向他心爱的女人告别，并给他的爱人写了最后一封信，在信中他放弃了自己的爱情。戴高乐写道，士兵选择了"去感受祖国永恒的心而非自己短暂的心的跳动"[8]。

这是一出高乃依式（Corneille）① 的悲剧，剧中人物选择了英雄主义与祖国，而不是肉体欢爱。这与《正午的分界》（*Partage de midi*）的情节相反，在《正午的分界》里，是女主角梅萨牺牲了自己。这当然是一段浪漫的插曲，但它却证明了戴高乐意志上的自我训练。

这很好理解。在小说中，我们面对的是一个英雄人物，一个高乃依式的原型，全副武装，在他的生命中拒绝做任何可能过于有情有义的事情。

那么，我为什么要写这样一个人，又该如何写呢？有一个主题，在我看来是很宏伟的，因为它触及了本质。它允许我们在不忽视人的矛盾性与复杂性的条件下，克服矛盾性与复杂性。这个主题，就是战争。也许是为了克服自己内心的挣扎，戴高乐正是在这个主题上建构了自己并担负起了责任。这并不是说他本身就是一个

---

① 皮埃尔·高乃依（1606~1684），以写作悲剧闻名。法国古典主义悲剧的代表作家，一向被称为法国古典主义戏剧的奠基人。

战争贩子。他在大战中作为战斗人员的经历，对人类折损的规模所感受到的痛苦，会劝阻他不要这样做。

他这代人，经历了三次大的冲突：1870年的战争——他的父亲让他对这一冲突有了深刻了解，第一次世界大战，以及第二次世界大战。所有这些都与德国有关。

与战争有关的主题和课题很多：军事和外交、战略和学说。如何看待外国伙伴和对手？军队机构是如何组织起来的？当他成为国家元首和军队首脑时，他是如何将军事和政治合二为一的？而将军事和政治合二为一，是他从一开始就最为关心的问题。在冷战时代，核武器和国家独立政策之间是什么关系？他智力和精神上的自我训练，对作家和军事理论家来说有哪些贡献？

像所有对其时代产生深刻影响的人一样，戴高乐引发了反对浪潮①，并伴随着罕见的暴力争斗，最终导致了阿尔及利亚的"战争"，而他并没有去澄清任何争论。在国外，他也有很多反对者以及并不情愿的伙伴。他与丘吉尔（Winston Churchill）的争吵——他声称在战争中自己代表法国，以及在撤出大西洋联盟（Atlantic Alliance）②的综

---

① 戴高乐下野期间，内阁的不稳定和第四共和国面对阿尔及利亚问题的束手无策导致法国政体面临严重的危机。来自各界的许多政要都希望戴高乐复出。1958年5月19日，戴高乐表示"准备接受共和国的委任"。这期间暴动规模迅速扩大，并有演变成内战的可能。6月1日，议会投票通过授权戴高乐组建新政府。于是戴高乐作为第四共和国的末任总理再度当政。在第五共和国期间，由于阿尔及利亚战争时间的延长，戴高乐力图循序渐进地引导法国民众舆论从支持"自决权"，转而支持"阿尔及利亚人的阿尔及利亚，"进而支持"阿尔及利亚共和国"，最后承认阿尔及利亚独立。阿尔及利亚于1962年7月宣告独立。

② 大西洋联盟政策是指战后美国加紧制定控制西欧的政策。1946年冬至1947年春，逐步形成了美国对西欧的总政策，即大西洋联盟政策，以达到其称霸的目的。大西洋联盟政策的具体表现是马歇尔计划的提出和北大西洋公约组织的建立。北大西洋公约组织是马歇尔计划在军事领域的延伸和发展。戴高乐拒绝美国人的监护，逐渐将法国从北大西洋公约组织中撤出。1966年法国正式宣布脱离北大西洋公约组织，但仍然是大西洋联盟的成员国。

合机构时与美国人的争吵，都很有名。

而我们怎么能把军事与政治和外交分开呢？通过在公共领域发起关于战争的辩论，戴高乐完成了一个宣传家的工作。

因此，长期以来，专门讨论他的文学作品在不加掩饰的支持者和不加掩饰的反对者之间产生了大量分歧，这是完全可以理解的。很少有人会被如此憎恨或钦佩。

从戴高乐的气质及观念来看，他只有在对抗中才能真正取得成就。他信念的力量，以及他的"狡猾"意识，意味着他道路上的障碍和对手是成倍增加的。

戴高乐的人生，似乎不是在对障碍的永久寻找中展开的，也不是在能永远克服障碍的确定性中展开的，而是在即将到来的考验中，在可预见的伟大事业中展开的。

第一章　预料之中的战争

成长经历

我们不要落入某些传记所描述的陷阱里，即伟人的出生便与众不同，以一种宿命论的方式，注定了伟大传奇的一生。戴高乐，他以 6 月 18 日的宣言①，成为一个生动的传奇，这段只有声音没有影像的宣言像一束亮光，让藉藉无名的戴高乐大放异彩。这并不能给他打上摇篮里注定成为天才的印记。因为这将是对他在 6 月 18 日宣言之前，以非凡的智慧、意志和雄心，以及充满技巧且耐心完成的准备工作的无视。

---

① 1939 年秋，第二次世界大战爆发，德军向西欧大陆席卷而来，令法国政界不少人悲观失望。1940 年 6 月 14 日，法国首都巴黎沦陷。16 日晚，法国投降派人物贝当上台，组织政府。鉴于国内政府已完全失去了抵抗外来侵略的能力，戴高乐离开法国，奔赴英国发动救国运动，并于 6 月 17 日飞往伦敦。但是当天晚上，贝当政府就发表了对德投降的广播讲话。6 月 18 日，戴高乐毅然走进 BBC 广播电台，从英国通过广播，号召法国人民继续进行反抗德国法西斯的斗争，并在伦敦发起"自由法国"运动，宣布成立"法兰西民族委员会"。1940 年 6 月 18 日，在英国 BBC 广播公司，戴高乐朗读了著名的《告法国人民书》："……现政府已经开始和敌人进行交涉，以便停止敌对行动。……但这是最终的结局吗？我们的失败是否已成定局而无法挽救了呢？我对这些问题的回答是：不！……法国失掉了一场战斗，但并没有失掉正义的战争……法国抵抗的火焰不能熄灭，也绝不会熄灭……"，他领导的"自由法国运动"汇入了世界人民反法西斯战争的伟大洪流中，终于在 1944 年 8 月解放了巴黎。

戴高乐出身于一个法学知识分子的小贵族家庭，而非显赫的军人世家。在波塞利大厅（le salon de la Boisserie）①的祖先画像中，人们无法找到骄傲的士兵的画像。而对于这位经常在文字中自嘲的士兵而言，他的先辈之中不乏文人、教师。当然，我们也不能低估家庭环境的重要性，比如，父亲就对他有着深刻的影响，由于形势变化，他的父亲没有在理工学院上学，也没有当过官。

学识和精神上的培养，在一个异常敏感、警觉和记忆力超强的男孩身上，有多大的影响呢？

他是从父亲那里听着1870年的战争②故事长大的，而这场战争也是日后法兰西民族被屈辱而痛苦地截断的前奏。他的父亲是一个爱国者，一个"遗憾的君主主义者"（1873年，正统派③和奥尔良派④的合并最终还是失败了），他的父亲向他灌输了对军队和祖国的热爱，包括对历史的看法。历史、国家、军队这三大主旋律，伴随着他的童年和少年时期。他在思索包括当前事件的最初原因时，可能也要归功于父亲这种有点教授式的教育方式。很久以后，他将在一场新闻发布会上证明这一点。他对历史的看法是变化的，而不是固定的，这能让他认真判断在一个固定理论的确定性影响下僵化的军事环境。他的看法在过去、现在和未来中穿梭。

他所继承的爱国主义，与他的天主教信仰是紧密相连的吗？他的信仰以及他与教会的亲密关系，并不总是与他的家庭环境息息相关。由于时代的不幸，他的曾祖父和整个资产阶级一样，在回归教

---

① 戴高乐家族故居。
② 即1870年普法战争。戴高乐的父亲非常爱国，普法战争更是激发了他的爱国情怀。
③ 即拥护世袭君主制的君主主义者。
④ 18世纪到19世纪法国拥护波旁家族奥尔良系的君主立宪派。

会之前是伏尔泰主义者①。亨利·戴高乐（Henri de Gaulle）强调了夏多布里昂②这位基督教③天才对许多家庭回归基督教信仰的重要性。许多观察家研究了基督教在戴高乐生活中的影响。对于某些人来说，这并不是他的思维底色，他只是会为了某些目的而使用它。让-雷蒙德·图尔诺④（Jean-Raymond Tournoux）引用埃马纽埃尔·达斯蒂埃·德·拉维格⑤（Emmanuel d'Astier de La Vigerie）的话说：“将军不信教……对他来说，他的信仰就是社会秩序。”[1]而雅克·苏斯特尔⑥（Jacques Soustelle）说：“戴高乐将军不是基督徒。对他来说，教会属于国家机构。”

马尔罗（André Malraux）⑦倾向于另一个观点：“我永远无法理解他的信仰……他很少提到上帝，在他的遗嘱中也没有提到。他绝不是基督徒。我知道他在一些重要的问题上保持沉默，这种沉默源于无懈可击的谦虚和骄傲……我认为他坚信自己的信仰，以至于忽略了一切可能会被质疑的领域。”[2]

令观察家们困惑的是他在这方面的审慎。在他的著作和问答中，他从未给出任何信息。在他的文字里，没有华丽的辞藻，只有谨慎的影射暗示、简单的态度。作为一个遵守教规的人，他经常参

---

① 即反对君主专制制度，提倡自然神论，批判天主教会，主张言论自由。
② 法国18世纪至19世纪的作家、政治家、外交家，一方面推崇王政主义，另一方面又崇尚自由，是法国早期浪漫主义的代表作家。
③ 在此文中，指广义基督教，包括天主教。
④ 让-雷蒙德·图尔诺（1914~1984），法国记者。
⑤ 埃马纽埃尔·德·阿斯蒂埃·德·拉维格（1900~1969），法国作家、记者、政治家、左派戴高乐主义者。
⑥ 法国人类学家、政治家、左派人士，新教家庭出身。
⑦ 安德烈·马尔罗（André Malraux，1901~1976），小说家，评论家。他在政治上一直与戴高乐紧密地站在一起。1945年起历任新闻部长，人民联盟的全国代表，法国总统府国务部长，后兼任文化部长。死后葬于先贤祠。

加弥撒。在科隆贝（Colombey）①，他在教堂里有自己的位置。在他的家里，则既没有神学，也没有基督教的灵修。

他的行为，他的著作，都充满了人性和政治性。他参加过公开的弥撒。1944年12月，他参加了在莫斯科圣路易·德·法兰西教堂（Saint-Louis-des-Français）举行的弥撒。这座教堂是这个首都的唯一一座天主教教堂。1966年6月，他在列宁格勒参加了圣母院（Notre-Dame-de-Lourdes）的弥撒。

在高卢的符号中，洛林十字②和解放勋章具有重要地位。洛林十字有双重含义。首先，是爱国。为了纪念洛林及其对日耳曼侵略者的抵抗，洛林十字于1477年1月5日的南希战役中首次出现在勒内二世公爵（René II）的旗帜上。而对于基督徒，这是复活的标志。双横杠的起源无疑可以从固定在基督十字架顶部的，印有INRI字样的小牌中看出。

至于法国解放勋章③，既能让人联想到秘密教会，又能让人联想到中世纪的骑士团，同时也体现了反抗和希望。在此，让我们回顾一下授勋仪式的庄严措辞，这能让人联想到封建君主的封爵仪式："我们接受您成为我们的同志，为了法国的解放，为了荣誉，

---

① 戴高乐故居。戴高乐选择科隆贝，一是因为当时他已察觉德国正准备武装战争，科隆贝处在巴黎和法德边境之间，自己可在戎马倥偬之际有个休息之处；二是因为女儿安娜患先天残疾，而科隆贝优美的风光、安静的环境很适合病人疗养。

② 洛林十字架最大的特色是它比一般十字架多一个小横杠，小横杠代表在耶稣被钉的十字架上原有写上"INRI"四个拉丁字母的小木牌。"INRI"代表"Iesvs Nazarenvs Rex Ivdaeorvm"，即"拿撒勒人耶稣，犹太人的君王"。在第二次世界大战时戴高乐将军更采用此十字作为法国抵抗运动的徽号，自由法国的象征。

③ 法国解放勋章（Ordre de la Libération）由法国前总统戴高乐将军在1940年第二次世界大战期间设立，以表彰在战争中解放法国的英雄。创立人戴高乐将军是勋章设立后唯一的特等勋章获得者（Grand Master）。（Grand Master是法国勋章的最高等/特等）

为了胜利。"后来，马尔罗说戴高乐是勋章的首领。

戴高乐有马基雅维利主义者的嫌疑——这个词很弱——他可能是个基督徒吗？他在《剑锋》（Le Fil de l'épée）中分明写道："这不是德行的问题，福音派的完德（la perfection évangélique）① 不会带来一个帝国。""如果你没有强烈的自私、骄傲、苛刻、狡猾，你就难以理解行动派们。"②³但是，马基雅维利主义——常常被认为是不好的——并不只有被赋予的普通含义。

戴高乐的民族意识，可能会使得他说自己是一个纯粹的民族主义者，因此，在这一点上，他不是一个基督徒。⁴戴高乐不是一个基督徒的事实，并不是让他成为一个民族主义者的理由。莫拉斯（Charles Maurras）主义③的指责并不离谱，它已经出现了。这些指责忽略了莫拉斯的反基督教无神论。可以肯定的是，戴高乐早在1937年就加入了《现时代》（Temps présent）④ 支持者的协会，这是

---

① 完德，是宗教（基督教）术语，可以理解为完美的道德，因为本意/直译，perfection就是完美的意思，évangélique是福音的/基督教福音派的意思。
② 指法兰西行动。法兰西行动（l'Action française）是由法国作家莫拉斯发起的民族主义运动。该运动的政治思想主要为：(1) 民族主义具有超自然的性质，民族是绝对意义上的"自身终极体"。(2) 法兰西具有躯体、灵魂和自然的美丽。法兰西在世界上是无与伦比的。(3) 为了维护法兰西的和谐、统一，阻止民族衰落，必须消灭可能会削弱民族机体的一切东西，必须否定法兰西共和国和法国大革命赖以为基础的一切哲学原则。(4) 爱国主义要求一个强大、稳固而持久的政体，即君主政体。与之根本对立的民主是必须否定的。(5) 为了确保民族的繁衍，不仅要抵御外敌入侵，也要反对内部敌人，如犹太人等。
③ 夏尔·莫拉斯（Charles Maurras）（1868~1952），法国作家，法兰西学院院士，法兰西行动的领导人。1899年发起组织法兰西行动（l'Action française），并于1908年发行《法兰西行动报》，鼓吹反犹，宣扬种族主义，反对共和国和议会制度，主张恢复君主制，实行法西斯统治，成为法西斯主义理论家。1941年11月，被维希政府提名为全国顾问委员会委员。1944年9月，法国解放后被捕。次年被判终身监禁。1952年病死。著有《哲学家之路》、《野蛮与诗歌》和《内部平衡》等。
④ 基督教民主派报纸。

一本反法西斯主义杂志,这本杂志坚决反对"法兰西行动"(l'Action française),因为这是一本民主派-基督教的报刊。在1940年6月14日的报纸上,他受到了这样的致敬:"当所有的朋友得知,我们中的一个人,戴高乐将军……被保罗·雷诺先生(Paul Reynaud)选中,到国防部协助工作时,大家都很高兴。"西蒙娜·韦伊[①](Simone Weil)给戴高乐提供了强有力的精神支持,使《召唤》[②](l'Appel)具有近乎神秘的色彩,也把戴高乐描述成了一个献身于精神使命的人。

让我们看看年轻的戴高乐是如何看待当时的法国和欧洲的。

他被法国人民内心的分裂思想所触动,在《战争回忆录》中,他忆述了"社会冲突和宗教冲突"。他说,少年时代的他"看到这么多的才华浪费在了政治混乱和国家分裂中,感到很是遗憾。"这是一个无政府主义者发动攻击的时代,各种政治丑闻、腐败现象正在四处蔓延。德雷福斯事件[③]使千家万户以及各个团体中均出现了分裂。他父亲说,不相信德雷福斯上尉有罪。法绍达事件[④]刺伤了他,他看到马尚德(Jean-Baptise Marchand)不得不在基钦纳(Kitchener)面前屈服。而正是1900年这一年,他开始了高中的学习生涯。1908年,当他进入斯坦尼斯拉斯学院(collège Stanislas),准备

---

① 西蒙娜·韦伊(Simone Weil),法国哲学家。
② 即戴高乐所著《战争回忆录》的第一卷《召唤》。
③ 1894年法国陆军参谋部犹太籍的上尉军官德雷福斯被诬陷犯有叛国罪,被革职并处终身流放,法国右翼势力乘机掀起反犹浪潮。此后不久即真相大白,但法国政府却坚持不愿承认错误,直至1906年,德雷福斯才被判无罪。
④ 法绍达(Fashoda)事件是指1898年英、法两国为争夺非洲殖民地在苏丹发生的一场战争危机。英国坚持要求法国立即无条件撤离法绍达。根据法国民族主义者的说法,法国的屈服是明确的证据,表明法国军队被支持德雷福斯的叛徒严重削弱了。然而,1898年1月重新开放对德雷福斯事件的讨论,在很大程度上分散了法国舆论对苏丹事件的关注,而且人们日益质疑在非洲如此偏远地区进行战争的智慧,法国政府悄悄命令其士兵撤离。11月3日,危机和平结束。

参加圣西尔（Saint-Cyr）① 的入学考试时，这些事件实际上已经结束了。1907 年，他的父亲在贝克（Bac）街创办了一所中学，即枫丹学校（l'école Fontanes），在他父亲的学生中，有日后的红衣主教热里（Pierre Gerlier）、弗约（Pierre Veuillot）、乔治·贝尔纳诺斯（Georges Bernanos）②，以及日后的让·德拉特·德·塔西尼（Jean de Lattre de Tassigny）将军。

亨利·戴高乐的孩子们上的是免费学校，课程与公立学校一样，他们准备同样的考试和竞赛。夏尔·戴高乐在 6 岁到 10 岁间，和兄弟们一起在圣托马斯-阿奎那的基督教学校学习。在沃吉拉尔街的耶稣会里，可以看到他的身影，他的父亲是那里的学监，他的同学是乔治·贝尔纳诺斯。

毫无疑问，戴高乐对耶稣会的老师一直有着清晰的记忆。1908 年，他写了《教会》一文，向他们致敬。可以推测，法国解放勋章在具备军事勋章和组织内部勋章双重维度的同时，也有着清晰的宗教元素。第一位获得法国解放勋章的，是加尔默罗会（Carmes）③ 的教省长，蒂埃里·德·阿根利乌上将。

1907~1908 年，夏尔·戴高乐的学业中断了一年。在通过中学毕业会考（baccalauréat）后（他以年龄豁免的方式，通过了考试），他的父亲让他离开法国。这有两个原因，主要原因是，宗教教团无法继续开展教学活动。次要原因是，亨利·戴高乐觉得，自己的儿子虽然想当军官，但在数学方面还不够优秀。因此，亨利为夏尔以及夏尔的弟弟雅克（Jacques de Gaulle）选择了距离图尔奈

---

① 圣西尔军校，法国最重要的军校。
② 乔治·贝尔纳诺斯（Georges Bernanos）（1888~1948），法国小说家、评论家。
③ 又称"圣衣会""迦密会"。天主教托钵修会之一。12 世纪中叶创建于巴勒斯坦的加尔默罗山，因此得名。

(Tournai) 6公里、位于比利时安托宁（Antoing）的圣母院高等学校（Ecole Supérieure Sacré-Coeur de l'Immaculée Conception）。安托宁紧邻丰特努瓦战场（bataille de Fontenoy)①，1745年，萨克斯元帅（Saxe）当着路易十五的面，在这里击败了英荷军队。这场战役，成了萨克斯元帅征服荷兰的前奏。这所学校建立在1901年从法国耶稣会士手中租来的利涅亲王（Ligne）的城堡内。[5]

位于安托宁的这所学校，专门为高等学院（Grandes Ecoles）（例如巴黎中央理工学院，巴黎高科农业学院……）培养人才，但由于学校地处外国，不能培养学生上圣西尔军校（Saint-Cyr）。它只接收已经受过坚实的基督教教育的学生。学校有一半的学生来自法国北部。夏尔·戴高乐在那里上了小学数学课，还学了很多德语。因为德语是圣西尔的必修语言。耶稣会在比利时还有三所学校。[6]从学生的来源，就可以看出大部分法国封建城邦的历史。② 有一些学生名留校史，其中最著名的有：奥尔良（Orléans）、路易·维约特（Louis Veuillot）、德·索拉吉神父（de Solages）、库里耶尔·德·卡斯特瑙将军（Curières de Castelnau）、拉图杜平（La Tour du Pin）、豪特克劳克将军（de Hauteclocque）、约瑟夫·蒂尔哈德·夏尔丹（Joseph Teilhard de Chardin）、蒂尔哈德神父的弟弟。戴高乐在《战争回忆录》中，对安托宁只字未提。毫无疑问，"宗

---

① 丰特努瓦战役，是神圣罗马帝国时期奥地利王位继承战争中法国赫尔曼·莫里斯·萨克斯元帅大捷之役，也是法军在奥地利王位继承战争中最大的胜利。丰特努瓦战役的胜利使得法国人再度找回了自西班牙王位继承战争失败以来的民族自信。此次胜利导致奥地利军队失去了对南德地区的控制权，使得法国的盟友巴伐利亚也巩固了自身领地。由于此战在政治、军事以及国际地位上对路易十五统治的贡献巨大，萨克斯在战后被授予法兰西大元帅的称号。

② 学生的姓氏，即他们来自的地方，即他们家的封地。也就是，他们的姓氏，即城堡所在地。他们都来自法国封建贵族家庭。

教纠纷"① 的提法是在暗指，他会去安托宁上学，也是由这些纠纷造成的。

强大的耶稣会纪律在学校中占据主导地位，除弥撒外，学生还要在每晚学习开始时上宗教课。

在戴高乐从安托宁写给父亲的信中，我们肯定会记得他这个预感："显然，在过去的三年里，欧洲发生了一些变化，在注意到这些变化时，我想到了大战前的骚动不安，尤其是1870年战争前的骚动不安。"[7]

他在安托万学习期间，跟他的历史老师奥古斯丁·布坦（Augustin Butin）神父有过一次重要的会面，后者曾是圣西尔大学预科班的老师。奥古斯丁·布坦写了两本书：《法国东北部的边界，一个危险的边界》，以及《格里博瓦尔（Gribeauval）② 和他的前辈们：关于移动火炮的研究》。戴高乐从这两本书中学到了两点。即，在实质上，他注意到了一个总是对敌人开放的东北边疆；

---

① 当时，耶稣会士在比利时的几个地方避难，以逃避法国对宗教团体的迫害。这些迫害包括：1901年，法律规定教会基金会必须申请授权，而1904年的法律则禁止他们进行任何教学活动，数以千计的教徒决定出国。比利时在地理和文化上与法国接近，自1884年以来由天主教政府统治，是一个受欢迎的目的地。因此，在第一次世界大战之前的几年里，耶稣会和其他许多教会教育了来自法国各地的成千上万的学生。流亡中的法国宗教人士首先关心的是如何找到一个地方来恢复他们的活动。在比利时，大多数人定居在讲法语的地区（瓦隆、布鲁塞尔、弗拉芒），尤其是在边境地区，显然是出于接近和交通便捷的原因。位于安托万的圣心学院的情况就是如此，距法国8公里，距图尔奈7公里，靠近主要铁路线。这是当时文件中经常强调的优势。尽管它的名字是"大学"（collége），但实际上是为年轻人"接受法国高等教育和中学毕业会考"做准备。因此，它是外国土地上的一个法国岛屿。——Le général de Gaulle et Antoing

② 让-巴蒂斯·瓦凯特·德·格里博瓦尔（Gribeauval，1715~1789）将军改革了法国的火炮系统，是法国炮兵之父。引进格里博瓦尔体系的王令于1765年10月15日开始生效。现在，格里博瓦尔体系已成为法军炮兵的官方体系。

而在形式上，戴高乐写作的节奏、分节断句、用典、三元素组合这些方法，也许源自佩吉①（Charles Péguy）的著作。[8]

他那个时代的欧洲是什么样子？

1900年代，欧洲协调（concert européen）②还存在着，而同时，能够使其垮台的紧张局势出现了。欧洲协调就像一个庞大的君主制兄弟会，似乎在延续旧秩序。彼时欧洲只有两个共和国，瑞士和法国。

同年，即1900年，在巴黎举行的世界博览会似乎是在欢迎一个和平与和谐世纪的到来。同样在1900年，海牙法院的成立为和平解决冲突打开了大门，或者说是我们一厢情愿地这样相信。

仅仅五年之后，丹吉尔（Tanger）③的一声晴天霹雳④就残酷地提醒了欧洲人，命运⑤将再次敲响他们的大门。几年后，即1911年，威尔逊总统的特使豪斯上校在结束对欧洲的实地调研旅行后说："情况很不寻常。除非你能找到一个以不同视角看待事物的

---

① 查尔斯·皮埃尔·佩吉（1873~1914），法国著名诗人、散文家和编辑。他的两个主要哲学思想是社会主义和民族主义，但最迟到了1908年，在历经多年不安的不可知论后，他成了一个有信仰但不实践的罗马天主教徒。他的自由诗《第二美德之谜的门廊》是戴高乐最喜欢的一本书。
② 欧洲协调（concert européen）即欧洲协同，又称为会议制度（Congress System），是1815年至1900年出现在欧洲的势力均衡，旨在保护各国君主制、对抗民族主义和革命浪潮。其创建成员为英国、奥地利、俄国、普鲁士，它们均属摧毁了拿破仑帝国的四国同盟的成员。稍后法国亦加入，成为协调的第五个成员。
③ 指第一次摩洛哥危机（又称丹吉尔危机）即法、德两国为争夺摩洛哥作为殖民地所引起的战争危机，在丹吉尔发生。德国皇帝威廉二世于1905年3月31日访问摩洛哥丹吉尔，引发这次危机。
④ 法语雷声（tonnerre）有突发事件的意思。
⑤ 指战争。

人，否则总有一天，一场可怕的大灾难将会发生。［……］这里有太多的仇恨，太多的嫉妒……"

而在遥远的太平洋地区，日本耐心地集结力量，刚刚打击了法国和英国的盟友——俄国。

这场不断升级的危机的根源，在于内部和外部的紧张关系。

在外部，问题的核心是民族主义的兴起。二元君主国①仍然由各民族组成，正处于充满活力的时期。泛斯拉夫主义的兴起遭到了日益增长的德意志主义的反对。

而在内部，在一个被技术革命颠覆的欧洲，在全面的人口增长中——除法国外——社会的撕裂被经济增长和金融增长所引爆。殖民地的竞争，让欧洲虚构的统一性彻底瓦解。

在伟大的民主浪潮的推动下，民族主义发生了碰撞，产生了神奇的皈依，例如佩吉，他在1905年丹吉尔危机的时候，实现了唯灵论②的社会主义和神秘主义③的民族主义大融合。他用自己特有的文风，即铿锵有力的、反复的，通过起承转合将这一点表现了出来："我知道，在我自己的人生中，在这个国家的历史上，当然也在世界历史上，一个独特的时期已经开始。［……］同时，每个人

---

① 指奥匈帝国。
② 唯灵论是指一种宗教和哲学学说。就哲学上的含义而言，唯灵论主张精神是世界的本原，它是不依附于物质而独立存在的、特殊的无形实体。它包括各种不同唯心主义哲学派别和观点。就宗教上的含义而言，它信仰人死后灵魂继续存在，并可以通过中介和活人相交往。宗教和哲学类型的唯灵论是相互交织的，在古希腊哲学和宗教中，毕达哥拉斯学派和奥耳甫斯教派宣扬灵魂不朽、轮回转世、赏善罚恶的因果报应说，柏拉图在一定程度上接受了这种观点。
③ 神秘主义的基本含义是指能够使人们获得更高的精神或心灵之力的各种教义和宗教仪式，包括诸多经卷和主观验证方法，例如玄想、唯灵论、巫术、星占学和炼金术等。神秘主义的基本信条就是世上存在着秘密的或隐藏的自然力，能够理解并操作神秘自然力的人，必须接受过神秘知识的教育，其富有浓重的唯心主义色彩。

都知道，德国入侵的威胁是存在的，它就在那里，这种紧迫性是真实的。"[9]

因此，20世纪的欧洲，如一艘巨大的、复杂多样的、雄伟的船，但人们可以猜到，理性的方向盘不再被如此坚定的手掌握了。

早在1912年，奥斯瓦尔德·斯宾格勒（Oswald Spengler）就为一本尚未动笔的书想出了书名，这本书在战后享有巨大的成功，即《西方的没落》。乔治·索雷尔（Georges Sorel）在其《论暴力》中预言，欧洲将在灾难中沉沦。

让我们试着描述年轻的戴高乐在这一时期所处的精神世界和知识世界。

从他身上，我们似乎可以看到，他想要通过召集复兴的力量以对抗衰落的力量来表明立场。他不想被动地受制于这些风暴，而是要对抗这些风暴。因此，他属于那个在世纪之交以反对科学主义、实证主义和唯物主义为标志的那一代人。他属于那个将因果律与形而上学的信息相调和的马克斯·普朗克（Max Planck）的时代，属于那个将时间和空间建立起联系的爱因斯坦的时代，属于那个在寻求创立科学哲学的同时、重新发现了柏拉图思想的胡塞尔的时代，属于尼采的时代——尼采提出的那个著名的超人（surhomme）形象①被丑化调侃，使之成为极权主义领导人的原型，而实际上，尼采是想表示自己对物质主义价值观的拒绝。

他的阅读量无疑是巨大的——这是他从父亲那里继承来的爱好——正如他的能力也无比强大一样。通过非凡的记忆力，他将从书中获得的共鸣留存在了内心深处。

---

① 超人（surhomme）概念是德国唯心主义哲学家尼采创造出来的，德语是Übermensch。此处指尼采的超人哲学（Overman philosophy）。

阿兰·拉尔坎（Alain Larcan）负责将军图书馆藏书的目录编档，戴高乐的图书馆肯定在不同时期被反复组建过。[10] 其中还有《戴高乐将军的注释词典》，这本书也附在他所有著作的最后，作为文本的注释参考。

他图书馆里的藏书，首先就是希腊和罗马的经典著作。《战争回忆录》里的修辞不正是呼应了《恺撒评传》（Commentaires de César）吗？在伟大的法国经典作品——比如科尔奈（Corneille），尤其是拉辛（Racine）、博叙埃（Bossuet）、雷茨（Retz）、拉罗什福科（La Rochefoucauld）、拉布吕耶尔（La Bruyère）的著作——中，他很少提到启蒙运动时的作品——除了伦理学家尚福尔（Chamfort）和里瓦罗尔（Rivarol）的著作。伏尔泰、卢梭、狄德罗（Diderot）的作品也都很少提到。

戴高乐似乎特别喜欢浪漫派的作品。比如，拉马丁、雨果（Victor Hugo）、缪塞（Alfred de Musset）、巴尔贝·德·奥尔维利（Barbey d'Aurevilly）、维利耶·德·利勒-亚当（Auguste Villiers de L'Isle-Adam）的作品。他同时也是巴尔扎克的忠实崇拜者。

有两股巨大的潮流似乎在他身上刻下了烙印：

——一股是宗教方面的，既是奥古斯丁式的，也是托马斯式的，耶稣式的。他是拉门纳（Lamennais）、拉科代尔（Lacordaire）、阿尔伯特·德·蒙（Albert de Mun）以及后来的布朗德（Blondel）、莫里亚克（François Mauriac）和马里坦（Jacques Maritain）的忠实读者。因此，社会潮流首先对他产生了深刻影响。

——另一股潮流，是沃弗纳尔格（Vauvenargues）和维尼（Vigny）所代表的具有军事色彩的潮流，这股潮流的代表还有恩内斯特·皮夏利（Ernest Psichari），恩内斯特·皮夏利在 1911 年和 1913 年之间撰写的《百夫长之旅》（*Voyage du centurion*）和《军队的召唤》（*L'Appel des armes*），刚好与佩吉（Péguy）的转变相契合。

对于历史学家，他会阅读米什莱（Jules Michelet）、福斯特·德·库朗日（Fustel de Coulanges）、阿尔伯特·索莱尔（Albert Sorel）和卡米耶·朱利安（Camille Jullian）的作品。

在这里，我们会主要关注这四位作者，以期能触及最深层次的东西。

戴高乐的风格很大程度上要归功于夏多布里昂。他的风格常常是夸张的，但也有丰富的画面感。比如，当戴高乐谈到他严重残疾的女儿安妮时，他说："安妮是那种孩子，当你在她的脸上痛苦地窥视着，以为在她的脸上不会升起黎明的第一缕曙光时，结果就大错特错了。"这句话几乎是逐字逐句地再现了《墓畔回忆录》（*Mémoires d'outre-tombe*）的最后一句话："在远处，我可以看到黎明的微光，虽然不会看到太阳升起。"

柏格森（Henri Bergson）以他对"生命冲动"[①]（élan vital）所产生的生命力量的呼吁，成为一个时代的标志（直到 20 世纪 20 年代，他因为身体不适辞去评审委员会之职）。他以流畅的思想及语言，解释了德国思想的晦涩之处。戴高乐的历史感，并不局限于对过去事件的记忆。他的历史感是流动的，跟随着他的人生轨迹而变化。变化意味着革新。历史，在本质上，是关于变化的科学。戴

[①] 柏格森在《创造进化论》中提出的一个概念。柏林森认为，生命是心理的东西。意识，或毋宁说超意识，是生命之源。

高乐用这种历史感，判断出从大战中继承下来的、以固定战线理论为基础的概念是已经过时的，冻结了的东西。

柏格森的生命主义，起源于德国哲学，将生命作为价值的唯一标准。在第一次世界大战的头几个月里非常致命的"极限攻击"（Attaque à outrance）的概念，可以从这股潮流中溯得。

首先，戴高乐的直觉很准。而直觉，恰恰是柏格森所珍视的。戴高乐的直觉，主要归功于他对各种形式的历史的把握能力。在《剑锋》（Le Fil de l'épée）中，戴高乐将直觉与智力进行对比。他写道："直觉是人通过本能来感知他周围的真实环境。"这里似乎还提到了莫里斯·巴雷斯（Maurice Barrès）①："智力，我们自己外表之上的那个可怜的小东西。"这不禁能让我们想到乔治·蓬皮杜（Georges Pompidou）于 1962 年 8 月对阿兰·佩雷菲特（Alain Peyrefitte）的评论："这个人的智力——或者说是直觉——只需一个眼神就捕捉到现实的各个方面，而普通人的眼睛，一次只能看到一个方面。对我们来说是充满矛盾的各个方面，对他来说却是兼容的，是先后或同时的、甚至是互补的现实。"[11]

巴雷斯的贡献不可低估②。戴高乐是一个细心的读者。戴高乐说起莫里斯时有一套惯用语，他时常反复评论着莫里斯"对法国的某些想象"。在戴高乐 1920 年的《关于巴雷斯的笔记》（Cahiers de Barrès）（第 881 页）中，我们可以看到："对法国有某些想象，就是让我们扮演某种角色。"他还说："有些人对他们的国家来说是一个幸福的意外。他们必然是所有社会中的不速之客；他们采取行动；他们的个人意识形态平衡、延迟、催生、修改了一系列社会

---

① 莫里斯·巴雷斯（1862~1923），法国小说家、散文家。
② 指巴雷斯对戴高乐的影响。

现状。"然而，他与巴雷斯（尤其是早期的巴雷斯）有一点不同。巴雷斯是一个愿意往回看的人，而戴高乐虽然表现出对过往记忆的重视，却坚决地转向未来。

巴雷斯与他的不同之处还在于，巴雷斯拒绝充满侵略性的民族主义，反对激烈的反德主义。而这一切在戴高乐身上都找不到。

最后的区别，与宗教有关。虽然从出生到日后的成长过程中，巴雷斯都是一名天主教徒，但他的生活游离在教会生活的边缘，他不相信教会的教条。戴高乐没有挥霍他的父母以及他的精神导师们留下的遗产。但我们发现，他的父母和精神导师们都对故土有着同样的眷恋，对与人类生命短暂相关的自然有着同样的感受。

佩吉，终于！从这句话就足以看出他们的思想是同宗同源的："在战争时期，不投降的人就是我的兄弟，不管他是谁，不管他来自哪里，不管他来自哪个党派；不投降，就是我的基本要求。"

戴高乐说："我读了他发表的所有文章。在我的青年时代，没有哪位作家像佩吉那样，对我产生了如此深刻的影响。"

在《法兰西和他的军队》第一页的题记中，他写道："母亲，看看你的儿子，他们打得这么辛苦"（语自 Ève）。

作为作家的戴高乐与同样作为作家的佩吉在许多方面都有相似之处。一位专门研究佩吉的作者指出，戴高乐和佩吉的写作有三个共同点。[12]所有这些共同之处，都有助于加强对相关主题的关注。他们的演说风格符合人文教育所特有的三个方法：

－不断重复，让作者的思想得到解放。比如《战争备忘录》的结尾："古老的大地，被岁月侵蚀［……］古老的法国，肩负着历史［……］古老的民族，经受着考验……"

—三拍格式（Le rythme ternaire）①，让思想得到升华。
　　—文字和表达的力量，能够激起并捕获人们的注意力。

　　作为一名军人、一位在晚年成为政治家的军人，戴高乐也想成为一名真正的作家。他写了大量的手稿。他的妻子说："（作品）非常难产。"毫无疑问，佩吉的诗句让青年时代的戴高乐陶醉其中。戴高乐的散文与其说是用来读的，不如说是用来听的。现在，鉴于他的修辞风格和他的写作素养，我请读者大声读出《战争回忆录》中的这段话。他在谈到1940年战败的法国时说："世界上没有一个人，／没有一个权要，／表现出他仍然相信／她②的独立，／她的骄傲，／她的伟大。／这个地球上所有重要的人，都认为／她今后被奴役，／侮辱，／蔑视，／是理所当然的。"[13]这是一段非常精致的文字，其中，形容词在反义结构中与意义相反的名词相呼应。

　　戴高乐的精神世界是围绕着二元论思想③而构建的，排除了任何妥协。所取得的"成功"与"典型的不幸"相呼应。有成功，就有失败。两者之间，没有任何妥协，除了一条通往平庸的道路。

　　他的思维是由分离模式④（schème diaïrétique）所构建的，即，分离、区分。[14]他的整个法兰西行动是基于反对和拒绝的观念：反对军队领导人、拒绝停战。随着6月18日的到来，合法性与正当

---

① 三拍格式（Le rythme ternaire），音乐中的常用语，常见的是四拍（或二拍），即一个音节有四拍（比如"一哒哒哒、二哒哒哒……"），不太常见的是三拍，即一个音节有三拍（比如"一哒哒、二哒哒、三哒哒……"）。
② 指法兰西。
③ 即非黑即白，二元世界。
④ 哲学概念，包含分离、区分、提纯（de la séparation, la distinction, la purification），即将一个概念剥离出来。

性的分歧也被公之于众了①。这种抵抗精神的唯一对标,是法国,他对法国有一种近乎柏拉图式的想法,即让法国军队有保卫国家、确保国家独立的能力。

我认为,大家应该注意到柏格森、巴雷斯或佩吉等作家对日后的戴高乐的影响,这样,就能排除戴高乐可能是莫拉斯派的想法。因为这种想法由来已久,也许时至今日仍未完全消除。

戴高乐与莫拉斯的思想,在三个基本问题上,是不同的。

戴高乐从不赞同"孤立的法国"的主张,这是一个被动的、贫乏无力的想法;他对待事物动态的、变化的观点使他不可能不与这种主张背道而驰。

与莫拉斯不同的是,戴高乐将法国历史停在了大革命这里,从国防的角度看,他把它看作一个整体。戴高乐没有任何反共和主义的意思,他对普恩加莱(Raymond Poincaré)②和克莱蒙梭(Georges Clemenceau)③都极为赞赏。

最后,没有什么能比莫拉斯的无神论更能拉开两者的距离了。

正如人们所说,戴高乐也不是一个常常能被接受的尼采主义者。尼采主义,首先是对贵族阶级理想的颂扬,以及对资产阶级规范的厌恶。仅在这一点上,戴高乐把自己表现为贵族阶级道德的支持者。

---

① 指戴高乐的 6.18 宣言。
② 雷蒙·普恩加莱(Raymond Poincaré,1860 年 8 月 20 日~1934 年 10 月 15 日),先后当选法国总理和总统。1913~1920 年任总统期间,积极备战。1917 年国内厌战情绪上升,和谈之风四起,普恩加莱被迫任命政治宿敌、强硬主战派乔治·克莱蒙梭组阁。
③ 乔治·克莱蒙梭(Georges Clemenceau,1841 年 9 月 28 日~1929 年 11 月 24 日),法国激进党政府总理,政治家、新闻记者、法国近代史上少数几个最负盛名的政治家之一。1919 年克莱蒙梭代表法国出席了巴黎和会,他力主肢解德国,最大限度地削弱德国,以便使法国称霸欧洲大陆。

在戴高乐的这一精神面貌的背景中，德国无所不在。人们简直可以写道，是德国造就了戴高乐。

戴高乐与德国

在 1963 年的历史性德国之行中，他曾于 9 月 9 日在斯图加特附近接受记者采访时说道："我要告诉你们一个我还没有告诉过任何人的秘密。［……］我祖父的祖父是巴登人。他于 1761 年出生在杜拉赫（Durlach），名叫路易·菲利普·科尔布（Louis-Philippe Kolb）。"因此，戴高乐的一位男性祖先是德国人，尽管他在 1791 年就定居敦刻尔克、很快融入了法国、并在里尔（Lille）去世。在里尔，有好几个科尔布都在这个城市，以及其他地方的历史上留下了印记：一个叫查尔斯·科尔布的人最终成为第三共和国的终身参议员。夏尔·戴高乐甚至差一点就和一个姓科尔布的远房堂亲结婚了！

这完善了戴高乐将军的欧洲家庭环境，在他的母亲一方，有来自爱尔兰的祖先——麦克卡坦家族（Mac Cartan），以及遥远的比利时的祖先（戴高乐家族葬于布鲁塞尔的圣古杜尔和图尔奈大教堂）。

然而，年轻的戴高乐只是逐渐开始学习德语。在去安托宁之前，他的分数仅仅是中等水平。他更喜欢法语和历史。正是在比利时学习期间，他的德语才突飞猛进。因为他要准备即将到来的圣西尔军校的入学考试，而德语是圣西尔军校的必修语言。

他的德语不断进步。这使他在第一次世界大战期间被囚禁时，得以通过新闻，密切关注外界的动态，主要是德国的战争动态。1958 年 9 月 14 日和 15 日，戴高乐在科隆贝与阿登纳总理进行了历史性会晤，在现场没有口译的情况下，他与阿登纳进行了长时间的交谈。

在成长的岁月里，通过阅读，德国思想对他产生了何种影响？当时，每个人都在思考一个问题，即雅克·贝恩维尔（Jacques Bainville）① 在1907年提出的问题："为什么德国如此强大？它几乎在所有领域都独占鳌头。"

年轻时的戴高乐读过哪些德语作家和作品？他从来没有忘记一个事实，那就是他只有有限的时间可以支配，他忙于学习，后来又成为一名年轻的军官。不能说他深受德国思想的启发。[15]他被德国思想迷住了？也许吧。很显然，他读过歌德的书。他反复提到歌德的那句名言"一切从语言开始？不，一切从行动开始"②。毫无疑问，他也读过席勒和海涅。

如果在纯粹的知识层面上寻找他对德国的兴趣，那就大错特错了。他最初是从威胁的角度来看待德国的，因为他被父亲讲述的1870年战争的故事所影响，并且像其他所有民众一样，对世纪之交的德国在所有领域的强势崛起印象深刻。

他怎么可能不被德国思想的革新所打动？毕竟这种革新也吸引了勒南（Ernest Renan）。③ 这些革新中最动人的，是日耳曼民族最终被确认，它有着自己的灵魂，永恒的灵魂，尽管人终会逝去。

总而言之，戴高乐在幼年时是否接受了真正的德国文化的熏陶，是非常令人怀疑的。他的背景，他的教育，他的思维方式，都

---

① 雅克·贝恩维尔（Jacques Bainville）（1879年2月9日~1936年2月9日）是法国历史学家、记者、地缘政治家，关注法德关系，莫拉斯的追随者，法兰西行动的创始人。尽管对不断壮大的德国感到担忧，但他强烈主张反对民主、反对法国大革命、反对国际主义和自由主义。

② 出自歌德的《浮士德》。

③ 欧内斯特·勒南（Ernest Renan）（1823~1892），19世纪法国哲学家、宗教学家、作家、历史学家，孔德实证主义继承人之一。

带有法国古典主义的印记。但是，几乎可以肯定的是，他读过《俾斯麦回忆录》，该书的第一卷于 1899 年出版。我们有一份他在 1914 年 4 月 1 日为第三营所做的演讲，在演讲中，他强调了德国军队的优势。但此时，他早就从圣西尔军校毕业多时、已经开始他的军事生涯了。

圣西尔军校与军队

1910 年 10 月 14 日，戴高乐在 700 名考生中取得了第 119 名的成绩，被圣西尔军校录取。圣西尔军校总共录取了 221 名学生。自此，他开始了为期两年的学习。学校位于凡尔赛公园的扩建部分，在曼特侬夫人创办的女子学校的旧址上。[16]

在上学期间，他的导师注意到了他的一些品质，尤其是他的学习方法、他的快速决策能力、他的精力、他的热情和他高度成熟的军事精神。他的军训记录显示，他作为执行者的素质不如"中"，他作为指导或领导者的素质则为"优"。戴高乐少尉于 1912 年以第 13 名的优异成绩毕业，跟他同一个年级、日后的朱安元帅是第一名。他似乎与朱安（Alphonse Juin）元帅没有密切的联系。不过，这两个人还是以"你"① 互相称呼——这对戴高乐来说非常罕见。这确实是以前同班同学之间的习惯。

戴高乐写道："我进入军队，是世界上最伟大的事情之一。"[17] 这句话反映了一种信念，而不是一个事实。在那个时候，鼓励竞争并没有什么吸引力。几年来，学生的数量一直在减少，评分员——当时的经典言论——则抱怨学生水平的下降。学生人数的减少有几

---

① 即非敬称。平级或上级对下级的称呼，一般大家对戴高乐都是敬称。

个原因。德雷福斯事件刚刚结束，影响深远。当时的工资很低，人们可以看到，这位年轻的军官偶尔会向他的父母寻求经济援助。最后，军队发现，自己越来越难以忍受成为镇压工人运动的主要工具了。一位工厂主说："他们死的还不够多，我的工人们！"戴高乐经历了这些对抗，当时他是第33步兵团的少尉（他选择这个军种是因为他觉得这是一个军官最能实现自我的地方），他的部队被从阿拉斯派往敦刻尔克，与罢工者对抗。

离开圣西尔后，在阿拉斯，他才真正学会了在第33步兵团当兵的本事。他的第一任上校，贝当（Philippe Pétain）①，时年56岁，离退休还有几年时间，仍然不无苦涩地等待着他的第一颗星。（他开玩笑说："我在获得所有军阶时都是岁数比较大的那个。"）我们怎么能不在这个热情洋溢的少尉和心如止水的上校的会面中看到命运的暗示呢？

对于历史，有些人已经屈服于这种目的论方法。除非你能在这个射手座和金牛座之间读出一个星象。在逆潮流而动、坚信"火炮能杀人"②的坚定不移的非传统主义者，与军事教条的亲密挑战者之间，我们是不是应该否认这其实都是反传统主义？这只有在我们回顾过去的时候才能想象得到。没有任何迹象表明这两个人之间有任何私人联系。他们在年龄（相差34岁）以及级别和社会出身方面的差异过于明显。

---

① 贝当（Philippe Pétain，1856年4月24日~1951年7月22日），法国陆军元帅、军事家、政治家、维希法国国家元首，是个集民族英雄和叛徒于一身的坎坷人物。1945年4月被捕，同年8月因叛国罪被最高法院判处死刑，后改判终身监禁。1951年7月22日，贝当死于囚禁地利勒迪厄岛。
② 指贝当第一次世界大战前在战争学院（École de Guerre）教授的基本原则"le feu tue！"，在战役的前五个月，法国野战炮兵向德军发射了超过1500万发炮弹。

贝当很可能会被他那个在圣西尔被同学们称为"大高个儿"①（l'asperge）或"两米"（实际上"官方"身高是 1.87 米）的部下的身高震撼到。在这位年轻军官离开圣西尔时，贝当才突然注意到他的出色表现。而这就是他们之间的全部联系了。传说中，菲利普·戴高乐（Philippe de Gaulle）是贝当的教子。这完全是毫无根据的。他的教父和教母是他的祖父和祖母，这是家族传统。戴高乐的名字只被贝当提及两次。在 1913 年上半年，他指出："从圣西尔毕业，在 211 名毕业生中排名 13。从一开始，他就认为自己是一个真正有价值的军官，对未来充满了希望［……］。"而在第二学期："非常聪明，充满激情地热爱他的工作。［……］值得一切赞美。"[18] 至于其他方面，他们之间的差距很大：早已失去信仰的贝当与充满信仰的戴高乐正相反。与一个不知悔改的好色之徒相比，戴高乐在这方面比较克制，他也并非完全不接触女性，尽管比人们所说的要少得多。我们会看到，很久以后在爱丽舍宫，他对女士们（最漂亮的女士们）充满了偏爱。与保持沉默和矜持的贝当相比，戴高乐大方走到台前，摆出一个姿势。在他的《战争回忆录》中，他冷静地指出："我的第一个上校，贝当，向我展示了，指挥的天赋和艺术是多么重要。"

---

① 原本是芦笋的意思，法国口语用来俗称又高又瘦的青年。

第二章　战争学校

战争以及战争的教育

我们可以看到这位年轻军官在战争期间写给他父母,特别是他母亲的大约 20 封信,以及他私人日记中的记录。这些书信的特点是,它们是二元的。一部分是对于时势和战争的大致思考;另一部分则完全是个人日记。

他对自己的命运充满自信,"他离开(军校)时怀抱着满腔的热忱与自信"。"来吧,"他写道,"这的确是我梦寐以求不变的热忱,克制的热忱。"但很快,他就灰心了。8 月 14 日,他在迪南受伤,被疏散到了里昂,他不得不承认法国的势头已经被压制。在里昂,他说,他对抵达医院的伤员数量感到震惊。至于里昂的死亡人数,里昂市长爱德华·埃里奥(Édouard Herriot)提出了同样令人震惊的看法。仅在 1914 年,就有 50 多万人被杀害,几乎占伤亡总人数的三分之一。

他此后的信件和笔记,充满了对欧洲范围内冲突的考虑,显示了他对总体局势和概念性方法的思考能力。

在从里昂写出的信中,他表达了对大屠杀的震惊。他首先指责动员工作的延误、炮兵的不足和英国人的支援不足等。在这最后一点上,贝当于 1940 年,在一个大相径庭的兵败背景下,也曾这样说过。戴高乐强调了不惜一切代价的攻势的不连贯性，以及各部队与炮兵的不协调。在这里，他支持了贝当的"火炮能杀人"的论调。这是对公认理论的疯狂挑战。他写道："第一次交锋是一个巨大的惊喜。[……]在战术上，火力的使用，立刻令现有的理论变得过时。"

这一观察为质疑高级指挥部铺平了道路。他的质疑，主要是对准将和师级将领的质疑，他认为这些人太老了。这是为 1925 年后、20 世纪 30 年代的大质疑做准备。

有一次（见戴高乐 1915 年 12 月 23 日的信），他以相当严厉的语气把责任推给了议会制政权："议会，"他写道，"正变得越来越可恶了。[……]只要我们扫除了这些败类，我们就会取得胜利，没有一个法国人不会欢欣鼓舞的，特别是战斗人员。同时，这个想法正在逐步变成现实，如果这个政权在战争中幸存下来，我会感到非常惊讶……"他还进一步呐喊"我们的议会制共和政体有着不可救药的劣根性"。

戴高乐是政变者？我们也许只应该把这看作他一时的恼怒，是对前线徒劳的杀戮和政客鼓动的愤慨，这些促使将军们寻求决定性的突破，即使这意味着高昂的代价。

然而，戴高乐保持着旺盛的斗志，仍然坚信胜利总是属于那些最想要胜利的人。我们可以看到，他为不能进一步升级军阶而感到难过。1914 年 11 月："我仍然没能成为一名上尉。"1915 年 9 月，他才最终被提升为上尉。

扩大的视野，将是最先令这名刚刚荣升的上尉感到惊讶的，他在通信中毫不犹豫地对欧洲战场指点江山、激扬文字。他认为，法国在外围的交战（达达尼尔海峡、萨洛尼卡）中消耗了大量本该出现在主战场的人力。在一些场合，他强调了俄国作为一种反向力量的重要性。这是戴高乐从未动摇过的主题,直到他顽固地想要从斯大林的俄国(他总是说"斯大林的俄国",而不是苏联)手中夺取 1944 年 12 月签署的《条约》。

1916 年 3 月,他在杜奥蒙(Douaumont)受伤被俘,他认为自己的职业生涯已经没有希望了。他流产的逃跑企图,证明了他想要重返战场的决心。他在给母亲的信中说:"囚犯的状态,对一个法国军官来说是最糟糕的。"

当他从战争中走出来时,他想重新反思整个事件。在写给他担任过副手的布德霍斯上校的一封长信中(1918 年 12 月),他叙述了导致他受伤和被俘的事件。他所在连队的任务是保卫杜奥蒙村(已化为废墟)不被德军占领的要塞攻击。这个位置很糟糕,因为它已经暴露了,处于危险的境地。准备进攻时,法国部队很快就被从两翼包抄,并从后方被压制住了。在这次攻击中,戴高乐上尉大腿受伤,被俘房。在他的报告中,他谈到了"这个不幸的事件",关于这个事件,"我们只能收集到相互矛盾的信息,差不多是有一些人在夸大其词,一些人在过分贬低,还有一些人抱持着失败主义"。

事实上,很早就有传言说戴高乐上尉在行动中指挥不力,更严重的是,他投降了。他自己写道,这个位置已经无法维持,他决定重新加入他的部队。就在这时,"在一条垂直的沟渠尽头,我看到一些德国鬼子(Boches)① 蹲下来,躲避经过的子弹。其中一个人用刺刀刺向我,刺穿了我的卡包,刺伤了我的大腿〔……〕"[1]。

因此,戴高乐想要离开这个受威胁的阵地,正如他所说的那样,这里没有任何防守的希望。这是一种既不光荣也不丢人的态

---

① 口语蔑称。

度。关于进攻组织不力和戴高乐投降的传言，日后在第五共和国时期，会再次被提起。

戴高乐决心平息这些传言。他因为这次事件，获得了嘉奖。早在 1916 年 3 月 7 日，即进攻失败后的第五天，布德霍斯上校就提议在军令状中对戴高乐予以嘉奖。文件中，有负责防御凡尔登的贝当的签名。

1919 年春天，戴高乐获得了荣誉军团勋章（Légion d'honneur），以及一段嘉奖词，摘录如下：

"1916 年 3 月 2 日，在杜奥蒙，在可怕的轰炸下，当敌人突破防线后，他［……］经过激烈的肉搏，组织了一支小分队进行抵抗。［……］虽然被刺刀重伤，但他继续支撑着防卫的主要职责，直到失去知觉。他此前也受过两次伤，获得了两次嘉奖。"[2]

这段嘉奖词非常符合时代精神，因为与当事人自己相对冷静地报告事实相比，它充满了赞扬。这有点像是《西拉诺》①（Cyrano）的情节。

他无法忍受当一名囚犯，他试图通过给同伴讲课来保持自己的精神状态。这些同伴有：图哈切夫斯基，未来的红军元帅，并在 20 世纪 30 年代末大清洗中成了成千上万名受害军官之一；哦，讽刺的是，还有未来的布里杜将军（Eugène Bridoux），1944~1945 年

---

① 《西拉诺》（Cyrano de Bergerac）（1897）。西拉诺是位文学修养甚高的剑客，他暗恋表妹罗珊（Roxanne），却自惭于大鼻子的丑貌而不敢表露心迹。于是，西拉诺便替另一位年轻英俊的军官写情书追求罗珊。而最后证明，事实上罗珊爱的是传递情书的真正作者西拉诺。

的西格马林根（Sigmaringen）政府委员会成员；以及卢斯塔诺-拉考（Georges Loustaunau-Lacau），几年后戴高乐在战争学校中的同学，在1940年，卢斯塔诺-拉考是接近极右的抵抗运动的创建者。还有罗兰·加洛斯（Roland Garros），尤其是卡特鲁（Georges Catroux），即日后的将军，也是1940年最早支持戴高乐的人之一。

在战争结束时，戴高乐似乎跌到了谷底。这一点从下面这两封信中可以看出，这两封信揭示了一种似乎接近崩溃的心理状态。它们都是在英戈尔施塔特（Ingolstadt）的堡垒里写的，他在那里再次策划了一场逃跑计划。

1917年12月19日："一种只会随着我的生命结束而结束的悲痛，再也遇不到的如此深刻而锥心的悲痛，此时此刻，比以往任何时候都更深地攫住了我［……］。"

"在这些时间里，当一个人从头到尾都是为了行动而活的时候，可以想象，如我这样，完全没有用处，在我所处的情况下，也没有用处，对一个人、一个士兵来说，这是最残酷的。请原谅我在抱怨中表现出这种软弱［……］。"[3]

1918年9月1日："我有什么目标？你可能会问，我的职业是什么？但如果直到战争结束时我都不能再打仗，我还会留在军队吗？而我将会有怎样一种可怜的未来？我不会有机会看到一场持续三年、四年的战争，也许更久！如果想在事业上有一点前途，就任何一个我这个年龄段有野心的官员而言，第一个不可或缺的条件就是参加过竞选［……］。在军事领域，我不抱任何幻想，我也永远不会有任何前途，只不过是一个消失又归来的人［……］。"[4]

在这两封信之间，还有一封是他在1918年5月15日写的信。在这封给母亲的信中，年轻的被拘留者可能一直在努力平衡着被释放的希望和继续战斗的可能。他写道："敌人的报纸告诉我们，他们签署了一项协议，内容包括交换战俘和在某些条件下会把军官拘禁在瑞士。"⁵ 而且，他再次要求他的母亲了解，在他所处的被囚禁的条件下，他个人是否会受到有关协议的影响。这个所谓的协议涉及两个条件：在他身后有 18 个月的囚禁期在等着他，并且"等价交换"（échange nombre pour nombre）。如果他满足了第一个条件，他怎么会知道"等价交换"的要求是什么？至于作为一个病人被关押在瑞士，他极力拒绝了这个想法，他写道，"不是因为有病"，而是因为"这意味着有一天会再次放弃战斗"。在达成协议的情况下，这种重返战场的道德要求能否得到满足？德国报刊上的换俘消息似乎是醉酒后的产物。

这 32 个月的囚禁对戴高乐的影响有多大，关于这一点，他强调得还不够吗？

首先，他必须克服一种屈辱感，这种感觉对于一个深深扎根于自己的职业的现役军官来说特别强烈。他认为囚犯的状态"对一个法国军官来说是最糟糕的"。在离开职业生涯这么长时间后，他很可能会问自己一个让人焦虑的问题。他在军队中的未来是什么？他是否不得不考虑选择另一个职业？是哪一个呢？他在信中公开了这些问题。

人们不禁为他恢复冷静的速度感到震惊，仿佛这些忧虑只是一次考验他意志的机会。以后还会有一些类似的事情出现。比如，1940 年秋，在达喀尔的冒险行动①失败后，他曾短暂地被沮丧的情绪所笼罩，后来才恢复过来。最后，我们不能排除，在他被囚禁结

---

① 指达喀尔战役，即"威吓行动"，是盟军于 1940 年 9 月发动的一场并不成功的行动，其目的是夺取维希法国控制的法属西非（今塞内加尔）达喀尔的控制权，由夏尔·戴高乐率领自由法国军队发动进攻。最后的结果是以盟军的撤退结束。

束时的痛苦中，有点拜伦或夏多布里昂式浪漫主义的"摆谱"（pose）成分，毕竟夏多布里昂的《墓畔回忆录》一直在他身边。

在这个始终处于警戒状态的大脑中，反思从未缺席过。为了打破单调的囚禁日子，清除智力上的"锈迹"，滋养自己的思考，他为狱友们举办过各种讲座。其中两场特别具有启发性，分别是在1916年底、1917年初进行的。

第一场演讲名为《战争》（De la guerre），是关于冲突头两年的战争评论。[6]它非常具有技术性，但也总结出了教训和规律。反思是围绕着一个重要问题进行的：随着战争从运动战转移到阵地战，一条连续的防御线被建立起来了，是由被阻挡住的敌人建立起来的。那么问题来了：如何打破这道坚固的防线？一次造成了己方重大人员伤亡的决定性进攻的失败，导致了军队士气的大幅下降，这是失败的根源。

这对戴高乐来说是一个机会，让他对一个命令提出了质疑，这个命令允许将己方的人员伤亡从消极的猜疑中解脱出来，而它的目的是防止"这些人员折损不足以用来在上级面前掩盖自己的错误"[7]。

在这里，我们看到，当戴高乐自己在战争开始时参与进攻之后，他最初的热忱便消退了。在贝当之后，他发现"火炮能杀人"。而进攻失败的原因在于，炮兵兵力的不足以及炮兵与步兵之间的不协调。

而第二场演讲的规模则完全不同。他毫不畏惧地称之为《关于战争的一般行为》[8]。对于一个被新提拔的上尉来说，这不乏胆识！我们要记住这两场演讲，对这两场演讲的分析，将会在之后我们对其作者后来在这一领域的构思①进行分析时出现，因为这两场

---

① 指《剑锋》和《迈向职业化军队》。

演讲预示着两本书的到来，《剑锋》和《迈向职业化军队》（*Vers l'armée de métier*）。

我们从戴高乐的笔记和信件中得知，直到被囚禁的最后一刻，他从未停止过对日耳曼世界的求知、探索。对于接触过的德国哲学家，他都进行了深刻的思考。莱布尼茨、康德、叔本华，以及路德，这位真正塑造了德意志身份认同的创始人。

他对德国的军事思想非常感兴趣。因此，他用了 20 页的笔记来分析弗里德里希·冯·伯恩哈迪（Friedrich von Bernhardi）将军的书《下一场战争》（*La Prochaine Guerre*）。戴高乐不仅是一位军事历史学家，也是一位战略家。戴高乐不仅敏锐捕捉到了作者对新技术（包括航空技术）给予的关注，还能最终克服那条无法逾越的连续的防御线。他怎么可能不被赋予了主动性的角色所打动，不被赋予了由于军官的智力培训而产生的气质所打动？从这种对新的"世仇"（ennemi héréditaire）的兴趣中，可以看出戴高乐对"世仇"的盔甲缺陷的一系列预见性的思考。这一切，促成了戴高乐的第一本书《敌人内部的倾轧》（*La Discorde chez l'ennemi*）的出版。这本书由位于斯特拉斯堡的伯格－勒夫罗出版社（Berger-Levrault）出版，该出版社的文学总监艾蒂安·雷佩塞（Étienne Répessé）曾在阿拉斯和他一起当过少尉。这本书与戴高乐被囚禁时期所属的思想学派应该有着密切的联系。这就是为什么我们在这里对其进行分析。

敌人的弱点：《敌人内部的倾轧》

该书是 1924 年在他从战争学校毕业后出版的，内容源于他在被囚禁期间对德国和瑞士报纸的阅读，他认为这些报纸在信息方面远远优于审查较严的法国报纸。毫无疑问,他还从当时已经出版的关于战争的书籍中汲取了素材。

《敌人内部的倾轧》是对德国在战争中失败原因的思考。

这一切的根源是"那种对过度事业的特有品味","对人类经验、常识及其法律所设定的限制的蔑视"。这种过度和对理性的蔑视是错误与幻想的来源,最终破坏了一个本来堪称完美的机制。

戴高乐列举了五个错误。

首先是把执行的责任过多地留给了下属。因此,1914年,冯·克鲁克(Alexander von Kluck)在急于困住法军的情况下,危险地将自己的侧翼暴露在敌军的反攻之下,而若夫尔(Joffre)知道如何利用这一点来阻止马恩河畔的敌人①。

德国的第二个错误是发动了一场全面的潜艇战争,这引发了美国的参战。最初,是军队强迫政治势力做出了这个决定,这违反了军队从属于政治的原则。这就是这本书中总结出来的重要教训。

第三个错误是,中央帝国的统治者无法实现统一指挥。[9]

另一个大错误,是德国军方瘫痪了被认为过于温和的贝特曼-霍尔维格政府(Bethmann-Hollweg),并在兴登堡(Paul von Hindenburg)和鲁登道夫(Erich Ludendorff)的领导下建立了一个准军事独裁政权,这导致了德军最后的崩溃。

该书的最后一部分展示了德国人民如何因当局的无能而士气低落、垂头丧气,在战争结束时遭遇全面崩溃。他在1927~1928年写的一篇文章《这场战败,是一个道德问题》(La défaite, question morale)[10]中又提到了这个方面。

---

① 指第一次马恩河战役,又名马恩河奇迹,是第一次世界大战西部战线的一次战役。这场战役发生在1914年9月5日至12日。在这场战役中,英法联军合力打败了德意志帝国军队。

这本书不仅与德国有关。其中的一些评论，是间接针对法国的：政治家必须始终抓紧他与军队组成的这个团队的缰绳；在进行战斗准备时，只是指挥行动而不针对具体事件下达指示；刻板思想不能占上风，因为它会掩盖现实。

战争结束后，戴高乐对德国的情感很复杂。他没有特别的敌意，也没有显示出自己会成为在未来与德国达成和解的那个领导人。德国的霸权主义野心当然没有逃过他的眼睛，他似乎对持久和平产生了怀疑。《凡尔赛条约》并没有让他放心。与此相反，他对德国在精神和道义领域所扮演的角色很敏感。当他对大局进行大致判断时，他会把法德对立置于整个欧洲在19世纪下半叶进入的普遍不稳定状态中来观察。

尽管如此，他并没有忽视法国在战争中的缺点和弱点。这就是他在1918年初给他的同伴们做讲座的目的。讲座的题目为《以更高的角度看战争》，它达到了战略-政治反思的高度。它同时也是——首先是——对那些充满智慧和性格的人进行的颂扬。[11]

它开篇就在现代战争中颂扬那些拥有独特的综合能力的人，比如，能够进行抽象概括的人。这样的人是非常罕见的。除此以外，这些人还需要有个性。然而，在和平时期，最平庸的人往往是最受欢迎的。这就解释了为什么在战争等暴力危机时期，"能一直受人尊重的人很少是和平时期受欢迎的人"。这的确是他在战友们眼中的全貌。

至于战争的实际推进，他强烈地坚持认为，必须由本国政府来主导，而且只有它，才能确保战争的进行。然而，这不能在没有指挥部给出军事建议和信息的情况下进行。同时，他强调了拿破仑三世在1870年的重大责任。然而，政府不得侵犯军事领导人的权力。而在这里，他批评了拿破仑一世，因为他把政治领袖和将军这两种身份结合在一起,所以最终还是输了。

《剑锋》几乎已经清晰可见了。

我们似乎可以认为,在战争结束时,戴高乐的人物形象已经成型了。我说"人物形象"(personnage)是因为我们在这里研究的是一个像建筑一样的东西。戴高乐将永远不会再改变。时局的翻滚沉淀,只会让他更坚定自我。因此,同一片海洋,无论有多少波浪叠加在一起,也不会改变深刻本质。

在他想要反抗命运时,情况却不是那么令人满意。在复员的时候,他的职业前景似乎非常有限。但对戴高乐来说,春天总会到来。这只是一时的灰心丧气。这种潜在的悲观主义总是能够反过来唤醒他的意志。在内心深处,他已经把成为一名军官当作了天职。是否可以忽视家庭对他的影响?戴高乐的三个兄弟都在从事看起来很有前途的事业。他是否冒着选择错误道路而承担不为人知的责难的风险?他给父母写信的频率显示了他对父母反应的重视。

第三章 战后时期： 挫折与野心之间

战后初期，戴高乐有了真正的幻灭感。

在近三年的被迫无所作为之后，他产生了挫折感。阅读和沉思使他丰盈，而他的这种挫败感，在壮年之时，只会愈发深刻。此时，他已经30多岁了，正是广阔视野形成以及伟大事业开始起步的年龄。最重要的是，在写作中，他将找到满足感。

他是否认为胜利后的那一天将迎来一个和平的时代，并预示着军队的黄昏？一点也不。他对这一点的否定是毫无疑问的。

戴高乐的一些反对者在他身上看到了一个只梦想着战争的人，如雅克·洛朗（Jacques Laurent）。[1]雅克·洛朗唤起了戴高乐"对灾难的需求"（besoin de catastrophe）〔即著名的"典型的不幸"（malheurs exemplaires）〕，戴高乐在折磨他的和平中只看到了平庸，他在《战争回忆录》中提到，他是那些期望从战争中获得一切的年轻军官中的一员，并会因军事生涯的单调而痛苦。

他对军旅有着很高的期望，而长期囚禁让他远离了一切功勋。如果不是因为颁给他的是一枚荣誉军团勋章（Légion d'honneur），那么这个给逃亡者的奖章对他来说不会有什么安慰（是在1927年经过长期调查后授予他的……）。但是，他不是生活在一个充满灾难的世纪里吗？在这个世纪，他急躁的清醒使他预见到，如果法国允许它的军工器械衰退，那么它将面临最坏的情况。

尽管如此，欧洲和法国的景象还是让他忧心忡忡。

他对和平的判断建立在他对法国所能发挥作用的看法之上，本质则在于他对德国维护自身统一的关注。这反映在他对《凡尔赛条约》的批评中，因为他阅读了"君主主义学派"雅克·贝恩维尔的作品《和平的政治后果》。在第二帝国的架构上形成的新德国①，尽管处于"可憎的被征服者"的地位，也同样存在危险。

在他看来，法国的局势更为严重。

1919年7月14日的胜利阅兵向民众展示了法国的强大实力。现实却与这种田园诗般的画面形成了鲜明对比。

这个26岁的男孩从前线回来后写道："法国一直昂首挺胸，君临天下，但如果不是20个国家的力量支撑了她那疲惫的四肢，她那没有血色的身体是无法支撑的。[……]她的土壤已经被所有人践踏过了。[……]如果我们仍然独善其身，会发生什么？[……]我们不会独自带着胜利安然入睡。"[2]②

皮埃尔·德利厄·拉·罗谢尔（Pierre Drieu la Rochelle）在《法兰西概况》（*Mesure de la France*）的扉页提出了一个根本问题：要么抱有不惜一切代价延续法国某种形象的信念，要么相信事实，面对真相：国家已经疲惫不堪，胜利果实已经被瓜分。

这就是将在两种看法间建立起一个二分法的起点，即基于防御的军事政策，被认为是符合现实的。戴高乐认为，军队的政治，基于一个理想：领导人所体现的永恒的人类价值。

现实主义者从两个角度论证了1919年的政策。首先，从数字

---

① 即德意志第二帝国（1871~1918年）——正式名称为"德意志帝国"（German Reich）——在第一次世界大战失败后，按照《凡尔赛和约》成立了魏玛共和国（1918年至1933年），但这个新德国是在第二帝国的结构上建立起来的，换汤不换药，依然是危险的，会随时再次发动战争。注意，虽然是"新德国"，但魏玛共和国的正式名称依然是"德意志帝国"（German Reich）。

② 即没有盟国的帮助，法国自己是不可能取得胜利的。

的角度：近18%被动员参军的人倒下了；30岁以下的人，有四分之一的人死亡或失踪了，这些数字明显要高于其他国家，无论是盟国还是敌国。其次，从盟国来看：美国没有多久就摆脱了《凡尔赛条约》所谓的限制，而英国仍然坚持其严格的主权。

克莱蒙梭-福煦（Clemenceau-Foch）之间的冲突引发了一场辩论。

戴高乐在给他母亲的一封长信中写道："所以，和平是在这里签约缔结了。剩下的，就是让敌人去执行。因为就我们对他的了解，他什么都不会做，什么都不会放弃，什么都不会付出，除非我们迫使他这样做，迫使他屈服，迫使他付出，不仅仅是用武力，最后还得用一些野蛮手段。[……]他的承诺是烟雾，他的签名是一个糟糕的笑话。幸运的是，我们守住了，而且必须绝对守住莱茵河的左岸。[……]随着时间的推移，德国将变得越来越傲慢[……]。此外，人们担心我们的盟友很快就会成为我们的对手，对我们的命运失去兴趣。"[3]

鉴于这种潜在的威胁，他认为，法国的情况似乎非常糟糕。这从一封他写给父亲的信中可以看出："我们做得越多，法国就会越陷入愚蠢、懒惰和充满傲慢的官僚作风的海洋中。最简单的事情都会复杂得令人发指。[……]我们将非常需要一个黎塞留（Richelieu）或一个卢瓦①（Louvois）。"[4]

令戴高乐感到遗憾的是，停战阻止了福煦所规划的最后攻势，而这一攻势本可以深入帝国②的身体。众所周知，这种未能渗透进德国本土的情况，就是德国舆论界的活动家们笔下经久不衰的

---

① 都曾是法国杰出的领导人。
② 指德意志帝国。

"背后捅刀子"传说的源头。

他职业生涯的恢复看起来并不乐观。1921年的法律将兵役期从3年减至18个月。1925年的法律又将其缩短为1年。到1929年，师的数量从45个减少到32个，下降了30%。在离开法国近三年后，戴高乐回到了这个被战争改变了的国家。

1919年初，戴高乐上尉被借调到圣梅松军事学校（Saint-Maixent）参加连长课程，参加该课程的都是被俘后返回的军官。他一来到圣海松就急于离开，申请加入在法国组建的波兰军队"去参战"。他于4月抵达波兰。

从这一天到20世纪30年代初，戴高乐开始了一段忙碌紧张的生活，似乎是为了弥补失去的时间。指挥和教学，以及写作出版，填满了这段时光。两者之间并没有严格的先后关系，而是经常同时进行。这期间，他加入了战争，也进入了贝当元帅的内阁。

指挥时期—战争学校—在贝当的内阁中

1919年至1931~1932年，戴高乐身处三个外国战场：波兰、德国和黎巴嫩。

为什么是波兰？

这是他在1919年初提出的请求，他表示，希望"更加热切地尽快再次参战"。当然，他承认，待遇是很可观的。在波兰，他的工资从每月825法郎涨到2800法郎。他被派往法国驻波兰军队的军事代表团，担任教师和教官，然后担任联络官。在这项任务的框架内，魏刚（Weygand）将军担任了一支非常杂乱的波兰军队的总参谋部顾问的职务，这支军队是由德国、奥地利和俄国的三支独立军队组成。在乌克兰的第一次胜利攻势之后，波兰军队不得不在俄国军队面前撤退。而戴高乐在囚禁中认识的图哈切夫斯基,就在俄国军队中。这个位于俄国和德国之间的年轻国家①,由于其边界尚不明确,因此陷入了巨大的困境。

起初,戴高乐被指派去培训波兰初级军官,级别为地方指挥官,接着,他被召唤到了战区。

在1920年11月发表于《巴黎评论》(Revue de Paris)的一篇文章中,戴高乐讲述了他在1919年4月至1921年1月参加波兰战役的经历。在这篇文章中,他描述了他在1920年夏天参加的针对布迪恩尼(Semion Boudienny)军队的行动。[5]与他特有的那种非常沉稳的风格不同,在这里,他的文字是一种非常生动的叙述战争故事的风格。毫无疑问,作者会成为一名优秀的战争记者。我们在这里面对着一场冲突,一场人潮往复的、毫无预备的军事行动。让我们随便挑选一段话来看看:"啊!这不算什么,这里有一支小分队。3000名战士分散在40多平方公里的范围内。至于如何联络:没有电话,没有无线电报,没有光学设备。每个人都胡乱地按照所得到指令给出的方向行进,我们在傍晚时分互相寻找;尽管如此,正如你所知道的那样,在我们这片土地上,特别是在斯拉夫地区,所有问题最终都能得到解决。"

对于一个接受过传统训练,尊重秩序、方法和组织的人来说,这些场面令人不安。俄国的攻势(布尔什维克的国家直到1922年才宣布成立)被击退,而他回到了法国。

在当时的资料中,戴高乐的名字几乎没有出现过。[6]

在华沙附近的伦伯特(Rembertów)学校,他在战斗前参加了步兵战术课程。

---

① 指波兰。

据一位波兰作家说，魏刚将军对他的评价非常好。[7]"他作为第三局（行动局）的军官，做了大量的工作。在1920年8月的行动中，他在艰难的条件下，出色地完成了许多前线任务，这使他尤为出类拔萃。"

我们可以从戴高乐在波兰的这段经历中得出什么结论？就他个人而言，他有着极好的回忆，在华沙以及在战役中过着愉快的甚至是幸福的生活。另外，他对波兰军队的批评是严厉的，正如他回到法国后所写的报告显示的那样。[8]这不免让他对波兰的未来感到担忧，因为波兰处于德国和俄国之间。运动战在冲突中的重要性让他相信，思考如何走出阵地战是十分重要的。

当大好未来就在眼前时，他怎么能在波兰逗留呢？他的上级，即亨利斯将军（Henrys）的继任者，法国军事代表团团长，尼塞尔（Henri Niessel）将军这样写道："他是我的参谋部首脑。他已经做出了很大的努力——他文笔很好，他知道如何解决问题。他有优雅的气质，良好的形象，他是完美的军官。[……]他打算回到法国结婚，并准备进入高等军事学院。[……]他完全具有军事学校教师的素质。"[9]

我们的上尉确实处于待婚状态。1921年4月7日，他与伊万·本德鲁（Yvonne Vendroux）结婚。一场"安排好的"婚姻，这是资产阶级圈子的惯例。此外，对于一个士兵来说，嫁妆仍是必需的，即使从1900年起，已经不再要求最低限度的嫁妆（直到1961年才废除嫁妆要求）了。

新娘的家族来自加莱，有荷兰血统，其家族中有船主和工业家。这个家族位于阿登地区的塞普-方丹（Sept-Fontaines）城堡是其成功的光荣象征。

这场婚姻，以及随后三个孩子的出生，并没有使戴高乐退回到家庭这个茧中。他只把家庭看作一种能带来兴奋的存在，以及一种额外的要求。

此时，他是圣西尔军校历史系的助理教授，之后，在1922年5月，他以第33名的成绩被录取，进入战争学校。从一开始，他就与官方的教导相抵触，这是他的第一次反抗，这还会触发许多其他的反抗。研究中世纪的伟大学者马克·布洛赫（Marc Bloch）描述了这种教学的性质，他对1940年的灾难进行了深刻的剖析——他是这场灾难的参战人员："在和平时期的学校里，我们已经习惯于过分相信演习主题，相信战术理论，相信一句话，相信白纸黑字，并不自觉地说服自己，认为一切都会按照写好的内容发生。当德国人拒绝按照战争学校的规则玩他们的游戏时，他们发现，自己就像糟糕的演说家一样，在对方没有按照剧本回复自己时，感到困惑不已。"[10]

戴高乐肯定会从这种态度中看到一种懒惰思想，在这种态度中，在战场上占据主导地位的前提是，对手按照自己的期待展开行动，这样便能将对手击败。奥斯特利茨（Austerlitz）反复出现在教室的黑板上①。这里出现的是几代人的冲突，是古代人和现代人之间的冲突。

谁是教师？是在四年的冲突中、在壕沟战的背景下执行战术任务的上校们。他们看到了太多徒劳和血腥的短视攻势，对运动战很敏感。对学生来说，在未来，战略高于一切。战争结束后，在广泛

---

① 指奥斯特里茨战役。发生在第三次反法同盟战争期间。因参战三方的君主——法兰西帝国皇帝拿破仑·波拿巴，俄罗斯帝国皇帝亚历山大一世，神圣罗马帝国皇帝弗朗茨二世均亲临战场，御驾亲征，所以又称"三皇之战"。1805年12月2日，人数为73000人的法国军队（实际参战65000人）在拿破仑的指挥下，在奥地利的奥斯特里茨（今位于捷克境内）取得了对总计86000人的俄奥联军的决定性胜利。

的战线上，运动战又卷土重来了。老师和学生之间必然会出现分歧，戴高乐很快就获得了能生动形象地表达自己的美誉。这里的错误是，把戴高乐与整个军事社会分开来看了。

1924年夏天结束时，戴高乐迎来了学业的最后一天，在这一天，他收获了自己的评级。教授们对戴高乐的表现进行了长时间的讨论——他让所有人都无法保持沉默。战争学校副校长杜菲埃（Julien Dufieux）将军的评价是有褒有贬：“他拥有强大的人格，无可置疑的品质，但不幸的是，他的态度有点超然，同时，他有点儿自以为是的态度，破坏了这些品质，让他无法对学校的工作给予应有的全身心投入。”

另一条评价是：“不幸的是，他的过度自信、对他人看法的挑剔、对流亡国王的态度，破坏了他那不可否认的品质。”[11]

他几乎跌入了班级的倒数第三名，差点儿收获"及格"（Assez bien）这个很低的等级。他最终获得了"良"（Bien），排在第52位。而这很可能是贝当为他在阿拉斯的前部下进行干预后的结果，贝当从未忘记过这个部下。

元帅无疑并没有因被迫跟一个当时并不欣赏他的反传统主义（"火炮能杀人"）的军事机构打交道而感到生气。戴高乐的反叛态度为他带来的排斥仍未结束。离开战争学校后，他被派往军队参谋部做了几个月的实习生，并被调到第四局（运输和供应）。他的评级实际上"阻止"了他进入第一参谋部（"行动构想"），即最出名的那个参谋部。

戴高乐从这次事件中吸取了教训，并总结写成了一篇文章，于1925年将其发表在了《法国军事杂志》上，文章的名字是《先验学说还是环境学说?》。

这篇文章对他在战争学校时盛行的思维方式进行了彻底的批

判:"法国的军事思想似乎不愿意承认战争必定会具有的本质上的经验性特征。这种思想,会不断去努力构建一种学说,使其能够先验地确定行动的方向,并构想出行动会采取的形式,而不考虑构成其基础的现实情况。"再往下看:"[这是为这种思想争取]它一直想要的休息。①"他继续写道:"[这是在]无视所有的变量,尤其是敌人这个变量。"

贝当在部下写的这篇文章的空白处评论道:"这是一个非常好的研究,尤其是其细致微妙的分析,可以作为一本书的序言。"[12]

而这篇文章被这名部下评价道:"这个被军事作家处理过无数次的主题,被以这样一种原创的形式呈现,用批判性和哲学性的思考来点亮,相当有趣。"

1925年7月,戴高乐被借调到贝当元帅的内阁,担任最高军事当局——战争委员会的副主席,并以此身份成为政府的直接顾问。他在贝当办公室旁边的一个办公室工作。他的办公室在荣军院大道4号。他在这个地方一直待到了1927年。他当时正是以这种身份,在战争学校做了三次演讲,这些演讲构成了1932年出版的《剑锋》的主体。在这本书中,我们会再次看到这些演讲。每一次演讲都由贝当郑重地进行介绍。贝当在介绍中赞扬了戴高乐的辉煌功绩。在贝当的内阁中,根据收到的指导方针,戴高乐被赋予了一项任务,写一本当时名为《士兵》(*Le Soldat*)的书。这本书将成为1938年爆发的一场著名作家们论战的起点。

他是否还欠贝当一份旨在"明确规定在高等战争学校进行教学应遵循的精神"的研究报告?[13]这对一个刚毕业的学生来说是一个很好的报答机会,毕竟,他是以一个相当平庸的等级从学校毕业

---

① 即这种思想是非常懒惰的。

的。这包含一个相当直接的警告,其中的每个字都很有分量:"这种教育,严格避免了任何以教义统一①为借口去制定一个战争标准或去编纂一个程序的理论体系。"

他明确指出,为演习选择的具体案例将"显示战争环境的多样性和偶然性,并注意不要把人们的思想引向相同的解决办法"。这是对独立判断的呼吁。理论课将会被减少到只教授最基本的内容。

值得注意的是,这所"指挥学校"对文化知识、对国家经济生活及其运作的知识、对人口结构、对国际形势、对"当前"文明所表现出来的兴趣。这证实了戴高乐阅读的广度和多样性,以及他对保持与时代同步发展的重视。在这个层面上,有一个值得关注的非常具有创新性的点,即:向现在所谓的"民间社会"(société civile,这是一个本来完全没有定义的术语)开放这些课程。这项工作将被委托给非军事专家,最好是受过高等教育的人。而这些教授中的一些人,还会成为高考考试委员会的成员,为通识考试设定预备书目,为考试准备题目并对答卷进行评判。这些成员有可能为那些能够利用在战争学校学习的机会从事某些更高的研究,甚至从事某些个人工作的军官提供建议。[14]

在推荐上来的为"民间社会"演讲的候选人名单中,有几个人物非常突出。夏尔·纪德(Charles Gide)是当时最著名的经济学家之一。安德烈·齐格弗里德(André Siegfried)是自由政治学院(Ecole Libre des Sciences Politiques)的教授,是盎格鲁-撒克逊世界、特别是美国的著名专家。如果勒内·皮农(René Pinon)不是一个政治记者,不接近基督教民主党的圈子,不是《西部闪电》

---

① 即以战争学说应当统一为借口。

（*L'Ouest-Éclair*）报的编辑部成员，不是对夏尔·莫拉斯的"法国行动"这么有敌意，那么他的名字就不会这么广为人知。梵蒂冈在 1926 年谴责了勒内·皮农（René Pinon）。顺带提一下雅克·巴杜（Jacques Bardoux），一个亲英的自由派，国家改革的支持者……瓦莱里·吉斯卡尔·德斯坦（Valéry Giscard d'Estaing）的祖父。

正如我们所看到的，这是一个任务非常重的课程，尤其是英语（时代的标志）今后将会和德语一起，成为必修语言。戴高乐还不忘增加一门由他自己教授的关于"指挥哲学"的课，……这门课非常有戴高乐特色。课程的内容包含："战争行动""领袖""政府与指挥"。这基本上再现了他 1925 年在战争学校所做的演讲。

最后，他说，"我们现在还没有排名。［……］根据学校工作的结果来评估人们的水平确实是有风险的"。毫无疑问，他希望清除那些循规蹈矩的思想，并间接对教官施加压力，甚至引导他们在招聘中做出选择。

戴高乐在这里将非传统主义（le non-conformisme）和个人主张发挥到了极致。问题是，他当时是否在贝当的内阁中，是否可以在没有贝当的同意，至少是默许，甚至是鼓励的情况下，提出这样一份文件。我们知道，贝当对教育问题非常关注。1934 年，当杜梅格（Doumergue）[①] 内阁成立时，他说较之战争，他对公共教育更感兴趣。

[①] 加斯东·杜梅格（1863 年 8 月 11 日~1937 年 6 月 18 日），法国政治家，曾担任法国总统（1924~1931）和法国总理（1913~1914，1934）。

我们只能在戴高乐1925年发表的文章《法国要塞的历史角色》中看到贝当的身影。这篇文章的出发点是戴高乐观察到了法国东北地区边界的空虚，认为对边防要塞的巩固非常有必要。接下来，他用很长的篇幅回顾了悠久的历史，从已经取得的成就来看，他得出了结论："永久防御"非常重要。这很难说是这位预言家对机动性之重要性的预言，抑或是这位混凝土和堡垒的推崇者对马奇诺防线带来的虚幻保护的谴责。诚然，修建马奇诺防线的投票直到1929年才进行，法国当时还没有感受到来自德国的威胁，因为后者尚未从战败中恢复过来。他并没有提出要建立一条连续防线的想法，只是恳求建立一些防御点。然而，似乎是为了避免混淆，他后来在书信中强调，防御性组织是作战计划的一个重要组成部分，从而获得一些缓冲周旋的余地。我们的部队难道没在莱茵河的另一边[①]占领一些据点吗？

1924年秋天，戴高乐在美因茨短暂停留后，去了特里尔，1927年底，他被任命为指挥官，在第19骑兵团任团长。这是一支精英部队。他一直在那里待到1929年底。

但此时，他与贝当的关系已经逐渐冷淡下来了。他开始去写那本指派给他的书。1927年，贝当告诉他，他对延误感到非常担忧。不过，元帅还是到特里尔去访问了这支骑兵团。

在特里尔，戴高乐的身高、冷静、距离感让人肃然起敬，就像是他在践行自己在刚刚结束的课上说的戒律一样。在他的部下看来，他过着艰苦的生活，经常要求反复行军，进行野外演习和阅兵。而军官们不得不去做一些演讲。

1927~1928年的冬天非常寒冷，造成了流感和伤寒的流行，严

---

① 即德国。

重影响到了这个军团，军团总共有 30 人死亡。这个数字甚至让巴黎感到震惊。议会要求就此进行调查。最终，戴高乐被证明是清白的。也许是贝当进行了干预。

在特里尔，戴高乐似乎找到了新的理由来证实，和平显然是不稳定的。他在 1928 年底指出："现实事物的力量正在拆毁欧洲残余的、商定好的宝贵壁垒。我们必须相信，吞并已近在咫尺，届时，不管你愿不愿意，德国将通过武力或意志，夺回我们为了波兰的利益而从它那里夺走的东西。之后，它会将阿尔萨斯从我们手中夺走。在我看来，这似乎是写在天上的。"①15

这种苦闷充分体现在一篇写于 1930 年的文章中，而这篇文章直到 1975 年才发表。16 文章标题是《军队干部现状》，文章将军队的衰退状况与以更舒适的生活和对永恒和平的信仰为特征的新环境进行了对比。士兵期望得到国家认可的地方②，却时常被忽视了。军队注定要进行改造，军队的生存条件应该得到改善。军人的收入不高（当时，戴高乐少校的月薪为 4800 法郎，与行政法院的审查官的月薪相同），戴高乐发现自己身处一个只有成为国王才容易赚钱的社会。他期待至少可以得到国家的认可。但事实并非如此："如今，恰恰相反，国家认为军事服务是低级的工作。[……] 在排序时，它把战士降到了一个很低等的地位。"士兵甚至不是一个正式的公民：他既没有选举权也没有被选举权。

在这种情况下，战争经验被忽视也就不足为奇了，他写道，"理工学院现在只给炮兵和工兵提供了足够的军官。圣西尔曾经有 3000 名考生报考，现在只有 800 人报考了"（这里，戴高乐进行了

---

① 法语俗语，即"命中注定的，必然发生的"。
② 指工资待遇。

夸张。在 1910 年的入学考试中——他参加的那场考试——有 700 名考生报考,这是那个时代的第一个标志)。结果是:军队干部的水平下降了。结论是:"我们需要一部管理政策。这是一件国家层面的紧急事项。"

在这里,我们可以发现贯穿戴高乐思想的一件事:让领导者脱颖而出(对戴高乐来说,"备战就是备好领导人");通过舆论恢复军队与政治、军队与国家之间的联系。在此背景下,他有一种深深的忧虑,但这种忧虑并没有使他倒下,反而再次刺激他采取行动。再一次,与天使的战斗[1]在他的家里发生,而且还将继续下去。

在不到 40 岁的年纪,任何其他的军官在这样一个军队的困难时期,都会很知足,因为,一个充满前途的职业生涯得到了保证。但戴高乐需要的更多,他梦想着一个伟大的命运,他觉得这是命中注定的。为什么不能当一个救世主呢?这就是他在 1929 年 6 月 20 日给他的朋友吕西安·纳钦(Lucien Nachin)的那封令人惊讶的信中所表达的内容。他写道:"啊,这些天来,穿着军装是多么的辛苦啊!然而,这些都是必要的。几年后,我们将紧紧抓住自己的衣摆来拯救我们的国家。"[2]

这是一个短暂的忧郁危机——就像他惯常经历的那样吗?这是否应该归因于由于女儿安妮的出生而带来的将会伴随他一生的痛苦?1928 年,他的第二个孩子安妮出生了,伴随着一种先天的严重残疾,这给她的父母(尤其是她的母亲)带来了沉重的负担。

稍早时候,他写下了维兰(Paul Verlaine)的这些诗句:

---

[1] 这一典故出自《圣经》,意指艰苦的搏斗。
[2] 紧紧抓住某人的衣摆,即搭某人的顺风车获得成功。这里指法国需要自力更生,依靠自己的力量拯救自己。

"——你做了什么，在这里的人啊/不停地哭泣/说，你做了什么，在这里的人/用你的青春？"[17]

以及，1927 年他记录下的安德烈·莫鲁瓦（André Maurois）的这句话："40 年后，只有一个词能解释生命的本质：放弃。"[18]

人们怎么会看不出，拥有这种强势个性的他对扮演贝当笔杆子的角色感到厌倦？尤其是当他察觉到了贝当智力的衰退……而贝当正在走向他的最后解脱（这将在 1931 年完成）。

在此期间，他不得不应对职业的危机和要求，而这份职业的魅力似乎已经被耗尽了。他不是曾经感叹过："我已经无法忍受了。"在不久的将来，他将会去到……黎巴嫩。

毫无疑问，他要把目光投向更远的地方。对于一个法国军官来说，这是一个不寻常的目的地，他隶属于贝当一系，而不是具有殖民主义传统、一直生活在法德对立的监护阴影之下、不愿对大都市以外的冒险活动浪费精力的加利埃尼（Gallieni）或利奥泰（Lyautey）一系。戴高乐想要这个职位：因为经济上的优势（工资会增加 60%），加之携全家赴任的可能性，以及他对东方的渴望。

名义上由国际联盟（la Société des Nations）托管的黎巴嫩，也就是他和他的妻子及孩子们居住的地方，似乎并没有给他自己的活动带来多少阻碍。作为黎凡特（Levant）军队第三局（行动局）的负责人，他从 1929 年 11 月到 1932 年 1 月一直待在黎巴嫩。他没有机会见到领导第二局的卡特鲁上校，卡特鲁上校在 1927 年底离开，重新回到了……爱德华·埃里奥夫人身边，卡特鲁上校与她的关系非常密切。

我们大致都记得他于 1930 年 7 月 3 日在贝鲁特圣约瑟夫大学颁奖仪式上的讲话。这次讲话被视为他的阿尔及利亚政策的预告："对于你们，黎巴嫩青年，这一伟大的职责具有直接而迫切的意义，因为这是你们将要建立的家园。[……]要靠你们自己来建立自己的国家！[……]"[19]

事实是，空间和时间的差异，使他这种对联系的渴望，成了一种危险的行为。

我们将更加肯定地记住戴高乐做出的这个不容置疑的判断："黎凡特[……]，我们已经在那里待了十年了。我感觉，我们几乎没有穿透它，那里的人民对我们来说是陌生的——我们彼此都很陌生——一如既往。[……]在这里行使代理权的势力，还没有找到正确的方式来进行治理。"1931年，他出版了《黎凡特部队史》，其中附有《1919年至1931年黎凡特部队的折损情况》，也就是说，有270名军官和9154名士兵阵亡了。[20]在他眼中，这些都是无谓的损失。

在指挥生涯结束后，戴高乐回到巴黎，被借调到国防部高级委员会（CSDN）的秘书处。

一位多产的作者：《剑锋》

从1920年到1932年（《剑锋》于这一年出版）戴高乐出版了一本书《敌人内部的倾轧》，以及大约10篇文章和各种文本。几乎所有的文章都发表在军事杂志上。《剑锋》动笔很早，1927年，在贝当的赞许下，战争学校举行的三次演讲充当了中继站的功能，为这本书的完稿进行了接力。

这个"大哑巴"（grande muette）并不那么哑巴。[21]戴高乐文笔斐然，但他并不是独一无二的。任何现役军官都可以在自己的职责范围内发表署名文章，可以披露自己的军衔，但不能泄露自己的职务，并被要求向他们的指挥官和部长办公室递交一份文章副本。渐渐地，军事著作进入了公共领域。[22]

《剑锋》的对象是普通民众，而不仅仅是军人。它是1927年关于《战争行动》、《性格》和《威信》的三次演讲的新版本。他还在书里增加了两个新章节：《论理论学说》和《政治家与士兵》。

前言的标题是"成为伟大的人是为了维持一场伟大的争论"，摘自《哈姆雷特》。

1号副本的标题上印有："致贝当元帅。侯爵先生，这本书只能献给您，因为没有什么比您的荣耀更能说明行动可以从思想的光芒中获得的美德了。"

这部作品展示了他的博学。苏格拉底、莎士比亚、巴斯德、拿破仑、安纳托尔·法朗士、柏格森、沃文纳格、托尔斯泰、福楼拜、雷茨、奥古斯特·孔德、拉门纳、歌德、海涅、培根、维利耶·德·利勒-亚当、缪塞……他们的格言和思想充盈了戴高乐的笔记本。就目前而言，它是一座雄辩的纪念碑，最重要的是，它是对性格和威望的赞美，这些主题是戴高乐在给他的狱友演讲时就已经强调过的。

新增的《论理论学说》一章承接了《先验学说还是环境学说？》，最后一章是《政治家和士兵》，强调了政治家与战士们在战争时期的密切联系，其中有这样一句充满预见性的话："运动战所具有的残酷危急的特点，赋予了军事指挥部大部分本属于政府的属性。"

1940年政治权力的崩溃将成为戴高乐进入新角色的基础。

毫无疑问，他从19世纪的一位军事理论家阿尔丹·杜·皮克（Charles Ardant du Picq）上校那里借用了很多东西，戴高乐在自己的文章中引用了阿尔丹·杜·皮克，在这些文章中，戴高乐已经强调了装甲和速度。戴高乐无疑是通过一个亲密的朋友兼知己纳钦上校了解皮克的这些著作的,我们将会在后面更详细地探讨纳钦的影响及其发挥的作用。1930 年,纳钦对阿尔丹·杜·皮克的著作进行了注释,并将其整理成册。

关于"性格"和"威望"两章,引起了广泛讨论。这是联盟的时代,也是领袖们进行战争的时代。在欧洲专制政权成倍增加的时候,"领袖"这个词很时髦:"事实是,有些人从出生起就传播着权威的液体,[……],人们在受到其影响时甚至会感到惊讶。"像这样的句子不能不使坚定的共和党人感到震惊:"[在重大事件发生时]某种理由会将有个性的人推到最前面。[……]自然地,他会贡献主要的力量,承担重大的使命。"再往下看,他写道:"武器塑造了世界","此外,军队很快就会迎来新气象"。人们可以再次读道:"领导人的意志构成了军事手段中辐射一切的中心。"

把戴高乐视作一位潜在的党派领导人是太小看他了。戴高乐从未停止过对政治权力的绝对领导地位的追求,的确,他的追求是坚定的,他的认知是清晰的。

从这本书中可以看出两个重要事实。首先,它完成了对日后成为戴高乐将军的不寻常人物的塑造。他耐心地、严格地构思这些作品,把它们排列组合,制作出雕像。在这本书里,雕像活了过来,开始自己运动了。

当然,这本书并没有大获成功。

但是,第二个事实是,戴高乐不再是孤身一人了。他已经属于一个小型但有影响力的朋友圈和关系网了,朋友们在他身上看到了未来。他们将不停地鼓励他,给他支持。

他的眼界继续扩大。1932 年,他被分配到国防部高级委员会秘书处,他在那里一直工作到了 1937 年。这是一个理想的位置,因为他一直在质疑政府和最高军事指挥部之间的关系。

委员会设在 1872 年翻修的古希腊战争委员会（Conseil supérieur de la guerre）的机构大楼里。这个委员会由战争部长主持，一名军人副总统（贝当元帅直到 1931 年一直担任此职）和高级将领们是其成员。委员会负责为政府提供合理的意见。

起初，委员会负责通过提供合理的意见使军队做好战争准备，但在两次战争期间，委员会的作用逐渐减弱，变得微不足道。在 1931 年之前一直担任副总统的贝当的出席，也并没有让委员会起到太大作用。

而高级国防委员会（CSDN）则大为不同。后来，CSDN 采用了其当时的常设机构——国家安全局（SGMN）的名称，并保留至今。高级国防委员会创建于 1906 年，并于 1921 年改组，是政府的大军事委员会。围绕着共和国总统和委员会主席，高级国防委员会将所有必须在广义框架下处理军事问题的部长聚集在了一起。由于高级国防委员会每年只举行两次会议，因此它有一个常设机构，即 SGDN，负责准备和协调 CSDN 的议程和工作。SGDN 很快就确立了自己在三军防务方面的真正协调机构的地位。戴高乐正是被派往这个秘书处。他没有否认它的优点，也没有否认它是一个多么了不起的观察哨。特别是，他参与起草了关于战时国家组织的法律草案。这推动了 1938 年的一项法律的颁布。

1932 年，法国设立了一个国防部长的职位，但这个职位直到 1936 年才有人担任，因为这期间战争部始终都存在。这与对国防问题进行统一处理的思想相去甚远。直到 1938 年前后，才设立了总领所有军事部门的总参谋长的职位，但这个计划仍然只是理论上的。而且这个职位既没有涵盖所有的军队，也没有涵盖所有的战区。

在 1940 年前夕，统一进程才刚刚开始。由国家和政府领导人、

71 　国防部长和总参谋长领导的 SGDN 在理论上已成为争执的主角。然而，这需要更大的连续性（戴高乐在他的回忆录中强调，在 1932 年至 1937 年，他知道的就有 14 个部委）。此外，对连续战线理论的坚持，让他无法诉诸运动战。[23]

　　对军事、政治、外交、经济和社会信息进行整合的需求，只是随着第二次世界大战的爆发而出现。从临时政府时期开始，戴高乐将军就设立了一个拥有有效特权的国防部。后来，在第五共和国的早期，如 1959 年 1 月 7 日颁布的关于《国防的总体组织》的法令，仍然是相对具有限制性的，委托总理"对国防进行总体组织和军事指导"。一切都发展得非常快。共和国总统将以其武装部队首脑的身份发挥主要作用，而原子武器只是加速了这种演变[24]。

72 　大争执的时间越来越近了。

第四章　装甲部队[①]之"战"：从军事到政治

迈向职业化军队

服务于创新战略的德国装甲军团，是导致法国在1940年战败的原因。面对这种情况，一支充满幻想而非坦克手的法国军队，陷入了纯粹的防御性战略。1934年，贝尔格-勒夫罗（Berger-Levrault）出版社出版了《迈向职业化军队》（*Vers l'armée de métier*）一书，这本书旨在提醒公众注意我们将无力应对的威胁。它的作者是一位自1930年以来就被派往国防部高级委员会秘书处的中校[②]。

《迈向职业化军队》在正式出版之前，经历了声势浩大的预热。1934年11月13日，《政治与议会杂志》（*Revue politique et parlementaire*）发表了一篇文章，题为：《为了军队的利益》（*Forgeons une armée de métier*）。这篇文章很短，旨在为该书的发行做好舆论准备。出版的决定，是戴高乐于前一年秋天在一个小规模知识分子圈子里做出的，这些知识分子自20世纪20年代后半期开始就围绕在他身边。戴高乐在《战争回忆录》的开头几页总结了他写这本书的动机和这本书的主题。

[①] 本书的装甲（部队），主要指坦克（部队）。
[②] 即戴高乐。

首先，他留意到：官方的战争理论"要多危险有多危险"。他写道："我觉得从战略角度来看，这种理论，就是把主动权完全交给敌人。从政治角度来看，我认为，由于我们展示了把军队部署在边境上的意图，我们正在推动德国对现在被孤立的弱者①采取行动［……］，我们正在改变俄国与我们的联系［……］。最后，从道德的角度来看，在我看来非常令人遗憾的是，这个理论给了这个国家一个印象，即战争最终应该涉及尽可能少的战斗［……］。"

这本书的核心论点是基于地理学的，"覆盖"（couverture）的问题由此产生。东北部边境是最脆弱的，因为它没有自然屏障。巴黎无险可守，甚至"需要将法国与英国分开"②。在这方面，国家的保护不能由一条连续的防线（马奇诺防线）来保证，而是需要一支能够快速运动的机动部队。

根据这一观察，戴高乐甚至设想了另一项军事政策。他指出，目前的军事政策注定是低效的。正是在分发给士兵的机械装备变得越来越复杂的时候，他建议将这些机械装备交给专业人士。这让他产生了建立职业化军队的想法。这支职业化军队也是维持欧洲平衡的一种手段，因为我们已经"签署了条约、公约，做出了承诺，采取了再次体现这种相互依存关系的态度"。这与莫拉斯的"孤立的法国"是相对立的。

这支职业化军队将以机械化部队为基础，由七个师组成，包括六个重型师和一个轻型师，每个师由三个旅组成。

如何找到这些人呢？戴高乐写道，通过每年招募15000名志愿役士兵，我们可以在四五年内建成这样一支军队。

---

① 指法国。
② 即法国与周围国家没有屏障，甚至跟隔着海峡的英国，也不例外。

这支军队的作用有三个方面。

首先，由于始终处于警戒状态，这支军队可以夺取它可能需要的任何领土（他特别想到的是萨尔）。其次，它也可以作为大部分部队的先锋。最后，它可以作为一种"威慑"力量（他之前从没用过这个词）。

戴高乐得以参考他在第一次世界大战中的个人经历。那场战争的最后阶段，标志着战争向运动战的回归，尽管大家对阵地战概念的依恋并没有消失。1917年11月，第一次真正意义上的装甲部队的全面进攻发生在康布雷（Cambrai）①。盟军②指挥部的战争构想仍然是以老办法为主（突破、然后巩固已取得的阵地），1918年8月8日英法在亚眠附近发动了一场著名的进攻③，重挫了依然使用这种老办法的德军。1918年，法国军队有3000多辆坦克，但并没有使用这些坦克的具体理论指导。然而，人们已经意识到装甲部队在突破敌人防线，或是利用敌人防线方面的决定性作用。因此，盟军和德国方面都对这种新武器的技术发展及其用于战术设计和作战的可能性有着强烈的兴趣，这并不奇怪。但在这方面，戴高乐并不能被认为是先驱。他在书中首先承认了这一点，赞扬了埃斯蒂纳（Jean Estienne）将军的功绩。

在法国，埃斯蒂纳将军是装甲武器的真正创始人，他是第一个主张在这个方向上实现军队现代化政策的人。他也是最早支持建立

---

① 指康布雷战役，它是第一次世界大战期间英军和德军于1917年11月20日~12月7日在法国北部斯海尔德河畔的康布雷进行的一次交战。
② 指同盟国，由德国、奥匈帝国、奥斯曼帝国和保加利亚组成。后文盟军亦指同盟国。
③ 即亚眠战役，1918年8月3~11日，在第一次世界大战最后战局中，英法军队集中使用大量坦克，对德军发起了一次进攻战役。鲁登道夫把8月8日称为"德军最不幸的日子"。英法军队在亚眠战役中的胜利使协约国彻底掌握了战略主动权。它标志着德国军事失败的开始。德国最终在1918年11月11日被迫投降。

独立装甲部队的人之一，这种部队可以通过其机动性发动突袭。

同时，在 1920 年春天，一位年轻的军官，梅拉特（Pierre Mérat）上尉，提出了他对未来战争进行的构想。他有着雄心壮志：他勾勒出了一幅关于新战争的蓝图，将政治、战略、战术和技术思维融为一体。他预见到了整个武装部队的全面机动化，定义了不同类型的装甲车和机动车。梅拉特无疑影响了戴高乐。

除了埃斯蒂安和梅拉特，还有 20 世纪 20 年代的皮格奥（Raymond Pigeaud）少校。他在《法国军事杂志》上发表了三篇文章，坚持认为要建立一支能够独立作战的装甲部队。他强调了与空军密切协作的重要性。在他看来，机动性和速度是坦克的最佳优势。他还认为，必须为坦克配备现代电信设备，以确保坦克与飞机和指挥中心的联络。

仅这三个人就表明，关于第一次世界大战教训的争论，在法国和德国同样激烈。

德国国内也不乏对现代战争的反思。古德里安（Heinz Guderian）是 1940 年色当战役的幕后功臣，他在回忆录中追溯了德国装甲部队的起源和发展。[1]

他比戴高乐小两岁半，于 1922 年参加了战争部对运输部队的检查。因此，他是这个领域货真价实的专家。此外，他对无线电报也了如指掌。

在他的回忆录中，从他思考的出发点——伴随着德国军队首脑冯·塞克特（Hans von Seeckt）的反思——他注意到了《凡尔赛条约》中的两点。第一，将军队限制为一支职业军队，最好是招募专业人士。第二，禁止使用某些武器，包括坦克，可以预见坦克在未来的作用。他还阅读了英国军事评论家富勒（Fuller）、利德尔·哈特（Liddell Hart）和马泰尔（Martell），以及意大利的杜赫特（Giulio Douhet）的著作。

此外，德国的新形势，迫使其小型军队具有高度的机动性。这只能通过使用德国工业的强项之一——发动机来实现。

因此，在德国方面，发展作战装甲的条件是非常好的。这并不意味着不会出现障碍，就像在法国一样，这些障碍来自军队中最保守的分子。

从 1935 年秋天开始，古德里安开始教授"装甲战术"。在实践中，则使用各种仿真装甲车来逃避观察。第二年，他从这次教学实践中推断出，装甲车不应该仅仅用于支持步兵，而且应该被组合成冲刺、突围、开拓型的部队。只是在国家社会主义政权下，随着《凡尔赛条约》的终止，古德里安以其充满活力和固执的气质——装甲武器的理论家——成功地将他关于在机动部队中使用坦克的观点付诸实施了（这并非没有困难），而且得到了冯·曼施坦因的支持。1937 年，他发表《注意—坦克》（*Achtung-Panzer*）。1935 年 10 月，三个装甲师被组建起来了。

至此，装甲部队的独立行动被确立为一种战争体系。德国人称之为"装甲车之战"（Kampfwagenkrieg）[字面意思即"能独立作战①的战争"（guerre de combat autoporté）]。

德国人的另一个优势是，他们可以在与苏联达成协议后在苏联展开实验。②

---

① 本书的装甲车指坦克。此处意为，装甲部队可以自己组成一支进攻部队，进行战斗，而无须其他部队（比如步兵）支援。
② 1922 年 4 月 16 日，魏玛共和国和俄国苏维埃政府在意大利拉帕洛签订《拉帕洛条约》，双方宣布放弃在《布列斯特-立陶夫斯克条约》中及一战后向对方提出的领土和金钱要求。并且，两国也同意外交正常化并"友好合作，在经济上互惠互利"。在双方于 29 日签署的秘密附件中，规定德国可在俄国训练部队、试验凡尔赛条约中禁止的坦克和飞机等武器。1935 年 3 月，希特勒宣布恢复征兵制并扩充德国军队，包括建立凡尔赛条约中禁止德国拥有的海军武器、装甲部队和空军。

关于稀疏作战队形和深度作战队形的争论,历史悠久,可以追溯到18世纪,而此时,装甲部队使得这种争论再次出现了,并让这种争论得到了解决。稀疏作战队形在宽度上被拉长,靠火力打天下。深度作战队形依靠的是纵深,目的是突破敌人防线,击溃对手。坦克使得将机动性、火力、突破敌人防线的能力结合起来成为可能。

戴高乐的兴趣不在于战斗的战术指挥,也不在于对新的战争工具的技术掌握(书中只有四页是关于这些方面的)。他没有注意到坦克和指挥中心之间的无线电联络。空军将发挥的主要作用——这在当时几乎没引起什么关注——虽然没有被完全忽视,但被绕过了,并被总结为几段非常抒情的论述和这个非常一般的结论:"空军一定会在战争中发挥主要作用。"1943年,关于该论述的全新版本的书在阿尔及尔(Alger)出版,书中论述并明确了空军的作用。

1940年闪电战之前有一个重要插曲:1937年,在西班牙内战期间,一支没有任何空中保护的西班牙国民军[①]的装甲部队,曾在瓜达拉哈拉城门,被西班牙共和军的空军歼灭。但戴高乐认为,地面设施修筑起来非常容易,不太可能被彻底摧毁,因此,空军无法完全控制地面战场。

不,戴高乐没有冒充技术人员,也没有冒充装甲武器的实践者。他说的是完全不同的东西,即:与战争的总体指挥有关的问题,政治家和军队之间的关系,指挥的连贯性。更广泛地说,他关注的是国家和军队之间的基本关系。1934年,在日内瓦,法国拒

---

① 西班牙内战(1936年7月17日~1939年4月1日)中,由西班牙第二共和国总统曼努埃尔·阿扎尼亚的共和政府军与西班牙人民阵线组成的左翼联盟,对抗以弗朗西斯科·佛朗哥为中心的西班牙国民军和长枪党等右翼集团。西班牙国民军包括民族主义者等右翼、保守派。

绝讨论一项和平计划，决定"以自己的方式"确保安全，却没有给予自己这样做的意愿或手段，让实践者自己实地寻找具体的解决方案。这与古德里安相去甚远。

大众对这本书的反应是显而易见的。戴高乐认为，他已经做好了舆论准备。他于1933年和1934年分别在《政治与议会杂志》(*Revue politique et parlementaire*) 和《生活杂志》(*La Revue des vivants*) 上发表了文章。基督教民主派报纸《黎明》(*L'Aube*) 曾在1933年11月发表了他的一系列文章，题为《国家的军队还是职业化军队?》，这是他用笔名发表的。这篇文章在军方和政界都没有引起积极的反响。

高层指挥部立即感到被这本书的标题冒犯了。将装甲武器与军队的职业化联系起来，让人深感震惊。对建立一支职业化军队的呼唤，破坏了基于武装国家信条的领土防卫原则。"普瓦卢"（poilu）①是战争的胜利者，同时也是受害者，他们就是这种信条的代表。在战争纪念馆落成的时候、葬礼钟声敲响的时候、花圈摆上的时候，你怎么能想象，技术人员会取代普瓦卢的位置呢②？征兵，也是共和党人的想法。

戴高乐没有具体说明这支职业化军队是否最终会取代旧军队，或者，是否会加入旧军队。在书中，他并没有说过要用一支军队代替另一支军队。

第二个值得关注的点，与职业化军队的进攻性使命有关。法国已经背弃了战争。凯旋门的无名战士墓是对纪念碑所蕴含意义的颠

---

① 这是第一次世界大战时法国兵的绰号。
② 这句话的意思是，普瓦卢，即非职业化的传统的国家军队的军人，为法国做出了巨大的牺牲，为法国做出了贡献、赢得了战争，怎么能说他们会被技术人员——职业军人——取代呢？（你们怎么好意思呢？）

覆。它从一个战争的殿堂,变成了一个重新恢复的和平的象征,在一个失去了大量人口的国家,这种和平是一种幻想。而在人们感受到战争带来的财政困难、经济危机开始影响国家的时候,代价会是什么呢?由于受到严重的财政限制,1934 年,法国军事机构退化到了极点。空军被完全忽视了。

贝当和魏刚作为这种保守心理的活生生的象征,从戴高乐的想法中看到,戴高乐会在最糟糕的时刻——随着希特勒的上台,来自德国的威胁又出现了——挑起动乱。一方面,军事机构的领导人看到了再度崛起的德国所带来的威胁;而另一方面,戴高乐却得出了相反的结论。法国不断恶化的局势激发戴高乐在军事政策方面选择了一条新的道路,而当权者也觉得国家的安全可以通过这种政策得到保障,法国在与德国的关系中保留了一定的安全系数。1935 年 3 月,贝当在《双周刊》上说,法国的军事学说"必须保持无形"。

改革不会有任何效果,而且是危险的。从国家军队中抽调出来的专业军团会一分为二,形成两支军队。但他们只会相继被打败。即使有最好的装备,他们也仅仅是二流的军队。接下来就轮到了马奇诺防线。战争部长莫兰(Louis Maurin)将军说:"当我们花了这么大的力气来建立一个坚固的屏障时,有谁会认为我们会蠢到[……]去进行一些冒险行动?[①]"

此外,据估计,一支少于 30 万人的职业化军队是没有防御能

[①] 路易·莫兰,在 1919 年至 1939 年的战争时期,主张采取消极防御政策,以应对日益增长的德国威胁。他认为,法国在马奇诺防线上已经花了那么多钱,再去发动攻击就太疯狂了。他认为坦克作为一种武器的价值不大。当德国在 1936 年 3 月重新占领莱茵兰时,他反对有限军事反应,呼吁要么进行全面动员,要么什么都不做。

力的，而少于40万人则没有进攻能力。在这些疑虑和保留意见中，我们必须考虑到新闻界广泛呼应的各类人的利益：养马人、兽医、马夫等。因此，军队的机械化只能缓慢进行。1937年，一个没有重型坦克的轻型机械化师（DLM）成立了。直到1938年秋天，法国才决定组建装甲师（DCR）。今天，我们知道，在1940年，法国军队的坦克数量和它的对手一样多，大约有2700辆[2]。然而，它们有很大的缺陷：没有无线电设备，没有加油的手段。它们的装甲比德国坦克好，虽然速度较慢，但装备了更大口径的火炮。

最后，这些已经组建或正在组建的单位，缺乏创新灵活的实践指导。德国装甲部队的真正创造者海因茨·古德里安没有忘记指出这一点。也就是说，从战前开始，他就了解了法国指挥部的操作方法：根据可靠的数据做出决定，执行可靠的行动，采取有条不紊的进攻和防御措施。这正是戴高乐的分析，他反对"先验学说"和"环境学说"。然而，古德里安在他的回忆录中只三次引用了戴高乐的论述内容。没有证据表明戴高乐对古德里安有直接影响。

毫不奇怪，德国各界对戴高乐的书更容易接受。军事期刊发表了大约四篇评论。在古德里安的鼓动下，德国国防军在波茨坦翻译了这本书，供其军官阅读，从而让他们更加了解自己的对手……

由于一个根本的原因，真正的争论终究无法进行。这一争论立场纯粹是防御性的，符合和平主义舆论的现状，符合法国对国际联盟的承诺，而且必须记住战后英国对法国的不信任，彼时的法国是欧洲大陆上唯一的军事强国。

那么，如何想象职业化装甲部队的地位呢？它只有进攻的使命。你怎么可能让它突然从防守型转为进攻型？而如果把防守和进攻结合起来，高级官员们认为，如果同样装备了坦克的敌人摧毁了我们的装甲部队，那么，对我们来说，后果可能是灾难性的。关于把装甲部队设想成为一种防御性工具,有人提出了这样的观点:装甲部队会被一个认真准备好对付它的对手摧毁。

这种对任何改革的敌意,在1936年8月公布的关于大型部队战术指导的指令中,得到了体现,这项指令被认为是对1921年10月6日公布指令的修正。这也不足为奇。这两版指令之间有15年的间隔,因而,出现一些实质性的变化也是可以预见的。但新指令充满了误导性!新指令的第一句话,是警告可能会出现新的危险。而"在战术领域,技术进步并不会大幅度改变既定规则"。由此可见:

(1)"步兵在战斗中担负着主要任务。""可以在坦克和空军的支持下,[……]征服地面,占领地面,管理地面,守住地面。"

(2)坦克只是"随行的机器","会被认真地选择"[3]。

因此,坦克不可能自主行动。

至于对方的坦克,对它们最好的防御是"河流、运河、池塘"(!)

这一指令在战争开始时就已经生效了……

跃升为政治家

除了严格意义上的战略层面,戴高乐在公众舆论中发起的关于战舰的辩论,都触及了最真实的层面。

他的思想是他在囚禁结束时给狱友所做演讲的延伸,呈现在《敌人内部的倾轧》一书和《战争的总体走向》一文中。他的思考，与其说是关于技术，不如说是关于在紧张时期或战争时期的国家领导。军事政策，必须以国家的总体政策为出发点来设计。这是国家的主要职能之一。这也是国家最高官员的责任。仅仅是标题《迈向职业化军队》，听起来都像是一种能够吸引人们注意力的挑衅。

在普通民众中，《迈向职业化军队》受到了热烈追捧：印售的1500 册书中，有 700 册都被疯狂地"抢"走了。而在政界，这并不是装甲问题首次被提出。早在 1921~1922 年[4]，装甲问题就被提出来了。当时，前文提到过的埃斯蒂纳将军，向参谋人员阐释了一个能够进行突袭的重型快速坦克军团所能发挥的作用，类似拿破仑的骑兵在耶拿战役中所发挥的作用。1922 年 3 月，一名年轻的议员，上萨瓦省的雅克·杜波安（Jacques Duboin）在众议院就此进行了干预。他曾在埃斯蒂纳上校的手下工作。而他的干预则收获了怀疑和讽刺，特别是在右派群体中间。在 20 世纪 20 年代，左派是反军国主义、现代主义的派别，右派则是军国主义、反现代主义的派别。这种情况到了 30 年代也几乎没有改变。

一场新闻运动并没有改变什么。巴黎《回声报》（*L'Écho*）和《时代》（*L'Époque*）杂志确实通过其军事专栏作家皮隆诺（Pironneau）的笔对此进行了回应。戴高乐认识皮隆诺。《秩序》（*L'Ordre*）或一些辩论杂志上还有些许文章。但这些并没有促成这本书的大卖。在一篇评论中，戴高乐被比作阿尔弗雷德·贾里（Alfred Jarry）笔下的乌布神父："当我们从波兰回来时，我们将通过我们的物理科学，想象出一个可以运送整个军队的风力机。"毫无疑问，戴高乐在《时代》杂志上看到这篇由当时的狱友、记者雷米·鲁尔（Rémy Roure）署名的（他的笔名是皮埃尔·费瓦克）文章时，感到非常开心。

戴高乐确实希望唤醒公众舆论对军事问题的关注。尽管戴高乐致力于政治世界和公众舆论，唤醒公众舆论却被认为是专家们的事。

如果他曾希望议会对他的论点进行真正的辩论，那么他会大失所望。它只是在1935年4月关于将兵役期延长至两年这个主要问题的辩论中，被当作一个次要问题，顺带解决了。最拥护他这个议题的人是保罗·雷诺，我们之后会谈到他。

不过，对于《迈向职业化军队》的出版，他还是做了精心的准备，并全程参与。

在这本书的出版过程中，有四个人发挥了非常重要、应该说是必不可少的作用，而且，这四人中的多数还都长期发挥着作用。

首先，是迈尔（Émile Mayer）上校，如果他的名字不是跟戴高乐的名字联系在一起的话，那么，他将会一直默默无闻。他与戴高乐在1925年前后通过艾蒂安·雷佩塞认识，雷佩塞是专门出版军事著作的贝尔格-勒夫罗出版社的文学总监。雷佩塞在阿拉斯（Arras）的第33步兵团完成了他的兵役。在那里，戴高乐当过中尉，并在1915年担任布德霍斯上校（Boud'hors）的副手时再次见到了雷佩塞。雷佩塞自告奋勇地出版了《敌人内部的倾轧》，然后又出版了构成《剑锋》的三次讲座的讲稿。雷佩塞把戴高乐介绍给了他的朋友吕西安·纳钦。纳钦比戴高乐年长一个世代，他出身贫寒，曾是部队的孩子，在圣梅森当过少尉，1914年担任上尉时被俘房，1923年已辞去军职。纳钦在贝尔格-勒夫罗出版社指导《军事艺术经典》丛书的编纂工作，曾策划出版过《孙子兵法》和《克劳塞维茨》①，这无疑给戴高乐带来了灵感。纳钦自学成才，广

---

① 冯·克劳塞维茨（1780~1831），普鲁士军事理论家和军事历史学家，普鲁士军队少将。著有《战争论》。

泛涉猎各个领域,学富五车。他也是当前军事概念和伟大领袖的批评者。因此,他成了戴高乐的好朋友之一。1951年他去世时,戴高乐为一本纪念他的小册子写了序言。[5]他写道:

> "吕西安·纳钦成功地实现了自我。[……]他博学多识,手不释卷,是一位在万事万物中寻求真理的思想家,一位直抵人心的人间过客。[……]至于我,他多次帮助过我,直到他生命的最后岁月,我有着许多对吕西安·纳钦的回忆,他是我的同伴,我的朋友。"[6]

正是通过吕西安·纳钦,戴高乐在1925年前后认识了迈尔上校,这次相遇,对他的命运来说是最具决定性的时刻。[7]

埃米尔·迈尔不是循规蹈矩的人,而不循规蹈矩常常会将一个人的职业生涯断送掉,抑或是湮没无闻。

埃米尔·迈尔是一名具有异端思想的官员,1851年出生于南锡(Nancy),来自一个具有爱国主义和共和主义传统的古老犹太家庭。作为福煦班级的毕业生,他成为一名军官,经历了从一个驻地到另一个驻地的漂泊生涯。1896年,作为一名指挥官,特立独行的精神就对他产生了负面影响。一个在《瑞士军事评论》上写军事专栏的军官,怎么会得到晋升呢?此外,他针对法军中优先考虑全面进攻的普遍态度,提出了强烈批评。他认为,最好是放弃运动战,采取阵地战。1899年,军队最终做出了对他的决定。在他48岁的时候,军队决定暂停他的服役,撤销了对他的任命。直到1906年,在德雷福斯事件末期的动荡中,他才"恢复名誉",并被任命为驻扎本土部队的中校。他继续着他的记者生涯,同时,他与包括福煦在内的各个将领保持着联系。他没有放弃他的批判精神。

在1914年重新服役后，他于1917年再次离职，时年66岁。

在两次世界大战之间的那些年，他发表了大量的文章。在他的晚年，他比以往任何时候都更喜欢制造麻烦，他甚至设想过要解散部队，相信空战是万能的，且认为可以把化学武器用作"威慑"。

围绕着他，形成了一个朋友圈，一个文学沙龙，一个政治圈子，同时，也是一个哲学小团体。他们的根据地，是他的女婿保罗·格伦鲍姆-巴林（Paul Grunebaum-Ballin）位于博塞茹尔大道的家。保罗·格伦鲍姆-巴林是一位与政治沾点边儿的国务委员[①]，与莱昂·布鲁姆（Léon Blum）关系密切。他[②]曾是布里安（Briand）的参谋长。他们谈论文学、心理学、语法学，当然，还有军事问题，以及政治问题。

戴高乐时常与罗伯特·阿隆（Robert Aron）、亨利·马西斯（Henri Massis）、让·吉顿（Jean Guitton）、丹尼尔·罗普斯（Daniel Rops）和罗杰·伊科尔（Roger Ikor）会面，也与各大杂志——从社会主义的《欧洲》到基督教的《精神》，再到改革派的《新秩序与新人类》——的人逐渐熟悉。

迈尔的座上宾包括艾蒂安·雷佩塞、吕西安·纳钦和让·奥布坦（Jean Auburtin）。作为一名年轻的律师，奥布坦认识迈尔上校很长时间了，迈尔是他父亲的老朋友，曾是他父亲在查理曼中学的同学。1934年6月的一个早晨，奥布坦就是在这名上校的家里见到了戴高乐。而由于吕西安·纳钦的引介，戴高乐早就已经常常出入梅耶尔的圈子了。早在1928年，戴高乐就给上校寄去了他在战

---

① 保罗·格伦鲍姆-巴林是法学方面的国务委员。
② 此处仍指埃米尔·迈尔。

争学院的三篇演讲稿,并附上了极其恭敬的献词。据迈尔的传记作者亨利·勒纳(Lerner)[7]说,从1932年起,戴高乐经常出入迈尔的沙龙,而沙龙中的一些人——包括戴高乐——每周一都会在蒙巴纳斯火车站(老火车站)附近的达姆尼尔小酒馆聚会。

埃米尔·迈尔收到了一本《剑锋》,并在《政治与议会杂志》上发表了一篇摘要。

虽然迈尔与戴高乐在思想上相互尊重,但他们的观点看法及关注的地方并不尽相同。

迈尔在戴高乐身上看到了一个与军事领导人应有的高龄形成鲜明对比的年轻军官的形象。迈尔无疑欣赏戴高乐的不拘一格、坚毅果断和深厚的文化底蕴。迈尔感觉他们二人的关系,像是巴雷斯所说的,一种"精神上的血缘关系"。戴高乐从迈尔以及他的圈子里的成员那里获得了宝贵的支持,使得他的思想得以散播开来。然而,他们日后却失去了联系,不禁让人深感惋惜。他们二人都具有前瞻性的思维。他们都同样蔑视僵化的、禁锢在教条主义思维中的军队。他们呼吁,在正视机械化所扮演的新角色的基础上,解放思想,不断开展各种运动,保持更加开放、包容的态度。

这就是他们所有的共同点了。而他们的不同之处则非常多。作为一个有信念的步兵,戴高乐从来不认为可以没有军队,或将军队降为次要角色。他只是认为军队需要做出一些转变而已。他也不认为空军可以解决一切问题,包括借助"威慑"的力量。而迈尔对坦克几乎不感兴趣,对极易招致反对的障碍物①也不感兴趣,戴高乐在审视这个障碍物的过程中,产生了建立职业化军队的想法。迈尔则对此非常反对。直到1938年去世,迈尔上校都是

---

① 指马奇诺防线。

戴高乐的朋友，在去世前夕，迈尔还重读了《法国及其军队》的样书。

戴高乐当时已不再对军队抱有任何期望。他写道，"军队对变革有抵触情绪"。他在精神上与之决裂的时间是1934年。他现在相信，只有政治领导人——他一直主张领导人要拥有绝对领导地位——才有能力使变革发生。他现在正转向政治。事情的深层含义就体现在这里。戴高乐通过《迈向职业化军队》一书，迈出了走向政治的第一步。他以自己的方式，跨过了卢比孔河（Rubicon）①，并没有任何不法行为。他仍然是一名共和国的士兵，只是用听起来像宣言一样的呼吁，跨过了这条线——他在1940年1月写给国内最高政治领导人和军事领导人的备忘录中这样写道。

他极大地增加了他作品的题词数量，并拜访了各种大人物，左右两派的人都有。例如，共和国前总统亚历山大·米勒朗（Alexandre Millerand），基督教民主党人菲利普·塞雷（Philippe Serre），右翼议员让·勒库-格兰德梅森（Jean Le Cour-Grandmaison），社会主义者莱奥·拉格朗日（Léo Lagrange）和皮埃尔-奥利维尔·拉皮（Pierre-Olivier Lapie），保罗·邦库尔（Joseph Paul Boncour）。他与马塞尔·德亚特（Marcel Déat）②见过几次面，并共进了晚餐，德亚特在1933年脱离了社会主义党，却成为政坛的一颗新星。1935年的最初几个月，戴高乐在萨拉乌特（Sarraut）内阁中担任空军部长。在书的题词中，他写道："献给马塞尔·德亚特先生，

---

① "跨过了卢比孔河"是西方的一句经典谚语，意为"破釜沉舟""重大转折"，卢比孔河，是一条流经意大利北部的普通河流，公元前49年，恺撒大帝带兵跨过了卢比孔河，成为西方历史上的转折点，"恺撒的一小步，改变西方历史的一大步"，卢比孔河，因为恺撒率军跨越了它，而被赋予了特别的含义。

② 马塞尔·德亚特（Marcel Déat）（1894~1955）法国政客，起初是共产主义者，之后成为维希政府的劳工与民族团结部长。

这些想法并不是新的,而是以一种新的形式出现的。"我们都知道德亚特在战争期间是如何沉沦于最极端的合作的。①

德亚特给戴高乐寄来了自己的《人民阵线》(*Le Front populaire au tournant*)一书。在1937年11月写给让·奥布坦的信中,戴高乐说:"德亚特无疑是天赋异禀,出类拔萃的。这就是为什么人们对他感到愤怒嫉妒。但是,只要有耐心,我相信,我们会看到他东山再起,并且攀得很高。"德亚特在自己的《政治回忆录》中写道,他确实多次与戴高乐会面,并对他的论点很受触动。

让·奥布坦常常为戴高乐引介一些政治人物。

30多岁的让·奥布坦是一位律师、记者、政治作家,1947年至1965年担任巴黎市议会议员,1962年至1965年是议会主席,1972年至1977年成为参议员。正是通过他,戴高乐得以与中右翼的议员保罗·雷诺建立联系,在他们看来,保罗拥有自由而独立的精神,不受议会党派的约束。

正是在1934年12月5日——保罗·雷诺在他的回忆录中明确写出的日期——他们进行了这次会面。他们一起工作,直到1940年6月17日,正如保罗·雷诺的女儿[8]公布的、转载于《信件、笔记和笔记本》中的文件所示。他最开始的时候,是很积极的。他写道:"在这6个月里,让人进退两难的,是延长兵役期、还是打造一支职业化军队。"

从1935年4月5日开始,辩论在议院进行,围绕着是否要将

---

① 1933年,德亚特领导新社会主义者(Neosocialists)脱离SFIO成立了一个右翼团体。在法国被纳粹德国占领期间,他成立了通敌卖国的全国人民联盟(RNP)。1944年,他在皮埃尔·拉瓦尔的维希政府中担任劳工和民族团结部部长,在盟军诺曼底登陆后与维希官员一起逃往西格马林根。他因通敌而被缺席判刑,在意大利躲藏期间死亡。

兵役期延长至两年。这是至关重要的一年，因为希特勒宣布重新实行义务兵役制。1935年底，第一个装甲师成立。我们目睹了雷诺与布鲁姆的决斗。布鲁姆一开始就赞扬了采用征兵制的军队，即公民的军队。他将其与戴高乐提出的"突击部队"相对立，他认为"突击部队"是"一支随时准备发动政变的军队"。雷诺反驳说，应当建立一个能够"闪电般攻击报复"的装甲军团，因为这是唯一能够防止德国对法国在中欧和多瑙河的盟友发动攻击的军团。雷诺提出了一个要建立6个装甲师、有10万人的特别军团的法案。

达拉第（Daladier）将辩论引向了戴高乐的对立面，他认为马奇诺防线的防御体系和装甲部队的进攻概念是不可能调和的。陆军委员会方面则保持着最大的反对意见。不过，戴高乐还是继续推动他的想法。他持续对保罗·雷诺施加压力，正如他在1935年12月2日的信中所表明的那样："毫无疑问，不久的将来，您的政策和您的人格将获得与其价值和勇气相称的胜利。"[9]

直到战争结束，他都没有停止以大量的笔记和报告向雷诺灌输关于法国准备工作不足、德国重整军备的速度及其特点的相关信息（而他晋升上校军衔后则产生了更加立竿见影的效果）。他巧妙地利用雷诺的虚荣心（在《信件、笔记和笔记本》中，至少有64封信都说明了这一点）。比如："［他唤醒了］您的权威和您的政治家潜力"（1935年3月14日）；"［他］恭敬地祝贺［您］昨天那项伟大而重要的干预"（1935年5月31日）；"［这次事件］使您的提案有了理由，并且能完全彰显出您的个性"（1935年11月15日）；"我对您的命运比以往更有信心"（1936年5月1日）；"所有迹象表明，您的时代正在来临"（1936年9月23日）；"［……］我对您怀有敬佩之心，并决心在任何场合为您服务"（1937年10

月15日);"[对于正在酝酿的重大事件]我向您保证,在任何情况下我都会坚定地为您服务"(1938年9月24日)。

随着时间的推移,学生往往会成为老师,并有恃无恐地提出建议和警告。比如:"我想象着您即将在议会进行决定性的干预"(1936年10月7日);关于雷诺计划在议会进行的干预:"我冒昧地认为,您将提出这三个词之间的密切关系:安全、国际团结、军事政策"(1936年11月25日);"我附上几份笔记,希望对您有用"(1937年12月12日);"我深感荣幸地向你提供一些建议"(1938年1月14日)。

1936年3月:希特勒让他稀少的部队重新占领了莱茵河左岸。"我们不会在德国的炮火下离开斯特拉斯堡。"除了这句经典台词外,法国政府没有丝毫反应

1936年5月:组建布鲁姆人民阵线政府。

戴高乐决心与布鲁姆碰面(为此,他再次动员了迈尔上校和他的女婿格伦鲍姆-巴林)。1936年10月14日,他们进行了会面。在亲切礼貌的表象后面,是如出一辙的聋子的对话①。这次对话被接二连三的电话不停打断。戴高乐想证明马奇诺防线的不可进犯性,以及不放弃法国盟友的必要性,对他来说,布鲁姆的反驳是在提醒他法国战略的合理性,让他回到共和党的传统上来。实际上,布鲁姆心不在焉,他没有认真考虑过这个问题,因为他正在被人民阵线提出的许多其他问题所困扰着。

他的坚持、强硬和自信,被认为是冒失的,这几乎让戴高乐付出了沉重的代价。1936年底,在制定晋升名单时,出任战时总指挥的莫里斯·甘末林(Maurice Gamelin)为了讨好部长,干脆把戴

---

① 西方俗语,即鸡同鸭讲。

高乐中校从名单中剔除了。因为戴高乐实在太爱说话了,惹恼了他的长官们。

战争部长达拉第在其军事内阁的鼓励下,亲自将戴高乐列入1937年的晋升名单,晋升其为上校。彼时,德国已经建立起了第三个装甲师,并开始建立第四个装甲师。到1940年,德国就有十个装甲师了。

但事情正在发展,尽管很慢。由于反思已经开始,双方①似乎都有一种向前推进的愿望。

在军事方面,面对紧迫的形势,军队谨慎地恢复了进攻的概念。1936年,关于大型部队战术使用的新指令颁布了,取代了1921年的指令。新指令重新确立了进攻的原则,在必要的情况下,可将进攻作为一种高级战争手段(同时保持基本的防御原则……)。这有点像文字游戏。

戴高乐则回顾了他在《迈向职业化军队》中正式写下的内容:这不是用一支军队取代另一支军队的问题,而是在"大量的预备部队和新兵〔……〕外,增加一个能够立即行动的机动部队"。而这种机动军团的建立,并不是排除了,而是意味着永久性的防御。它们能够相辅相成,让对手招架不住。

对于思想开放的改革者来说,这是一种有机会让辩论向前发展的方式。1937年12月,最高战争委员会,即最高军事政治机构决定对组建和使用装甲师的可能性进行研究。然而,直到1938年底,慕尼黑会议之后,最高战争委员会才做出决定,建立四个装甲师。而此时,德国已经有了五个装甲师了。

已经太迟了。戴高乐不可能抱有丝毫幻想。

---

① 即军队高层与戴高乐。

法国战略计划的制订毫无一致性。想让马奇诺防线提供一切防御，只会鼓励对手绕过马奇诺防线。自1936年以来，大量的预算都被分配给了国防军备。军费如此之多，以至于军队都无法花光这些特殊国债，因为军队的需求超过了我们工厂的生产能力。海军在达尔朗（François Darlan）的巧妙防守下，获得了最大的一笔军费，但其军舰将不会受到空军的保护了。至于空军，其负责人武耶明（Joseph Vuillemin）将军从最开始就预见到，法国空军将会被德国的战斗轰炸机（一种我们没有的飞机）全歼。

戴高乐仍然非常清楚法国在外部军事援助方面的孤立状态。俄国还在（不是苏联）。在1936年12月20日给他母亲的信中，他写道："你问我对《法俄条约》[拉瓦尔（Pierre Laval）1935年5月2日在莫斯科签署的《法苏条约》]有何看法。我的答案非常简单。我们正在迅速对德国开战。[……]我们不能拒绝俄国的帮助，无论我们多么讨厌他们的政权。"在他眼中，意识形态并不重要。国家利益才是最现实的。

慕尼黑事件后的历史，是在宿命论的背景下发生的致命螺旋。达拉第在慕尼黑会议后这样说："法国不再是一个大国了。"（这是一个迟到的承认）

戴高乐要站在处于酝酿中的冲突的前线，他既参与其中，又是一个不抱幻想的观察者。

1937年7月，他被派往蒙蒂尼-莱斯-梅兹（Montigny-lès-Metz）的第507坦克团，年底被提升为上校，担任该团的指挥官。此前，他曾在凡尔赛的第501坦克团完成了一段训练。从理论到实践，这既关乎指挥士兵，又关乎装甲操作，而有关装甲的战术，并不是操作指导的主题。他不是古德里安，一个在与法国非常不同的环境中使用坦克的理论专家。正是在同侪和上级的注视下，他这个装甲部队的理论家不得不使用一种珍贵的机械设备①。它供不应求，被装备给法国最大的驻军，驻军由第五军区的吉罗（Henri Giraud）② 将军指挥。

从《法国及其军队》到战争

戴高乐发现自己有很大的困难要解决，对于不得不艰难地在第五军团坦克司令部建立他的坦克部队感到很遗憾。法国坦克的分配工作还没有开始。戴高乐与上级发生了无数次冲突，戴高乐总是看不起他们，包括第五军区司令吉罗将军。他让坦克的轰鸣声震彻了梅斯的街道。装甲师实际上很晚才成立：第 1 装甲师于 1939 年 9 月成立，第 2 装甲师于 10 月成立，第 3 装甲师于 1940 年 3 月成立，第 4 装甲师于 1940 年 5 月成立。

戴高乐并没有忽视他的写作工作。更为重要的是，在丹尼尔·罗普斯的建议下，普隆书店邀请他写一本书。罗普斯是他在迈尔上校家认识的一位天主教作家。这是一本关于军事技术对历史的影响的书。与戴高乐以前的书相比，这本书面向的受众应该更为广泛。这时戴高乐想到（由于缺乏即兴写书的时间），他有一份手稿，自 1925 年起一直没有动过。最初，这是一个工作任务，那是贝当在戴高乐加入他的内阁时分配给他的。这本书将签上贝当的名字，书名是《武器下的人类》(*L'Homme sous les armes*)。

由于没有得到进一步的消息，而且戴高乐自己几乎也没有更多信息了，因此他早就把这份手稿抛诸脑后了。1938 年初，他接受

---

① 即坦克。
② 亨利·吉罗（1879~1949），法国陆军上将，圣西尔军校毕业。

第四章　装甲部队之"战"：从军事到政治　77

了普隆的提议，将书名定为《法国及其军队》。他认为自己是撰写这些章节的作者，于是在 1938 年初写信给贝当，告知他打算以自己的名字出版。这是戴高乐和曾经是他庇护人的这位上级之间的华尔兹①的开始，这个华尔兹将分为几个阶段。

第一阶段：贝当回应道，该书是工作人员的公务，因此不具个人色彩，即应由贝当而非戴高乐签署。

第二阶段：贝当接受了"戴高乐"进行署名的要求，但坚持自己来写献词。

第三阶段：戴高乐在收到献词时跳了起来，这意味着他②毕竟是在贝当口述下写的。

第四阶段：戴高乐写了一个新的献词，在他看来，这个献词调和了对他的认可和他作为作者身份的体现。

第五阶段：贝当强烈抗议。

第六阶段：戴高乐承诺恢复贝当要求的献词文本，同时将其保留在以后的版本中。[10]

这个阶段的戴高乐就是如此。他③的反应很重要。许多其他军官都会向这位"凡尔登的胜利者"④鞠躬致意，而且，他之前还是戴高乐的庇护者，然而，戴高乐却无所谓，正如他在寄给贝当的信中所表明的那样。在信中，戴高乐强调，自己再也不是之前那个小笔杆子了："我当时只有 37 岁，而现在已经 48 岁了。在精神上，

---

① 意指频繁调整、互动、打回合。
② 指戴高乐。
③ 指戴高乐。
④ 指贝当。贝当指导法军赢得了凡尔登战役的胜利。凡尔登战役，是第一次世界大战中破坏性最大，时间最长的战役。战事从 1916 年 2 月 21 日延续到 12 月 19 日，以法国的胜利告终，标志着德国军事进攻的能力已从顶峰跌落，战争主动权逐渐转移到协约国手里。

我受到了伤害——甚至这来自你,元帅先生——我失去了幻想,丧失了野心。从思想和风格来看,我被忽视了,我已经开始被忽视了。简而言之,我现在既缺乏可塑性,也无法'隐姓埋名',而这些是让别人相信我在文学和历史领域可能拥有才能所必需的。"[11]

这是一封傲慢无礼的信。从这场争论中,我们可看到:在贝当那里,"戴高乐是个忘恩负义的人";在戴高乐那里,贝当是艘"破旧的将沉之船";贝当在……1925年,就已经"死"了。

此刻,说话的不再是一个士兵了,他已经成了一个公众人物。这个公众人物同时也是一个忙碌的人,就像莫兰(Paul Morand)一样,是一个开足了马达并突破了20世纪速度纪录的人。在这个世纪里,通过媒体和舆论,人们可以年少成名:罗伯特·布拉西拉赫(Robert Brasillach)是一个25岁的文学评论家;埃马纽埃尔·穆尼耶(Emmanuel Mounier)35岁时就成为《精神》杂志的负责人了。第一次世界大战造成青壮年一代出现了人才缺口,尤其造成了知识精英的短缺。

两人公开坦诚的决裂实际上可以追溯到1937年8月28日,当时戴高乐与贝当会面,拒绝交出该书的样稿。此前不久,当戴高乐在梅斯接管坦克部队指挥权时(1938年9月),贝当再次写信给他:"我依然关注着你的职业生涯,对你抱有希望,希望你不要让我失望。"这既是最后的鼓励,也是最后的警告。

看看这本在1938年9月出版的书,不会有错:作者是戴高乐,不是贝当。这个版本不一定是最完美的。毫无疑问,由于缺乏时间,以及缺乏文献资料,他的工作主要集中在专门讨论第一次世界大战的章节上。读者从这本书中获得的看法可能不尽相同,因为它似乎是一部纯粹的通俗历史作品,从高卢人到1918年。这种风格即便不算浮夸,却也是华而不实的。这句格言已经很有名了:"法国是用剑创造的。"重读校样,迈尔上校对法国是用剑创造的这件事充满疑惑。"我们的祖先带着布伦努斯的剑进入历史"①,这种表达方式只能让人疑惑不解。法国橄榄球联盟的冠军每年都会举起"布伦努斯(Brennus)盾牌"②。引起这一说法的情节要追溯到公元前 390 年,当时高卢人的领袖布伦努斯放弃了对罗马的围攻,以换取赎金。为了增加赎金,他在天平上加上了他的剑的重量,同时不忘说出他那句著名的"Vae victis"("被征服者的悲哀")③。戴高乐是否打算让法国的起源如此遥远,遥远到几乎是神话了?

这本书似乎是一部面向所有人群的关于法国历史的书,是军校学员的课本,是战争学校的考生进行基本文化测试的备考书,也是关于军队对法兰西民族的作用的政治书。武器是国家的基础。

这本书还包括对拿破仑的刻画描写,占了不少于 40 页的篇幅。他写道:"在这样一个惊人的职业生涯面前,对他的评价仍然在指责和钦佩之间徘徊。拿破仑让法国被击垮,被入侵,被榨干了血液和勇气,比他接手时还小,它让法国拥有了非常差的防线,其缺陷没有得到纠正,其被暴露在欧洲的不信任之下,一个多世纪后,仍然承受着欧洲的重压。但是,我们是否应该忽视他给我们军队带来的不可思议的威望,给国家带来的一劳永逸的意识,不可思议的战

---

① 布伦努斯,古高卢首领,公元 390 年入侵意大利,攻占罗马。罗马不得不向布伦努斯求和。以一千磅黄金作赎金,将罗马城赎回。布伦努斯表面同意,却在收纳黄金时使诈。他故意将自己这一边的秤砣调重,以至于罗马人的一千磅黄金并没有让天秤平衡。罗马人对此十分的不满,认为布伦努斯明摆着不尊重协议,变相勒索。布伦努斯马上便对罗马人的抱怨做出了答复,只见他把手上的剑往自己这一边的天平上一扔,然后对着罗马人蔑视地说道:"Vae Victis。"
② "布伦努斯便攻占了罗马。他随后还喊道:'Vae Victis!'"——《悲惨世界》
③ Vae Victis,拉丁语,即把不幸给战败者。

争能力，以及强国的声誉和仍在回荡的声望呢？没有人比他更深刻地挑动了人类的激情，激起了更强烈的仇恨，引起了更多愤怒的咒骂［……］。"

这本书的结论听起来像一个宣言：军队是国家崩溃时的一种政治求助手段。这就是此书的精髓。

这是一个令人尊敬的成功，但仅此而已。宣战的时候，第一版印制的书还没有卖完。然而，这本书将戴高乐推向了另一个世界，即不再是纯粹的军事世界了，因为军队循规蹈矩，太过狭隘，思想倒退，太过落后。这并不是说他为了自己的利益而不再是一个军人了，他等待着见证无能政客的倒台，然后再穿上拯救国家的军人的制服。

1939年9月3日，鉴于德国入侵波兰，法国向德国宣战。正是在梅斯，战争找到了戴高乐。戴高乐并不惊讶。他几乎毫不乐观。波兰在三周内就沦陷了，由于德苏条约①，苏联保持中立，而德国随时都可能转向西边。而且可以预料的是，当法国还在摸索的时候，德国已经把坦克用在密集移动的部队中了。

1939年11月，在给总参谋部的一份关于使用坦克的说明中，戴高乐呼吁进行理论上的改变，将坦克重新组合成大规模的部队，而不是将它们分散在与步兵联络的地方。当时，他在梅斯仅有几十辆轻型坦克可以指挥。

1940年1月26日，他写了一份关于《机械力量②的出现》的备忘录。他主张组建大型部队，这就需要改变坦克的使用条例及规范。在结尾的总结中，他上升到最重要的关切。"不要有任何错

---

① 即《苏德互不侵犯条约》。
② 即装甲部队的作用。

误。已经开始的冲突很可能是所有蹂躏地球的冲突中最广泛、最复杂、最激烈的。它所产生的政治、经济、社会和道德危机的深度［……］将不可避免地导致人民现状和国家结构的彻底动荡。"这份备忘录是写给80位（主要的）军事和政治人物的。

因此，我们是带着类似于在第一次世界大战的最后几个月所采用的坦克使用理论进入这场战争的。

他在回忆录中写道："我的备忘录没有引起任何反响。"不过，这份备忘录显然鼓励了甘末林将军考虑将戴高乐提升为将军。这并没有立即生效。这份备忘录是一种罕见的大胆行为，因为我们可以看到戴高乐越过了所有的等级制度，认为自己是在等级制度之外。这份文件似乎给莱昂·布鲁姆留下了深刻印象。在一切都已决定的情况下，为什么还要在这么迟的时候重提机械力量的问题？说自己是法国最后的依靠？

戴高乐与保罗·雷诺保持着密切的联系。1940年1月18日，他在莱昂·布鲁姆的陪同下与雷诺共进晚餐。雷诺没有改变自己的分析，认为马奇诺防线坚不可摧。然而，几周后，甘末林将军召见了戴高乐上校，宣布任命他为第4装甲师师长。问题是，这个师，即计划中的第4个也是最后一个师，还没有组建。

戴高乐对1940年保罗·雷诺所拥有的政治前景感到欣慰，这证明，他希望看到自己的命运继续依附于一个重视他意见的人的命运上。

"我见识到了您的伟大成就，我向您致敬。毫无疑问，您所取得的成就在它们各自的领域都意义重大。而除此之外，它们还能使一位卓越的政治家更接近权力的顶峰，他有资格和能力领导这场我们历史上最重大的战争。"1月，他提议设立一个"战争指挥部"，由战争委员会主席直接领导。

1940年3月19日，达拉第政府倒台，幸运之神似乎在向他微笑。达拉第的政府被雷诺的内阁所取代。他期待着这个他寄予全部希望的人上台，向他发出邀请，让他担任战争委员会秘书处的负责人（在戴高乐的脑海中一直有一个想法，即应该让一个高级官员担任"战争指挥"机构的负责人）。他在抵达政府时曾写信给雷诺。"至于我，我并不渴望任何更大的荣誉，只要您认为我适合承担这项工作，我将全力为您服务。"[12]

　　然而，值得注意的是这临门一脚。他对战争委员会新主席的决心会有任何怀疑吗？如果雷诺退缩了，他可以向谁求助？

　　失望的日子并不短。这很可怕。他很快发现，雷诺并没有多少自由的空间。他的政府只获得了一张票的多数，而且在政治上并不统一。达拉第仍在新政府中担任战争部长，与戴高乐的关系糟糕透顶，而他们的部下又进一步加剧了这种情况。有一个人尤其不能忍受戴高乐，即雷诺内阁的成员维勒鲁姆（Paul de Villelume）上校，维勒鲁姆赞成保持防守状态，甚至赞成绥靖。[13]

　　对戴高乐来说，新政权已经到了败坏士气的最后阶段了。无论是在理论革新还是指挥改革方面，都没有按照戴高乐建议的方向做出改变。他不能不注意到，一个以绥靖为导向的随扈的作用越来越大，而且这个人的主要传话人是保罗·雷诺的情妇德·波特（Hélène de Portes）伯爵夫人。而加斯顿·帕勒斯基（Gaston Palewski），作为他在内阁中为数不多的支持者之一，不得不离开内阁。

　　这很让人失望，因为他已经想象着自己作为雷诺的战争秘书处的成员，被召到政府首脑那里……或者一个更高的职位。

　　果断地，他更愿意回到他第五军的坦克上。他似乎远离权力中心了。然而……

迎面而来的战斗

这就是 1940 年 5 月 10 日德军闪电般攻势击中他的地方。他被安排领导一个只存在于纸面上且尚未组建的装甲师。

就在 1940 年 2 月 16 日（正是时候！），第一批的两个装甲师诞生了。第 3 装甲师是在 4 月组建的。5 月 15 日，戴高乐指挥第 4 装甲师，一支由当时可以找到的零星人员和武器、临时编组而成的部队。这还不如请一个厨师用剩饭剩菜现做一道菜。

在这一天，他对妻子写道："所以战争，真正的战争，已经开始了。"5 月 15 日（德军已经跨过了默兹河），他判断，事态"非常严重"。

如果我们考虑到在第一次交战之日，即 5 月 17 日时，他所指挥的第 4 装甲师的实力，就可以理解这一点。

这是甘末林的继任者魏刚针对 5 月 20 日前后法国装甲师的状况所描述的画面。

"第 1 装甲师已不复存在。"

"第 2 装甲师，在 5 月 19 日，有 20 辆 B 型坦克和 20 挺霍奇基斯重机枪。"

"第 3 装甲师只有 15 辆 B 型坦克和 20 挺霍奇基斯重机枪。"

"而第 4 装甲师，5 月 17 日才组建起来，有大约 30 辆 B 型坦克。"[14]

然而，这些数字似乎被低估了。

尽管在开始时，双方的坦克数量相近——近3000辆，但双方对坦克的使用逻辑却完全不同。德国的重型坦克（平均260辆）都被编成了师，采取了进攻性战略。至于法国的坦克，有一半是用来支援步兵的（平均每个师有150辆坦克）。此外，法国各师孤军作战，兵力分散，延误战机。

为了弥补这些缺陷，戴高乐之前就想要另外组建一支部队。1939年9月，他被任命为第5军（北孚日省和下莱茵省）的坦克指挥官，他曾在1940年1月为此写过一份指挥说明，其中建议修改坦克的有关规定。在这份说明中，法军要组织起规模庞大的攻势，以装甲师和轻型旅协同作战并广泛应用无线电。1940年2月的第二版指挥说明，涉及进攻中坦克的使用及指挥问题。这版说明吸取了德国装甲部队在波兰的教训，并把装甲部队与火炮和空军协同起来联合作战。其目的是：击破，遏制，扩大战果。

这是比职业军队的理论方法更具体、更新的方法。

彼时，试图修改1939年的法规注定是一项不可能完成的任务。当1940年5月15日被任命为第4装甲师师长时，戴高乐能做的，就是随机应变，他也是这么打算的。

第4装甲师处于非常混乱、毫无准备的状态。这支部队里有一部分成员是圣西尔军校的年轻军人，他们没有经过任何严格的训练，也没有任何传输设备，但还是打得非常好。这是一种在最后时刻不得不临场发挥的手段。通过重新组合已经或多或少被歼灭的其他师的幸存部队，第4装甲师在戴高乐上校的指挥下集结了大约150辆坦克。

他的部队从5月17日开始投入战斗，奉命帮助在艾森河上建立一个防御阵线，以攻击古德里安奔向大海的侧翼。《战争回忆录》用了10页的篇幅介绍了5月17日至30日之间的战斗，当时他的部队被打散了。他对战事进行了冷静、准确的描述，蒙科尔内和阿尔贝维尔①的战事将永载史册。一位德国历史学家将戴高乐的说法与德国军事资料进行了核对。[15] 他认为这篇描述"冷静而客观"，并认为它"公正地评估了他的战争结果"，尽管他极大高估了德军的损失（死亡或受伤、被俘）。法国装甲师虽然取得了令敌人震惊的进展，甚至在阿尔贝维尔引起了敌人的恐慌（第4装甲师于5月28日被运往索姆河），但并没有实现其目标。

应该指出的是，对于这场战事，古德里安在《回忆录》中只是略有提及，他详细记录了戴高乐的部队在撤退前已经到达离他的总部两公里的地方了。这是因为他的部队陷入了困境吗？

戴高乐得出的结论是，如果能组成足够大的装甲军团，法国坦克将能切断德国装甲军团从东到西的封锁线，并赢得战争。但他还需要更多的重炮，而德国人拥有大量的重炮和飞机。

此刻，军队的最高层中，是谁在主导着局势？在阅读甘末林将军于1940年5月19日——在甘末林被解职前夕——写给东北战区司令员乔治（Alphonse Georges）将军的报告"我不想干涉正在进行的战斗，这属于［你］在东北前线的管辖范围［！］我认为［……］"时，你可能会心生疑惑。

我们仍然很难去评判戴高乐在那段日子里的"专业"行为，特别是在蒙科尔内战役中。他是否能够有效地突破敌人的战线？他只有数量非常有限的坦克可供支配，而他的部队在最后时刻才艰难地组建起来，士兵们当然很勇敢，但他们基本上都是临时拼凑组织起来的。他是否缺乏在战场上造就伟大队长的"眼力"？尤其是，他被人

---

① 即蒙科尔内战役与阿尔贝维尔战役，是戴高乐与古德里安这两位近现代历史上伟大的闪电作战理论先驱的巅峰对决。

指责说每公里只部署了 13 辆坦克（德军部署了 70 辆）。他的冷静与勇气备受瞩目。而事实是，用他自己的话说，他是那些试图捡起"残剑"（les tronçons du glaive）的人之一（见附录一）。这句话取自保罗·马格利特（Paul Margueritte）的复仇小说《残剑》（Les Tronçons du glaive）（1901）。

作为痛苦地见证了失败的人，戴高乐在《战争回忆录》中写道——但重建之事必须认真权衡——他发誓要继续战斗："如果我活着，我将在必需的地方、必需的时候、必需的时间战斗，直到敌人被打败，民族的污点被洗掉。我后来能做到的事，在那天就做了。"

在戴高乐 1940 年 5 月 26 日应大区政府宣传部门的要求、在萨维尼（Savigny-sur-Ardres）接受的采访中，可以发现他 6 月 18 日宣言的预兆："这是一场始于 5 月 10 日的机械化战争。在空中和地面上，机械武装——飞机或坦克——是军事力量的主要元素。敌人已经取得了对我们的初步优势。[……]他①的成功来自于他的装甲师和他的轰炸机，而不是其他东西。[……]好吧！我们明日的成功，以及我们的胜利——是的，我们的胜利！——终有一天会由我们的装甲部队和轰炸机来实现。[16] [……]"

政府方面：整装待发

5 月 31 日，在巴黎，戴高乐见到了保罗·雷诺。他向雷诺提议，将剩下的装甲师兵力（事实上并不多）编成三个单位，并让他指挥这个独立的装甲军团。这种口气，不仅展现了这位刚崭露头

---

① 指德军。

角的将军令人难以置信的胆量——将自己置于任何军事等级制度之外，还揭示了现在统治权力高层的恐慌与混乱。5月18日，雷诺改组了政府，让贝当担任战争委员会副主席——贝当是停战的坚定支持者，乔治·曼德尔（Georges Mandel）出任内政部长——他曾是克莱蒙梭的伙伴。在军队的领导方面，魏刚接替了甘末林，成了军队的最高领导人。众所周知，他反对戴高乐的论点。尽管雷诺从达拉第手中夺走了战争部长的职位，但他却让宣称是戴高乐反对者的维勒鲁姆上校担任了自己的内阁首脑。

现在，戴高乐渴望直接进入政界。看到雷诺被停战的支持者包围，戴高乐开了最后一枪。

6月1日，他直截了当地要求保罗·雷诺将他吸收进政府，担任负责战争的副国务秘书。政府首脑在当天没有同意这一请求。

6月3日，他在一封重申其愿望的信中，再次做出了指责，其形式像起诉书一样，又像是最后通牒。以下是一些最重要的摘录：

"我们正处在深渊的边缘，而您身负着整个法国的命运。我请您考虑以下几点：1. 我们的第一次失败，来自敌人对我的理念的应用［我们知道情况并非如此］，以及我军拒绝应用这个概念。

2. 在这个可怕的教训之后，唯一支持我的理念的您，成了这个国家的主人。而您能成为这个国家的主人的部分原因，是您支持我的理念。［……］

3. 但是，一旦您成为主人，您就把我们扔给那些守旧的老人了。［……］

4. 那些守旧的老人，他们害怕我，因为他们知道我是对的，而且我有行动力，能迫使他们按照我的理念行事。因此，他们如今和过去一样，[……] 竭力阻止我达到可以与你们一起共事的地位。

5. 国家知道，我们迫切需要革新。它将满怀希望地欢迎一个新人的到来，一个带领人们面对新的战争的人。[……]

6. 离开循规蹈矩、后天条件、学术影响。成为卡诺①吧，不然我们将灭亡。然后像卡诺对待霍赫、马尔索和莫罗那样，做事吧。

7. 我要做你身边一个不需承担责任的人吗？比如，内阁首脑吗？[……] 不！我要和你一起行动，但要靠自己。否则就没有任何意义，我宁愿去指挥！[……]"

还有最后颇具警告意味的一击：

8. "如果您不让我担任副国务秘书，至少让我成为您四个装甲师中的一个师长，而且是将所有这些军事要素集合在一起的装甲军团的长官（我们知道他们还剩下什么）。请允许我毫不谦虚地说，在经历了 20 天的炮火后，只有我有能力指挥这个将成为我们装备最精良的军团。既然创建了它，我就打算领导它。"[17]

---

① 拉扎尔·卡诺（1753 年 5 月 13 日~1823 年 8 月 2 日）是法国数学家、军事技术专家、政治家，在法国历史上以"胜利的组织者"著称。让·维克多·莫罗（1763 年 2 月 14 日~1813 年 9 月 2 日），法国大革命战争中的主要将领。时任救国委员会负责人的拉扎尔·卡诺独具慧眼，在 1794 年初把莫罗升为少将，并把他派往佛兰德斯指挥皮什格鲁将军的右翼。在土尔库万战役中，莫罗一战成名。戴高乐鼓励雷诺成为卡诺一样的人物，鼓励雷诺像卡诺提携霍赫、马尔索和莫罗那样提拔自己。

第四章 装甲部队之"战":从军事到政治　89

　　这封信的确令人震惊。这篇文章充满了自负,表达了他极度不耐烦的心情,他想离开对他的身材来说过于狭窄的军装,穿上一位负起重大责任的政治家的制服。戴高乐将军把自己置于夏尔·戴高乐①之下。他不是一直在写"政治家指挥,军队执行"吗。他身上有一种对权力的陶醉。

　　1940年6月6日,他进驻圣多米尼克街,成为国防和战争部副国务秘书,正如他所要求的那样。一个不是很有分量的职位,但也许是一个起点?

　　雷诺的内阁对这一要求大为光火,这就好像是在招呼布里埃纳旅馆②院子里的摄影师。而维勒鲁姆——他认为自己不在戴高乐之下——以最黑暗的方式描绘了新任副国务秘书肆无忌惮的野心。战争委员会主席十分惊讶:"但他还能有什么愿望?""您的位置,总统先生"[18],维勒鲁姆开玩笑说。

　　戴高乐出现在圣多米尼克街的事,并没有逃过人们的眼睛。在保罗·雷诺内阁负责外交的年轻人罗兰德·德·马杰里(Roland de Margerie)就证明了这一点(他没有跟随戴高乐一起去伦敦③):"他搬进圣多米尼克街,并非没有遇到任何困难。这里已经人满为患了。[……]将军要建立他自己的军事内阁,以及由相当多的军官组成的文职内阁,遇到了相当严重的障碍,但由于他非常专制,他很快就克服了这些障碍。我极力反抗将军,因为他已经成功地拉开了我与总统[保罗·雷诺]的距离,这使得我们与他的关系变得非常复杂。"[19]

---

① 即作为政治领袖的戴高乐总统。
② 19~20世纪,巴黎的布里埃纳旅馆是法国负责军事的部长(战争部长)的驻地。
③ 6月9日,戴高乐与丘吉尔会晤,并试图劝说丘吉尔增派部队,但遭到拒绝。

戴高乐在政府中成了自己老主顾贝当的同事，尽管是以一个相对低调的职位。这是水与火的结合。

当魏刚——有点讽刺地——问戴高乐，作为政府成员提出了什么建议时，他得到了一个冷酷的回答："政府不必提出建议，它只下达命令。"[20]6月10日，戴高乐建议雷诺解雇魏刚（敌人就在巴黎门口），让亨茨格（Huntziger）取代魏刚的位子（亨茨格——其第二军在色当屈服——将在日后成为维希的战争部长）。同一天，6月10日，戴高乐乘坐雷诺的汽车离开巴黎，和雷诺一样，前往奥尔良休整。在这一天，魏刚在索姆河畔的反攻失败了。现在，通往巴黎的路上没有任何重要部队可以抵抗敌人了。戴高乐利用这次出行的机会，与雷诺谈论了未来。他坚信，法国本土可能会战败，但法国殖民地将继续抗战。这将是一场漫长的全球性战争。美国将与英国联合，而法国必须对其保持忠诚。这种世界大战的视角，竟然出现在法国人连夺回索姆河的最后希望都要破灭的时候。

从这个角度看，戴高乐在空间和时间的尺度上行动，这对他的远见卓识功不可没，但对于受压迫地过着日常生活的普通人来说，他们只能看到同温层。

岛屿的独特地理位置，为英国提供了天然的屏障。但从长远来看呢？英国经常受到严厉的批评。在冲突发生时，法国的师团太少，更不用说敦刻尔克的登陆了。

至于美国，如果有支援的话，它会在何时做出承诺？雷诺向他们发出的绝望的呼吁，仍然没有得到可靠的回应。

海外殖民地？① 在那之前，它更多是作为人力和士兵的储备库，而不是作为迎接本土法国人的土地和最后的依靠。

---

① 主要指法属北非。

对戴高乐来说，无论如何，承认失败，意味着永远否认自己有复国的想法。这个污点将永远不可磨灭。一个认为自己被打败并认同自己被打败的国家，是没有机会在国家间的协调和国际秩序中重新获得一个有价值的地位的。它是历史的弃儿，其解脱只能来自其解放者。他的观点是从法国的角度出发的，而不是从法国人的角度，他们持续的对外战争注定失败，直到被完全占领，然后他们等待——正如我们今天所知——结束他们的不幸，尽管是暂时的。法国是永恒的，法国人只会代代相传。他们的任务是：确保国家的生存，无论情况如何，无论命运如何。

一切都是在1940年6月6日至16日之间决定的。

当看到雷诺解雇达拉第时，戴高乐重新燃起了信心。然而，"和平主义者"阵营并没有放下武器，他们因戴高乐进入政府而感到气愤。

从那时起，一切都飞速发展起来了，就像一个善于使停顿和加速相继进行的作曲家所谱出的曲子那样。

从6月6日到16日，也就是戴高乐最后决定飞往伦敦之前，只经过了10天。

这里不是详细叙述这些日子所发生事情的地方，这些事情，在许多人的记忆或历史研究中，都描述得清清楚楚。这里唯一重要的是，要将戴高乐置于整个事件的背景中。

根本问题是一场在法国本土越来越不利于法军的战争结果：寻求谈判，或继续其在北非的战争。这场战争始于戴高乐进入政府之前。1940年5月25日，在战争委员会的会议上，共和国总统阿尔贝·勒布伦（Albert Lebrun）① 本人就提到了，与敌人协商停战的

---

① 法兰西第三共和国的最后一位总统（1932~1940）。

基础是什么,以及是否有可能。

随后,支持和反对停战的人开始辩论,随后是投降——或停战——或继续在海外殖民地作战。作为抗战的支持者,戴高乐试图让军队和政治领导人认同他的观点。这将是一次双重失败。

6月8日,戴高乐受到了总司令魏刚将军的接见,魏刚在蒙科尔内和阿尔贝维尔战役之后将戴高乐晋升为将军,并在军令状中称赞戴高乐是"令人钦佩的、大胆的、充满活力的领导人"。戴高乐提到海外殖民地的时候,魏刚说,"幼稚"。对戴高乐将军来说,第一道门是关闭的。他也没法让雷诺换掉魏刚。

但戴高乐仍然可以求助于最高政治领导人保罗·雷诺。自1934年以来的多年情谊,使他有这样的自信。他知道,雷诺周围的人都倾向于持观望态度,甚至在某种形式上倾向于远离战争。而自5月18日起,贝当元帅加入了雷诺的政府。当然,贝当保持着沉默,但我们可以猜测,他是赞成停止敌对行动解决方案的。在这场对立派别之间的消沉斗争中,雷诺被折腾得团团转,没有任何东西有利于他在一个分裂的内阁中进行思考。但是,如果不是政府首脑把之前作为乔治·克莱蒙梭亲密幕僚的乔治·曼德尔(内政部长)找来作为制衡力量,又有谁能把这么多派系的人组织起来呢?

戴高乐还有最后一个希望。这个希望不在法国,而是在英国。两国不是在1940年3月28日——通过其政府首脑——承诺不单方面退出战争吗?

1940年5月10日,丘吉尔接替了那个长期在"和平主义者"和强硬派之间纠结的政府首脑内维尔·张伯伦(Neville Chamberlain)。直到6月16日,戴高乐与新首相进行了多次会面。第一次是应雷诺的要求,于6月9日在伦敦会面的。

这两个人对彼此留下了什么印象?他们二人的地位彼时并不处

于同一水平线上。丘吉尔意识到戴高乐在雷诺身边已经或将要拥有的特殊地位，不能不对他的冷静、他的决心和他的辩论水平引起注意。除此以外，就没有别的了。至于戴高乐，他不能不被丘吉尔不屈服的意志所震撼。英国不会放弃战斗。

戴高乐在《战争回忆录》中写道，他被这个人的活力所震撼，"一个从事伟大事业的伟大胜利者"和"一个书写伟大故事的伟大艺术家"。

他在伦敦的第一次任务并没有以成功告终。他没有获得英国的增援，主要是没有获得空军增援。6月11日的会面，他也没能成功，他无法从丘吉尔那里获得更多的船只来疏散法国军队。

6月13日，法国政府早已撤退到了图尔①，此时，戴高乐发现，贝当支持魏刚。一个即将成型的停战协议，成了迫在眉睫的威胁。此前，他曾试图让雷诺解雇魏刚，但未果。魏刚拒绝下达让军队投降的命令，因为他认为这是不光彩的。对此，雷诺完全有权解雇魏刚，正如魏刚在他回忆录中所写的那样。然而，战争委员会主席没有这样做。

当天晚上，戴高乐有了辞职的冲动。他写道，他被乔治·曼德尔给拦下来了，曼德尔对任何停战的想法都持敌意，据说曼德尔对他说："将军，您将有很大的责任要履行。［……］您现在的位置可以让您更容易做事。"

---

① 6月8日，戴高乐劝说魏刚继续战斗。魏刚发出了"绝望的笑声"，认为法国被打败后，英国议会很快要求议和，并寄希望于停战后德国将会允许他保留一些法国军队"来维持秩序"。6月10日，意大利参战，魏刚闯入雷诺的办公室，要求议和。6月11日，法国政府迁到了图尔。1940年6月13日，在图尔政府，副总理贝当支持（寻求签署停战协议的）魏刚。为防止巴黎被战火破坏，魏刚联合贝当，宣布巴黎为"不设防城市"。6月16日，因为无法保护法国免于沦陷，雷诺辞职。

1940 年 6 月 16 日回到伦敦后，他向雷诺传达了丘吉尔和英国战争内阁批准的一个耸人听闻的计划，即：法国与英国联合起来，组成一个拥有共同政府和双重国籍的单一国家。他是否已经看到自己将在两国武装力量的统一指挥中发挥领导作用了？最后一搏，没有任何改变游戏进程的可能。波尔多的回复是："法国不是（英联邦的）一个自治领。"

这一天，在波尔多，政府的避难地，最后一幕上演了。1940 年 6 月 16 日晚 9 时 30 分左右，戴高乐回到临时首都时得知，经过议会重组，保罗·雷诺让位给贝当元帅，贝当政府正在等待德国方面回复同意停战的条件。雷诺向戴高乐解释了他所有的设想：贝当会失败，因为停战条件是没法接受的，而自己将重新掌权。戴高乐是否相信这种可能性，令人怀疑。和平主义阵营果然获胜了。戴高乐在他的《战争回忆录》中写了这样一句话："在一个一蹶不振、昏昏沉沉的国家里，权力的机器在不可救药的混乱中转动着。"

继军方之后，政客们也纷纷抛弃了他。

接下来发生的事情是：当天晚上，他通知英国大使和保罗·雷诺，他将在第二天乘坐 6 月 16 日晚送他去波尔多的那架飞机前往伦敦。

这一决定，以及第二天的出发，在《战争回忆录》中占了 14 行。虽然看起来是简单的寥寥几笔，但却值得一品：

"[6 月 16 日] 傍晚时分，我来到英国大使罗纳德·坎贝尔 (Ronald Campbell) 爵士下榻的酒店，告诉他我打算前往伦敦。斯皮尔斯将军 [丘吉尔派往保罗·雷诺政府的特使，与戴高乐一起抵达波尔多] 说他会陪同我。我派人去通知保罗·雷诺先生。保罗·雷诺让我从秘密资金中取出 10 万法郎。我请德·马杰里先生［雷诺内阁成员］立即给我在卡朗泰克（Carantec）的妻子和孩子们送去前往英国所需的护照，他们正好在离开布雷斯特（Brest）的最后一艘船中完成了这项工作。6月17日上午9时，我与斯皮尔斯（Edward Spears）将军和库塞尔（Geoffroy de Courcel）中尉［戴高乐将军的副官］一起乘坐前一天载我的英国飞机起飞。离开时没有丝毫浪漫，也没产生任何困难。"[21]

一切都那么简单吗？

6月17日，下午12点30分，贝当元帅向法国人民发表讲话。他宣布，他正在接管政府的领导权，并且他已经与敌人接触，"寻求结束敌对行动的方法"。[118]

第五章 自由法国，即三国战争

6月18日的宣言及其后继者：
现代版的《埃涅阿斯》①

"随着不可收回的话语飞快地抛出，我感觉一种生活即将结束，那是我在一个坚实的法国、一支不可分割的部队框架内的生活。在49岁的时候，命运把我从所有这些生活中抛出来，让我进入了这场冒险。"[1]

这几句话写于《六一八宣言》发表10年后。《六一八宣言》作为自由法国的冒险征程的序幕与象征，开启了戴高乐主义的时代传奇。每年的6月18日，这份宣言都会被隆重纪念。

我们特别记得《宣言》中经常被引用的这几句话。

"但这是最终的结局吗？希望真的完全消失了吗？失败是最终的结局吗？不！相信我，[……]，法国并没有失去什么。[……] "

据了解，这一宣言是在晚上8点发出的，并在1940年6月18

---

① 埃涅阿斯是古罗马的神。维吉尔作于公元前30年至前19年的《埃涅阿斯纪》描述了英雄埃涅阿斯在特洛伊城被希腊军队攻陷后离开故土，历尽艰辛，到达意大利建立新城邦的故事（其后代建立罗马），故事以当地部落首领图尔努斯与埃涅阿斯决斗被杀结束。

日晚上 10 点播出，BBC 演播室没有记录①。而我们只有演讲稿和致辞的转载文稿，但它们与保存下来的戴高乐手稿草稿是一致的。

但这并不完全是戴高乐当天所说的。这段文字——正如戴高乐将军坚持认为这是转载的那样——以这两句话开始：

"多年来一直处于法国军队领导地位的领导人，已经组成了一个政府。这个政府声称我们的军队被打败了，他们已经开始与敌人接触，请求停战了。"2

英国广播公司没有记录下这一信息，因此原件有被忽视的风险。于是，伯尔尼（Berne）的窃听部门录了音，且录音被保存了下来。录音带的发现，要归功于一位来自拉费特-伯纳德（La Ferté-Bernard）的学者，雅克·福米（Jacques Fourmy）3。广播的开头有两句话，戴高乐最初的版本中没有这两句话。

"法国政府询问敌人以何种体面的条件停火是可能的。它宣布，如果这些条件违背了法国的荣誉、尊严和独立，那么战争就应该继续下去。"

这与对波尔多的正面攻击相差甚远。发生了什么事？

抵达伦敦后不久，6 月 17 日深夜，戴高乐希望与丘吉尔见面，并请他向英国广播公司（BBC）传递一个信息。经过各种协商，

---

① 1940 年 6 月 18 日，自由法国领袖戴高乐将军在英国伦敦的 BBC 广播大楼，向法国发送广播，敦促法国人民不要投降，不要与德国签署停战协定，战争还没有结束，法国尚未输掉这场战争。

首相同意第二天这样做。这两句话，可能来自戴高乐和斯皮尔斯将军当天上午在返回伦敦的飞机上的交流。

然而，戴高乐在抵达后，会见了法国驻英国大使夏尔·科尔宾（Charles Corbin），针对波尔多的"老家伙"，他发表了激烈的言论，怒斥其"叛国"。此后不久，他向在伦敦的英-法经济代表团①团长让·莫内（Jean Monnet）又重复了这些话。两人都建议，在法国士兵继续战斗、而法国方面尚未收到德国有关停战条款的答复时，采取克制。

丘吉尔和英国官员的心情也是如此。首相要求查看戴高乐起草的文稿，在做出某些调整以软化文本的情况下，接受了该文稿。这就是应英国方面的要求，在广播开头引入的这两句话的由来。

在演讲和致辞的版本中，戴高乐坚持保留最初由他构思并在愤慨状态下写成的文本。他阅读了贝当于6月17日下午12时30分广播给法国人民的电文。贝当在广播中说，有必要"停止战斗"，尽管我们正在等待德国的回应。当天晚上，外交部长保罗·博杜安（Paul Baudouin）在广播中对此进行了纠正："不用说，她（法国）不会接受任何违背她的荣誉或尊严的条件。"与此同时，战斗仍在继续。

6月18日，在部长会议上，法国政府一致做出了"庄严的、不可撤销的"决定，在任何情况下，都不允许舰队落入敌手。这一决定被电传给科尔宾大使，以便他能将其传达给英国政府。保罗·博杜安和达尔朗上将则会见了英国驻法国大使罗纳德·坎贝尔。

---

① 这里应该指的是英-法战争通力协调委员会。

6月18日下午，共和国总统阿尔贝·勒布伦召集两院院长爱德华·埃里奥和儒勒·让内（Jules Jeanneney），宣布撤退，但遭到贝当的顽固拒绝。他提出了一个非常分裂的原则：让议员和参议员们去阿尔及利亚。达尔朗提出，将提供一艘船供他们使用。

6月18日下午3点——在戴高乐于英国广播公司（BBC）发表讲话之前——丘吉尔宣布："我们还不知道法国会发生什么，也不知道法国的抵抗，无论是在法国本土还是在法国殖民地，是否会继续下去。如果法国政府不屑于仍然存在的胜利的可能性，决定不继续战斗，[……]就会危及法国的未来。我在此郑重重申，无论发生什么事，英国都不会屈服。"

与此同时，祝贺的信息涌入柏林。这些祝贺来自日本、西班牙和莫斯科。德国驻苏联大使冯·德·舒伦堡（Friedrich-Werner Von der Schulenburg）从莫斯科发来电报："莫洛托夫（Viatcheslav Molotov）先生向我表达了苏联政府对德国武装部队取得的巨大成功的最热烈祝贺[4]。"

英国人当时的期望有助于我们了解丘吉尔当时的态度，丘吉尔对戴高乐的声明持有更加温和的态度。那么，他为什么允许戴高乐这样做呢？通过让戴高乐发出宣言，丘吉尔得以保持两条腿走路。一方面，他希望波尔多的政府最终能振作起来；另一方面，他在戴高乐身上看到了一个未来可能的继任者、接班人。

这里还有两个问题：戴高乐是如何，以及何时做出去伦敦的决定的？如果有答案的话就好了。我们很难孤立地看待这件事情，并确定一个日期。那么他是如何做出发表宣言的决定的？时至今日，要确凿地回答这些问题依然很困难。

在回忆录中，戴高乐将这次宣言追溯到他 5 月参与的战争。在那之后，他决定战斗到底，因为他感到国家被强暴了，他要"洗去国家的污点"。同时，他还写道，他对法国本土及法属殖民地进行了思考。

但是，这种面对失败的愤怒表述、与前往伦敦的片段，相隔了 10 年。我们不能从表面上看待戴高乐在伦敦的同伴斯皮尔斯将军所写的内容，斯皮尔斯对这位自由法国领导人的怨恨，在即将到来的叙利亚战争中越积越深，为出发时的戏剧化描述涂上了沉重的色彩。斯皮尔斯描绘了一个负担沉重的戴高乐，这就排除了任何匆忙离开的可能性。在他的描述中，戴高乐害怕在离开前被逮捕，他像一个笨拙的新秀阴谋家，躲避着魏刚手下的追捕[5]。顶多算是戴高乐夸大了自己的恐惧。乔治·曼德尔不是于 6 月 17 日在波尔多短暂地被捕入狱了吗？

6 月 17 日的离开，并不是一个刚刚表现出色的准将的离开。那是一个副国务秘书的最新的声音。他衡量着这个腐朽的政治环境，他也许沉醉于新的、短暂的职能。但离开，是他深思熟虑后做出的选择。离开伦敦之前，6 月 16 日下午，戴高乐与丘吉尔做了安排，让送他去波尔多的飞机等着他，以防他不得不离开法国。戴高乐很清楚，他与英国政府的联系必须继续下去。他是否认为伦敦可能是他前往北非——他将跟保罗·雷诺会合的地方——途中的一个驿站？1940 年 6 月 14 日，针对他的问题"我应该去哪里见你？"，雷诺不是回答说"你去阿尔及尔见我"[6]吗？他在离开波尔多时与雷诺达成了完全一致的意见，雷诺虽然放弃了权力，但仍然可以发挥作用，而且他还从秘密资金中给了他 10 万法郎作盘缠。他的文职内阁负责人让·洛朗（Jean Laurent）把自己在伦敦的公寓钥匙借给了他。陪同他前往伦敦的，只有他的副官杰弗里·德·库塞尔。他的决心肯定是不可动摇的，因为 6 月 16 日他给他在卡朗泰克的妻子、儿子和女儿送去了前往英国的必要护照。他们于 17 日晚从布雷斯特出发，并在路上拿到了护照。

如果一个人像戴高乐一样，全身心被自己的想法所占据着，那我们可以肯定，他心中是没有任何犹豫的。直到 6 月 16 日，他的决定都是坚定不移的。斯皮尔斯根本无须催促他离开。只要参考一下莱昂·布鲁姆在回忆他与戴高乐于 1936 年 10 月的第一次会面时所写的内容就可以了：

> "我试图用文字细腻地呈现出多年来保存在我心中的形象［……］，我觉得最真实的说法是，在他身上，人们第一次接触到的是一个完整的人。他向来是一气呵成。［……］以这种方式展现自己的人［……］显然在同一时间只能有一个想法、一个目的、一个信念；但这样一来，他就必须把自己完全交给他的想法、目的和信念，而不会被任何东西所影响。他几乎无法想象有谁会不完全拥护这种能激励自己的信念[7]。"

在丘吉尔身上，戴高乐找到了一个精神上的兄弟。6 月 17 日，让·莫内抵达伦敦后不久，戴高乐突然对他说："我们在法国已经没有什么可做的了，我们将在这里开展工作。"

对于做出这个决定的政治动机，可以从他的心理层面和文化层面来解读。

6 月 18 日的宣言既是一种浪漫的行为，也是一种理性的行为。戴高乐是一个熟谙历史的人，他的思想是通过沉思过去以及他同时代人的行为而形成的。流亡的浪漫主义，触动了这位被波兰戏剧和

19世纪民族运动的英雄们所感动的少年。他并非没有意识到，一个皮乌苏斯基（Piłsudski）和一个马萨里克（Masaryk）在其祖国重生中所发挥的作用。他在20年前就注意到，一场伟大的世界冲突，以及在冲突结束后民主国家间的协调，会为一个国家的诉求伸张正义，并奖励这个国家的捍卫者。那个流亡者会成为一个重生国家的开创者。在技术方面，他对无线电作为信息和宣传工具的推动作用感到震惊。被独裁者过度使用的这种新媒体，可以被反过来用于对付他们。[8]

这是一个地缘政治家的分析："这场战争是一场世界大战"，这是一个军事领导人的声明："那个打败我们的方法，同样的方法，可以带来明天的胜利。"他曾在国防高级委员会秘书处工作，一定会处理那些有关世界经济和工业力量之间关系的文件。作为托克维尔（Alexis de Tocqueville）的读者，他会在《论美国的民主》中读到，民主国家在面对危险时启动缓慢，却能够充分动员起来并取得最终的胜利。① 而我们怎么能让这个被历史上伟大人物的记忆所困扰的人的个人野心，在他的国家历史上扮演一个重要角色呢？难道他不想报仇吗？他在第一次世界大战中被剥夺了近三年的行动自由，他的现代化思想被军队高层以及政治家误解，他难道不一直是个叛逆者吗？

他所决定的，以及他在6月18日这一时刻所讲的话，难道不是一项伟大成就的起点吗？他也提到了自己的野心，对于他的行为，他给出的解释是："为什么不能说呢，我是有野心。我是一个有野心的人〔……〕一个有野心的政治家，环境和野心在我这儿

---

① 即民主国家面对危险时，（因为民主决策程序较长）响应比较慢，但（响应）之后能充分动员起来获得胜利。对应的（非民主国家是）响应快（因为专制，省去了民主决策程序），但无法充分动员（因为非民主国家的民众对国家政治没有参与感）所以无法赢得最终的胜利。

相遇了。"⁹

我们是否应该谈一谈抽离？对于一个在忠贞的家庭传统中长大的人来说，在做出选择后，选择被训练成服从当局的士兵，毫无疑问，这是一种抽离。但他难道不是一个会拒绝的人吗，正如他在整个职业生涯中所表现出来的那样？我们不要忽视这样一个事实，即他父亲的家族中存在着不服管教的传统。他不是有一个祖母是儒勒·瓦莱斯（Jules Vallès）① 的编辑吗？

这种抽离并不是一下子发生的，从 6 月 9 日，即他与丘吉尔的第一次会面之日，到 6 月 26 日，他针对元帅 6 月 22 日旨在为停战辩护的电文做出回应之时，这种抽离分成了几个阶段，且可以用两句话来概括。即他在 6 月 18 日的宣言里说的："法国抵抗的火焰决不能，也不会被扑灭。"以及他在 6 月 26 日发表的讲话："是的，法国将再次崛起。[……] 所以是的，我们将重新建设法国。"

6 月 18 日，我们面对的是一个再次站起来的被羞辱的爱国者；6 月 26 日，我们面对的是一个国家的再造者。在这些日子里，他身上"言"与"行"的合二为一，让我们仿佛看到了浮士德与梅菲斯特②的和解。

主要的阶段有迹可循。

正如让·莫内所说的那样，我们决不能忽视明显的事实。6 月 18 日，在伦敦，在即将返程回到波尔多之际，他向戴高乐提出，自己要加入戴高乐的阵营。"但他自己，"莫内写道，"并不这样看问题。他看到的是他自己的选择，他已经做得很好了；他听到的是他自己的声音，这天晚上，他将在 BBC 发表宣言。"¹⁰ 就莫内而言，

---

① 法国小说《起义者》的作者。
② 《浮士德》中，魔鬼梅菲斯特一直环绕着浮士德，通过浮士德的精神探索展示了二元对立。

他前往波尔多，希望新政府不会屈服于接受被认为不光彩的停战条件，因为这可能会导致戴高乐前往伦敦。这不是戴高乐的做法，戴高乐确信停战是不可避免的。尽管戴高乐在伦敦是为了正式就向北非和英国运送法国部队的问题进行谈判（6月16日），但他6月17日在让·莫内家的午餐会上向莫内宣布："但这不是我出现在此地的唯一原因。我告诉你，我已经决定留在这里。［……］我不是在执行任务。我在这里是为了拯救法国的荣誉。"

127　　人们可以想象，在跟丘吉尔第一次会晤、吞下"蛇"① 之后，他还想继续见面磋商。他在6月19日又见了丘吉尔，再次讨论这件事。这天上午，政府收到了来自敌人的要求，要求提供法国全权代表的姓名。在波尔多，政府似乎仍然在拖延时间。达尔朗和博杜安（外交部长）就海军的命运向英国做出了保证。晚上10点，贝当接见了英国大使。这天白天，希特勒会见了墨索里尼。戴高乐没有等待，向BBC发出了第二条信息。这次他更进一步。前一天，他只对"英国境内的法国军官和士兵"发表了讲话，而6月19日的讲话，主要是针对北非的法国人。

　　最重要的是，他说"正常形式的权力机构已经消失了"，他打算从此"以法国的名义"说话。他把自己看成是在火焰中逃离特洛伊的埃涅阿斯，这是在异国他乡，也就是罗马，重建家园的前奏。这的确是戴高乐所呼吁的法国的重建。

　　戴高乐是否知道，在6月19日晚、根据英国方面的命令，他的信息并没有被播出？人们总是以神圣的自私为名，做两手准备。英国当局的这种限制，仍然可以用其当天与北非的法国官员建立的联系来解释。英国驻突尼斯、阿尔及尔和拉巴特（Rabat）的领事，

---

① 法国俗语，即忍气吞声。

找到总督和当地居民,请他们与法国政府脱离关系,抵制各种承诺。而在拉巴特,英国当局找到了诺奎斯(Charles Noguès)。

第二天,英国当局正式以技术原因,禁止向戴高乐发出任何新消息。更妙的是,在英国人的建议下,戴高乐给贝当政府的战争部长(!)科尔森(Louis Colson)将军发了一条信息——科尔森此前命令戴高乐返回法国。戴高乐告诉科尔森,如果贝当政府"不签署投降书",他就回法国。同时,科尔森向在北非的诺奎斯将军发出紧急呼吁,要求他作为驻地将军,接管抵抗运动的领导权。中午时分,丘吉尔在下院发表了一个非常有分寸的讲话。人们还希望具有较高政治地位的法国人能够来到伦敦,例如英国的好朋友爱德华·埃里奥。

而此时,在法国,一切都结束了。当最后一场绝望的战斗在法国土地上进行时,德国政府宣布,它已准备好接待被派来签署停战协议的法国代表团成员了。事实上,这个代表团直到当天晚上才会到达巴黎(而且不是按计划在图尔附近)。"谈判"直到6月21日才开始,并于22日上午结束。

这一次,一切都已经是既成事实了。戴高乐被允许发送新的信息。6月21日,马西利亚号离开波尔多,船上有少数议会成员(包括乔治·曼德尔)。当他们在卡萨布兰卡等岸时,都被逮捕了。北非,已经没什么希望了。诺奎斯的第一直觉是继续斗争,他认为继续斗争的风险,是失去北非。他在后来给让-雷蒙德·图尔努(Jean-Raymond Tournoux)的描述中,主要提了四点:在西班牙属摩洛哥,驻扎了三个并不稳定的军团,法国在摩洛哥几乎没有军队,在突尼斯南部只有一个师,在地中海的英法海军人数不足。[11]

今天,我们知道,当时德国方面没有认真考虑任何计划。希特勒的战略家们都同意这一点。诺奎斯的第一反应是服从既定权力。

然而，人们不应忽视这样一个事实：鉴于战争爆发时被派往法国的军队人数，北非既没有军火工业，也没有人力储备。

6月22日上午，丘吉尔从英国大使那里收到了关于停战协议内容的第一条信息。上午结束时，他在下院对法国政府进行了激烈的抨击：

> "国王陛下的政府，痛苦而惊讶地获悉，法国政府已经接受了德国人提出的条件。它不能相信这些或类似的条件，被任何拥有自由、独立、宪法权力的法国政府所承认。如果这样的条件被所有法国人接受，那么他们不仅会把法国，而且会把整个法兰西帝国置于德国和意大利独裁者的怜悯和权力之下。[……]"

那么，我们怎么能对BBC在6月20日突然不再受到"技术困难"的困扰而感到惊讶呢？

戴高乐不再需要在战争内阁、陆军部和情报部的拐弯抹角中挣扎了，他6月17日的同伴爱德华·斯皮尔斯曾在这些地方引介了戴高乐，紧紧跟他站在一起。作为丘吉尔的得力助手，同时也是丘吉尔的亲密朋友，斯皮尔斯——我们会再次见到他——是一个能独自撑起整个台面的人。斯皮尔斯既是一名预备将军，又是英国议会议员，还是一名精明的*商人*①，一位有经验的谈判家，一位行政人员，也是情报局的记者。他是一个充满魅力的人。他出生在巴黎，说着流利的法语，偶尔也会口齿不清，他很敏感细腻，很亲切，很有进取心，很狡猾。他热爱法国，他对法国的爱，是一个

---

① 此处作者用的是英语（拉丁体/斜体）businessman，有调侃之意。

骑手对自己坐骑的爱①。他的《回忆录》一书对此进行的表述，听起来令人相当不快。不难理解，戴高乐在认识到他的这些品质之后，会急于跟这个有着过于明显的控制欲的愚蠢引路人之间，拉开一些距离。

这一次，戴高乐敞开了话匣。他在 6 月 22 日的讲话极为强硬，紧跟着丘吉尔前不久的讲话。他似乎看到丘吉尔终于对法国政府采取了坚定的立场，松了一口气。

尽管他不知道停战协议的内容，但他谈到了"被占领的法国领土"和"对国家的奴役"；谈到了"武器交付"。

后来，在《战争回忆录》中，他承认，这些说法，是简化了的、夸张了的。

他做出了那颇具个人特色的承诺："我，戴高乐将军，将在英国这里，承担起法国的国家任务"，即继续战斗。

6 月 24 日，他得知了一条最新的、更为严重的信息——停战协议的条款，这并不妨碍他夸张地说道："法国和法国人被捆住手脚，交给了敌人。"

他知道，自此，英国和他站到了一起，此前，英国一直采取观望态度。

6 月 26 日，在这一波声浪平静下来后，他与贝当元帅就此进行了*针对性*地谈话。在前一天，贝当在对全国人民的演讲中，试图向法国人民证明签署停战协定的合理性。

时至今日，我们依然能感觉到这个讲话中所饱含的强烈情感。在两个曾经彼此亲近、因相互尊重而走到一起的人，在被废黜的旧

---

① 即他看待法国，如同主人对坐骑，是处于支配/控制地位的。听来自会让人不悦。而这句话，"他热爱法国，他对法国的爱，是一个骑手对自己坐骑的爱"的相关表述，出现在了他自己的《回忆录》中。

领袖与获得新权力的人之间的这场对话,确实充满了戏剧性。我们在戴高乐身上看到的是一种蜕变,他脱下了老人的旧衣,穿上了他自认是政治领袖的鞋子。

用他的话说,这场蜕变经历了三个阶段。

首先,是控诉。他控诉道,失败的根源在于一个糟糕的军事系统:在需要一支机动部队时,有的却是一支阵地部队。而罪魁祸首是:贝当。贝当仍然承担着要求停战的责任。但停战是"不光彩的"。我们所有的军事力量都在为敌人服务。戴高乐再一次提及装甲部队,这是一个很大的进步。贝当的最终责任是放弃了法国拥有的资源,即大英帝国和美国的支持。

接下来,就是谴责,这也包括在控诉中。这种态度反映了一种"深刻的灰心",一种"悲观的怀疑主义"。

最后,是一个等同于承诺的宣言。戴高乐公开表示过重振法国的雄心:"是的,法国将再次崛起。[……]因此,是的,我们将重塑法国。"对此,出现了一些傲慢和轻蔑的拒绝,而这个宣言就是针对那些拒绝的。这是一个超越胜利的承诺!因此,在20世纪40年代之后,戴高乐一直都是历史上浓墨重彩的一笔。

戴高乐通过电台,直接对贝当讲话,巧妙构思、精心打磨的个人观点为他对贝当的全面批评加重了分量,讲话直戳要害,一针见血:"如果法国没有机械部队[……]那是谁的错,元帅先生?主持我们军事事务的您[……]是否曾要求对这一糟糕的制度进行必要的改革呢?这种停战是不光彩的。""我们不需要凡尔登的胜利者,随便是个人都能做成这事儿。①"

---

① 即投降这事儿,谁都能做,根本用不着劳烦凡尔登的胜利者——贝当,太"大材小用了"。此处有点戏谑的意味。

我们知道，贝当收到这个讲话的时候十分激动，但他没有对此做出任何回应。

这个讲话不只针对贝当，还针对整个最高统帅部。最高统帅部对他的革新思想表现得非常抗拒。他与传统秩序的最后联系被打破了。这就像是给一支以服从为最高职责的军队带来了一次政变。

戴高乐切断了他身后的桥梁，这种庄严的决裂，很快就得到了绝望的丘吉尔的认可，因为丘吉尔没有看到几个有代表性的人物来到伦敦，也没有在法国得到任何回应。但这并不意味着丘吉尔会对自己的立场进行反思，做出实质性的改变①。

1940年6月28日，丘吉尔做出让步，承认戴高乐为"所有自由法国人的领袖"。由于急于趁热打铁，戴高乐在一份声明中对这一认可表示欢迎。他在声明中提出了要建立一个组织，并对此确定了一个方案。在他的现实主义中，我们发现他擅长写报告，比如他在国防部高级委员会秘书处写的那些报告。而此刻，他已经转换了工作。他不再是那个目光短浅、对警告充耳不闻、一意孤行的人的顾问了。"所有在英国领土上的法国人，以及将要来到这里的法国人，都归我管辖"。

他随后宣布："我们要立即组建一支法国的陆军、空军和海军部队。所有军官和士兵都有抵抗敌人的绝对责任。"他在《战争回忆录》中写道："面对普遍存在的放弃抵抗的可怕空虚，让我来掌管法国吧。"[12]

如果戴高乐确实切断了这些桥梁，那么对于法国新政府来说，这是彻底的决裂。

---

① 即丘吉尔虽然对戴高乐表示了认可，但并不代表他有可能"正式承认"他，戴高乐不应该做出过度（乐观的）解读。

-6月19日：戴高乐被命令返回法国。

　　-6月22日：新政府取消了对他的上将军衔的提名。

　　-6月23日：戴高乐被强制退休。此外，接踵而来的还有更多的处罚。

　　-7月4日：图卢兹军事法庭判处他四年监禁，并……罚款100法郎。

　　-8月3日：新的判决出来了。克莱蒙（Clermont）军事法庭以"叛国罪、破坏国家的外部安全、战时在处于战争和围困状态的领土上开小差"的罪名判处他死刑。

这个想要"掌管法国"的人，在当时不就是一个没有国土的约翰①吗？

"我一开始一无所有"

134　　"声称要爬这样一个坡的我，一开始一无所有。没有一个势力或组织站在我这边。在法国，没有人回应我的问题，我也没有什么名望。在国外，我也名不正言不顺。"

　　我们从《战争回忆录》中，知道了这些著名的台词。

　　在发起宣言的时候，戴高乐正期待着（他自己的期待还是英国政府的期待？）在伦敦建立一个由政治家、外交家和伟大的军事领导人组成的法国战时政府。因此，他最开始向诺奎斯将军、卡特

---

① 即英王亨利二世的小儿子，约翰一世（1166~1216），外号"失地王"（John Lackland），因为作为国王的第四子，他本不会继承什么重要的领土，他的父亲也没有给他欧洲大陆上任何一块领土。但由于他的三个哥哥造反，他在1177年被任命为爱尔兰亲王，自1199年起成为英国国王（1199~1216）。

鲁将军,以及普奥将军(Gabriel Puaux)发出的宣言,呼应了丘吉尔对埃里奥、勒布伦、曼德尔或雷诺的期待。

当他的宣言没有得到回应时,他对伦敦、英国、法国本土及本土之外的法国人——无论是不是军人——还有什么期望呢?

6月18日的宣言,没有在法国驻伦敦大使馆的成员中引起任何反响,接下来的呼吁,也没有引起任何回应,如果不是沉默或责备的话,顶多也就是一些同情的理解。

在伦敦的法国殖民地代表的态度也是如此。这些人可以分为三类:在伦敦待了很久的人,过境伦敦的人,来自法国的人,总共有1万人。其中,著名的法国人,如让·莫内、亨利·德·凯里利斯(Henri de Kerillis)和亚历克西·勒格(Alexis Leger)都很快离开了伦敦。在前往美国讲学之前,安德烈·莫鲁瓦告诉戴高乐:"要组建军团,而不是政府。"戴高乐对加斯东·帕勒斯基这样说:"来到伦敦的法国人分为两类:已经在美国的人和将要离开的人。"[13]

1940年6月23日,让·莫内给戴高乐写了一封信。在信中,莫内写道:"我认为,在英国建立一个可能被认为是在英国保护下成立的组织,将是一个巨大的错误。[……]现如今,复国的努力不可能从伦敦开始。"[14]

此后不久,身处伦敦的英-法经济代表团团长[①]就向丘吉尔递交了辞呈,因为丘吉尔派他前往华盛顿了。

那军队呢?

英国是许多法国士兵的家乡。约有15万军人正在过境,从敦

[①] 即让·莫内。丘吉尔任命他为英国战争物资委员会的高级成员,前往美国寻求战争物资的援助。

刻尔克和挪威抵达英国。其中,有 20000 名水手聚集在大约 20 个英国港口,以及约 100 艘总吨位 100000 吨的船上。最后,还有 100 多名飞行员在英国。

事实证明,持续发出的宣言收到的反响非常微弱。戴高乐在他的《战争回忆录》中说,在 6 月 18 日的宣言之后的 8 天里,在英国人借出的奥林匹亚大厅里扎营的志愿军人,不过几百人。

造成这种微弱反响的原因是什么?

英国当局没有为自由法国的军队召集提供任何便利,更不用说它还进行阻挠了,英国当局甚至敦促他们服从法国本土当局的命令。因为害怕被不良分子渗透,他们要对参军的人进行身份验证,这一点也不能被忽视。这就是那所著名的爱国学校(Patriotic School)① 里正在进行的操作。在法国军队方面,由于戴高乐没能引发任何反响,大家都有了服从政府之心,因为他们记挂着留在法国的家人……如果不是因为害怕不得不面对英国人的食物的话(这一点会时不时流露出来)。仍然有一些家庭处于分离的状况。

自由法国的志愿军人都必须签署一份承诺书,承诺书中的内容不免让人迟疑,这些迟疑所产生的影响值得注意。承诺书中,志愿军人除了要承诺"在当前战争期间增加三个月"的服役外,还有对戴高乐将军的个人承诺。

从法国出发时,发生了零星独立的军事召集。皮埃尔·朱利特(Pierre Julitte)——在未来的解放运动中是戴高乐的同伴——也开

---

① 位于伦敦的爱国学校(Patriotic School)成立于 1857~1859 年,收留在克里米亚战争(1856~1859)中牺牲的军人的子女。二战期间,这所学校成了伦敦的外国难民登记和审查中心,外国难民来到这里登记并接受军情五处的防渗透审查。

始显露头角了。作为法国驻英国第三装甲旅联络团团长，他是不想放弃战斗的人之一。6月19日，他艰难地离开瑟堡（任何离开都会被认为是逃兵）后，在南安普敦受到了法国军事代表团官员的欢迎，他们建议他不要"让英国人看到我们的'不守纪律'"，要尽快返回法国。他成功地到达了英国，几天后受到戴高乐的接见，戴高乐并不反对亲自接待任何来自法国的新人。

他的观点是：这场战争是全球性的。"*在相互对抗的力量中，法国的军事贡献在不久之后会有多大分量？非常小，相信我。现在需要的是确保对国旗的守护。之后，重要的是捍卫法国的利益。和我们的盟友站在一起，直到战争胜利。与他们一起，对抗敌人，直到敌人被打败。*［……］我必须这样做，因为没有人在做这件事。"[15]

一个问题仍有待提出。在法国政府进行重组的情况下，戴高乐的态度会是怎样的？作为新的合法性来源，6月18日的宣言，给了他一个领导地位，排除了任何质疑或分权。

在不久的将来，戴高乐必须通过召集有一定名气的人，来证明他的运动是民主的、有代表性的。在军队中，参加自由法国军事召集的人非常少。这之中，有法国索马里海岸部队的指挥官勒格蒂尔霍姆（Paul Legentilhomme）将军。6月29日，海军军官蒂埃里·德·阿根利乌加入其中。此外，还有五星上将乔治·卡特鲁（Georges Catroux）。他是前印度支那总督，刚刚被维希解雇，官方理由是，他在日本关于其军队进入印度半岛的最后通牒上让步太多。在新加坡，他会见了英国官员，稍作停留后，他就出发去了伦敦。魏刚将军从波尔多通知他，在法国，他不会得到任何职位或补偿。

一些年轻军官得以离开法国，比如克里斯蒂安·富歇

(Christian Fouchet）和克劳德·赫蒂埃·德·布瓦兰伯特（Claude Hettier de Boislambert）。

戴高乐完全可以唤起"一种全面的放弃"[16]。

1940年7月14日，戴高乐可以检阅的是一支有3000名骨干人员的队伍。年轻的戴高乐梦想着领导一支20万人军队的时代早已过去了。

鉴于第一批新兵人数不多，只有将研究范围扩大到整个自由法国的部队，才有可能采取严肃的社会学方法。由此，我们可以对戴高乐将军的战友们的来历有一些了解。

大多数志愿兵来自布列塔尼和巴黎地区，其次，是北部和东北部。因此，被德军占领的地区提供了最多的志愿军人，这与地理因素和爱国因素有关，因为占领者的存在激发了民众的爱国热情。如果志愿军的年轻化和单身化并不令人惊讶的话，那么，我们可以确定该运动具有大众化的特征：一半以上的志愿军人是工人或雇员。至于说他们在法国的社会地位，学生、公务员和士兵占了很高的比例。[17]

这些普通人并不像人们所期望的那样。

最开始围绕在戴高乐身边的，大多是戴高乐并不认识的人，没有任何政治、行政、外交或商业方面的知名人士，这一点十分明显。人们注意到，没有任何知名作家位列其中。戴高乐在其《战争回忆录》中提出了令他痛苦的看法。在谈到早期这些"匆忙招募"时，他提到"某些人具有冒险精神，或者说，他们并不适合公共服务的规则和义务"。

"总而言之［……］，法国人的这种几乎普遍的放弃行为，肯定不会提高这个团队的信誉。［……］来参加的知名人士越少，想来参加的知名人士就越少。"[18]他在给妻子的信中说："我有时感到很孤独。"

戴高乐残酷地指出，实际上"精英"们都缺席了。战争结束时，在抵达巴黎的三周后，他于夏乐宫（palais de Chaillot）的一次精英聚会上发表了讲话。他注意到"掌声的比例，伴随着［他］说话时的面部表情而变化"。他还说："我比以往任何时候都更需要人民的支持，而不是'精英'的支持［……］因为，与精英不同，广大法国人民从不认为失败是理所当然的。"[19]

确实是战争的经历使他发现了"人民"。马尔罗说，戴高乐在这之前不可能认识这些人，因为戴高乐从未与工人吃过饭。

戴高乐在 1940 年夏天从伦敦发出的第一份宣言，主要是针对军事精英的，不过，也针对工程师和可能使法国拒绝停战的法国领导人。这当然是一个特殊的背景。但追溯到 20 世纪 30 年代，戴高乐呼吁对精英阶层进行革新。走向职业化的军队，确实是一份表达这种变革愿望的宣言。1940 年夏天的失意，给戴高乐留下了残酷而深刻的印象。其声音一直回荡在第五共和国的岁月中，直到他对选民说出那句著名的"帮帮我"。

因此，在最开始，戴高乐身边的人数量非常少，来源也很有限，而且他们有着各种各样的背景。勒内·卡森（René Cassin）是一位法学教授，一位激进分子，也是一位人权活动家。还有皮埃尔·奥利维尔·拉皮（Pierre-Olivier Lapie），从敦刻尔克逃出来的社会主义者；乔治·鲍里斯（Georges Boris），莱昂·布鲁姆的前搭档。以及阿德里安·蒂谢（Adrien Tixier），工会主义兼社会主义者；雅克·苏斯特尔，前反法西斯知识分子警戒委员会的激进分子。包括让·莫内的法-英经济代表团的二把手勒内·普莱文（René Pleven）；基督教民主党活动家莫里斯·舒曼（Maurice Schumann）；曾任保罗·雷诺内阁首脑的加斯顿·帕勒斯基。

140 这第一批班底，并不代表法国任何特定群体或类别。他们根据自己的本意，做出了加入戴高乐阵营的决定。在这方面，他们是法国精神面貌转折时刻的参与者。

他们中的大多数人，无论是公务员还是士兵，都被要求服从，服从合法的政府。然而，1940年停战后，这些原则将没有使用的地方和理由了。当这些词语的矛盾使用，使它们失去了从前的意义时，人们又怎么能区分忠诚和背叛呢？对于公务员——尤其是士兵——来说，这是要在相互冲突的职责之间做出选择的问题。

在1942年11月整个法国被占领后，当要在维希、伦敦和阿尔及尔的呼声之间做出选择时，时间只会使辩论更加困难。

这对受过训练、远离政治派系的人来说，往往是一种悲惨的折磨。在军队中，辩论一定是最令人痛苦的——当一个人不像戴高乐那样拥有一种特殊的思想时。这场战争中的一名战斗人员，飞机指挥官朱尔斯·罗伊（Jules Roy）谈到了这一情节："在我的时代，没有任何美德涉及纪律性。但与此同时，我也再不能依赖任何人了。不再有任何纪律，也不再有任何军队。"[20]

141 而在这些年的混乱中，许多长期以来被认为是遭到遗忘的旧军事观念被恢复了，这也许并不奇怪：向领袖宣誓的旧仪式，"袍泽之情"的旧说法，以及效忠与忠诚的旧习。"解放运动同伴"（Compagnons de la Libération）的成立以及加入自由法国部队时对领导人的个人服从宣誓，就是这种情况。

这些，无疑是一场冲突的必然结果，在这场冲突中，对手，不再仅仅是因为民族国家的对立，而是因为意识形态的对立所造就的。我们已经进入了超国家冲突的时代，其中的主要问题不再是对某一特定领土的征服，而是针对社会层面上人类生活的激烈对立概念的胜利。因此，自由法国被要求成为争取国家自由和人民尊严的斗争的胜利者。

事实上，戴高乐要面对的是一场三重战争。

戴高乐的三重战争

戴高乐在1940年6月的宣言中，为自己设定了三重挑战，因为他面临着三场战役，当然，这三场战役的性质、规模和方法都非常不同。

作为对维持戴高乐主义的传奇的呼吁，6月18日的信息具有重要意义：法国与英国盟友一起，继续进行抗德斗争。但使用什么武器呢？这个处于成立阶段的自由法国的人数非常少。戴高乐一开始就希望借助法国的挪威远征军团的力量。远征军的领导人贝图阿尔将军（Béthouart）是戴高乐以前的同学，但他在返回法国之前让戴高乐的期望落空了。正如戴高乐在他的回忆录中写到的那样，到7月底，自由法国的总人数勉强达到6000人，他们的水平以及所受到的训练参差不齐。

海军副司令米塞利埃（Émile Muselier）① 的位阶仅次于卡特鲁将军（Catroux），他的性格有点沉闷，指挥着一支以旧船为主要装备的"海军"。至于现有的飞行员，则都是英国特别感兴趣的。英国在寻找一切专业人才。

与此同时，最出色的海军部队也驻扎下来了，他们驻扎于法国、英国、北非以及其他地方。英国人出于对自己命运的警觉，正

---

① 卡特鲁是五星上将，米塞利埃是海军中将。

在为梅尔斯厄尔-凯比尔（Mers el-Kébir）①袭击做准备。在很长一段时间里，自由法国并没有参与战斗活动。

他所做出的参与战争的承诺，与他跟法国政府的决裂是分不开的。戴高乐完全致力于自己的使命，所有关于军事规则的辩论都结束了，他脱离了任何等级制度，他唯一的上司——戴高乐自己——认为，叛军是那些在波尔多与敌人打交道的人。他说了一些著名的话："人们会说我是个叛徒，因为我不服从命令。但他们是不遵守神圣职责——与最后的盟友[21]捍卫自己的国家直至最后一刻——的叛徒。"他所完成的不是一次远征，而是一部由他对法国的构想所激发的史诗。拉瓦尔不是以自己的方式向他表达了一种敬意吗："人们不会因为爱国主义而被判处死刑。"

法国真正的命运，掌握在他手中。在给贝当的信中，他把自己从与贝当仅存的最后一点私人关系中解放出来了。

波尔多和随后的维希政府无法完全隐居幕后。因为在一个被控制的巴黎背后，是整个法国，特别是北非——一个人员和资源的储备库——无疑会在继续爆发的冲突中发挥重要作用。

当时负责北非的魏刚，是停战的关键人物之一，他争取到军事法庭判处戴高乐死刑。1940年9月，魏刚将军被任命为政府的全权代表及非洲防御部队总司令。在上任时，他发表声明："我正在捍卫、并将一直捍卫非洲，抵制任何势力的入侵。"在其有意为之

---

① 法国小镇。1940年7月3日，英国皇家海军袭击了法国在 Mers el-Kébir、Oran 和法属阿尔及利亚的海军基地，以防止法国海军落入德国之手，袭击造成了1297名法国军人的死亡。6月25日，法国与德国和意大利签署了停战协定。法国的五艘战列舰，是欧洲仅次于英国的第二大海军力量。法国海军司令达尔朗（Darlan）拒绝了英国方面提出的让军舰进入英国势力范围或法属西印度群岛、从而远离德军攻击范围的要求。这引发了英国的担忧，从而导致了7月3日的袭击。

的模糊大法中,这个表述,表面上看是全权代表想要防范外部轴心国部队的侵略。实际上是对英国和战斗法国①发出了暗示性的警告。

在魏刚抵达阿尔及尔之前,法属赤道非洲已经团结起来、支持自由法国了。

在巡视法属殖民地期间,他用非常严厉的语言表达了他对自由法国的立场。1940年11月27日,在卡萨布兰卡,他说了这样一段话:"有人告诉我,自由法国的旗帜,似乎在白色中加了一个徽记。而在国旗上,白色中没有任何东西。[……]这些自称是时代英雄的人到底是什么人?他们实际上是受雇于外国人的叛徒。"[22]

对于英国,魏刚采取了一种中立与警惕相结合的微妙态度。他向英国人表明,他不会把法属殖民地交给德国人,这促使丘吉尔向魏刚表达了自己的理解,并提出了达成协议的建议——在不得罪戴高乐,也不推动自由法国运动的情况下。

戴高乐更不耐烦了,他也急于反对丘吉尔和魏刚之间进行把他排除在外的谈话。他知道北非的战略重要性以及它在冲突的最终解决中可能具有的分量。他知道,北非军队——根据停战协议,理论上限制为30000人——正在进行重组。1941年秋天,当魏刚被召回维希时,北非的兵力将增加到13万人,通过动员可以增加到25万人。另外,戴高乐发现自己陷入了严重的人力匮乏之中。

这种情况有助于理解为什么卡特鲁将军于1940年11月2日给魏刚发了一封长信(见附件二)。这封信只可能是在与戴高乐达成一致后发出的。解放时在"贝当箱子"②中发现的这封信,由

---

① 1942年6月,自由法国改组为战斗法国(la France combattante)。
② 维希政府倒台时,贝当和随扈把许多重要文件都装进了一个箱子里。这个箱子日后被人发现。

1944年被任命为高级法院副院长的盖伊·雷萨克（Guy Raïssac）整理出版[23]。

戴高乐在他的《战争回忆录》中没有提到这一点。

这是一份长达七页的手稿，他在信中是以谈判者自居的，用一种外交官的口吻，包罗万象，变幻不定。自始至终，他的言语都充满着尊重，似乎是为了使自己所表述的内容更易被人接受。

信的开篇是对彼此共通的爱国主义的认可。"我们的理念立场不同，我们的行动方式也不同，但我确信，我们的目标是一致的。"接下来，是一句十分坦率的话："我甚至比以往任何时候都更相信英国会取得胜利。[……]在精神和物质方面，英国方面能维持下去的因素都比德国方面多。"

法国可以通过参与战争来促成这一胜利。重要的是："法国可以*在近期就这样做*。"紧接着，是他对魏刚的直接呼吁："眼下，这个行动取决于你。"以我们在非洲的地位来参与战争，"将促使事件出现有利的结果"。

下面这段话把我们带到了1940年夏天使这两个人分道扬镳的那场辩论的核心。在分析可能使魏刚退缩的顾虑时，他说："我了解那些可能使你退缩的顾虑[……]，即如果再次拿起武器，法国大陆将面临怎样的命运。这使你恐惧。如今有很多很强烈的反对意见，然而它们应该约束我们吗？[……]至于法国的苦难，以及对其仍然自由的地区的占领，如果它们是胜利的代价，那么无论多么痛苦，也不应该接受吗？①"

卡特鲁给魏刚信中的这段话的优点，是突出了戴高乐在他的演

---

① 法国遭受的苦难、法国仍然自由的地区被占领，（在戴高乐看来只）是获取最终胜利的代价，因此，无论这会带来多大的痛苦，为了取得最终胜利，都可以被接受。

说中一直忽略的一个方面：盟国方面的持续斗争意味着一种风险，也许是巴黎的波兰化，但更可能是巴黎的荷兰化。戴高乐真正英勇的选择是以苦难救赎为代价来维护荣誉。"在法国人之上的，是法国。"①

魏刚没有回复这封信，只是把它转交给了贝当。他后来间接回应说，法国殖民地任何参与战争的行为都是不成熟的，这会有引发德国干预的风险。

卡特鲁给魏刚的信还有一个后续。1941年3月，即四个月后，魏刚在阿尔及尔收到了英国驻丹吉尔总领事馆寄来的一个印有英国国徽的密封信封。信封最后有一个机打说明："（签名）戴高乐。"

这份1941年3月2日的电文，确实是一份真实的文本。勒克莱尔（Leclerc）的自由法国小分队刚刚从意大利人手中夺取了的黎波里塔尼亚南部的库夫拉绿洲，取得了一次胜利。

卡特鲁的低调风格被一种粗暴的、命令式的语气所取代，反映了戴高乐的不耐烦和冲动。

"我的将军：

我们没有同意［好像戴高乐被放在同一个等级上！］。但是，在法国的不幸中，人们必须从事情的原点出发。

对与德国合作的方向不再有任何疑问，对实施合作的人也不再有任何疑问了。但希特勒的胜利意味着独立的终结。

再过几天，您就能发挥伟大的国家作用了。但太迟了。我建议我们团结起来。让我们一起宣布，我们正在进行一场解放祖国的战争。让我们向法属殖民地呼吁！

---

① 即法国的荣誉至高无上，法国高于法国人。

您知道军队和人民的真实感受。您知道，我们的协议，会在所有善良的法国人民中激起巨大的热情，同时也会立即得到盟国的支持。

如果您的回答是肯定的，我将向您表示我的尊重。

（签名）戴高乐①。"[24]

魏刚没有像 11 月 2 日卡特鲁来信后的第二天那样做出任何答复。他在受审时用同样的基本论点解释自己：英国在战争中是孤独的，德国只是在等待机会占领非洲。

随着黎凡特事件的发生，两个人之间的关系就继续恶化下去了。

当抵达伦敦并宣布他打算通过 BBC 发出继续斗争的呼吁时，戴高乐就能估计到他在与英国政府交往中必然会遇到的困难。他不是对最初的支持者之一皮埃尔·朱利特这样说过吗："重要的是，捍卫法国的利益。防止我们的盟友侵犯法国的利益，直到战争胜利。与盟友一起，对抗敌人，直到敌人被打败。"捍卫法国的利益，防止盟友侵犯法国的利益。当时法国的唯一盟友不是英国吗？不然还有谁？

让我们看看几年后发生的事。

1943 年 6 月底，丘吉尔要求他的部门起草一份关于他的政府和戴高乐将军之间现时关系的总结。这份文件于 7 月 8 日印制，即在 5 月份爆发的巨大危机之后——彼时在华盛顿的丘吉尔向同事提议从政治上消灭戴高乐。[25]

---

① 此处，戴高乐三个字是大写，DE GAULLE。

发生了什么事？

从一开始，伦敦对戴高乐的反应就基于两个误解。

第一个误解与戴高乐本人有关，即戴高乐可能代表的是什么。丘吉尔似乎既不认识，也没听说过戴高乐，直到1940年6月9日，他们才在伦敦进行了第一次会面，随后在6月11日，他们在布里亚尔的盟国理事会上进行了第二次会面。在一个普遍放弃抵抗、充满失败主义的环境中，戴高乐身上涌现出的能量和决心，给丘吉尔留下了良好的印象。戴高乐当时是否抱有希望、认为自己会被派去掌管法国军队？这将是对戴高乐立场的重要性，以及法国国防高级委员会主席最终将给予他职权的高估——且差距很大。戴高乐将军于6月17日抵达伦敦时，享有了一定的声望，且物以稀为贵。丘吉尔把他看作更有代表性的政治人物来访伦敦的前兆。而这，会变成一个痛苦的失望。

至于第二个误解，虽然复杂却很根本，它围绕着贝当政府及其所玩的把戏。英国政府对法国发生的事仍然非常不确定：要么拒绝停战条件，要么接受德国极其无理的要求——尤其是德国对法国舰队的要求，再不然就是无力采取任何行动。与此同时，戴高乐在6月18日与英国广播公司的接触，在丘吉尔看来，只不过是对贝当政府的警告。又一次，在这种期待下，丘吉尔拒绝了戴高乐组建全国委员会的最初计划。直到6月24日，戴高乐才被授权宣布计划创建一个组织。

这揭示了英国政府复杂而不确定的操作。正如一位外交部高级官员所说：" 你不应该试图同时骑两匹马。只要你刺激现在的政府，并且做得很成功，同时给人以你在伦敦与可能的继任者互相接触的印象，就会是灾难性的。"[26]

而法国方面，自由法国的法律顾问勒内·卡森也说过同样的话:"每一次,比如说,当温斯顿·丘吉尔能够从某位维希政府的领导人的姿态中得出错误的幻想,认为这位领导人或其政府能放弃他们的消极立场,或者能更好地与英国默契合作时,他就会立即减少,甚至暂停与自由法国领导人的合作。"[27]

我们已经看到,英国军方是如何竭力阻止戴高乐的组织招募志愿者的了。

就这项任务而言,戴高乐他们在英国找到了法属殖民地的盟友,其中绝大多数人仍然效忠于贝当。法国在英国主要城市的领事馆仍然在运作,因为英国没有要求它们关闭。

在伦敦的法国人之间有着明显的差异。他们的社会学多样性、代际差异、雄心壮志和个人关切,在客居海外的氛围下,愈发明显了。戴高乐本人的性格,使得事情的进展变得不是很容易。他只期望每个人都能履行自己的职责,对一切新来的人都冷淡且疏远,并分配给这些人与其能力或才能相对应的任务或使命。斯皮尔斯指出:"对于他接触的这些不幸的爱国者来说,他似乎像协和广场的方尖碑一样灵活。"[28]

他身边的人受到了批评。一些召集——在英国和法国方面——被赋予了法西斯主义的名声。考虑到来自政治左派或工会的召集数量,这些批评在今天来看可以说是不值一提。他对议会政权的公开批评使他遭到了抵制。因此,他于1941年7月8日从开罗写信给勒内·卡森:"法国群众把民主一词与战前在法国运作的议会制度混为一谈。[……]这个政权必定会受到公众舆论的谴责和事实的教训。"[29]最后,要把在"粉碎纳粹-法西斯主义秩序"之后决定自己命运的任务,交还给法国人民,这一天终会到来。这遭受到了从军事到政治——不可避免的——转变所导致的拒绝。反对者聚集在《法兰西自由报》和《法国日报》的旗帜下。这两份期刊,都得到了英国的资金支持。在 BBC 的法语广播中，自由法国只有 15 分钟的时间。

英国部门对自由法国提出的最后一项批评，是自由法国有轻率泄密和散播流言蜚语的倾向。达喀尔远征的失败，在很大程度上归咎于自由法国，尽管同样的批评也可以很容易地针对英国方面提出来。

戴高乐对英国这种明显的两面派作风一无所知。

1940 年 10 月，英国内阁成员与维希政府的特使罗吉尔教授（Louis Rougier）进行了会谈。12 月，在蒙托瓦会议（Montoire）之后，加拿大负责人皮埃尔·杜普伊（Pierre Dupuy）在维希会见了贝当。英国得到保证，法国舰队不会被交给德国人，法属殖民地的部分地区不会被移交给德国。

总而言之，对英国方面，戴高乐长期以来对戴高乐主义运动的进展感到失望，认为其进展过于缓慢。政治情报部 1942 年 1 月 9 日的一份文件，对前一阶段做出了以下——有点儿不公平的——评价：

"自由法国在任何可以预期的主要结果上都没有取得成功。

a）它没有激起人们对维希政府与德国进行合作政策的反抗。

b）它几乎没有激起殖民地白人的任何军事召集。

c）该运动并没有通过自己的努力，对法国人的士气恢复产生深刻影响。"[30]

很久以前，戴高乐将军的个性就受到了质疑。关于这一点，有无数的细节都可以证实。我们将从英国的档案中摘取一些论述，这些论述节选自不同时期——层出不穷——且来源各不相同。为了保留它们的原汁原味，我们就不翻译了："狂热的亲法派"；"戴高乐将军真的不喜欢英国人"；"他有点傲慢，不幽默，不近人情"①。在 1942 年 3 月的一份备忘录中，一位官员提到了这些"令人难以置信的处境艰难的自由法国人"。一位高级官员在谈到自由法国人时说："他们是一群被活剥了皮的乡巴佬。"另一位官员说："他们是大陆主义者，不知道什么是两栖战略。"法国全国委员会的代表查尔斯·皮克（Charles Peake）在与戴高乐将军进行了极其艰难的讨论后，以沮丧的心情写下了结语："我强烈地感受到，我虚弱的财富状况会禁止我再次去拜访他。"②

在英国方面，戴高乐的专制倾向（autoritaire）[有时被描述为独裁（dictatorial）]、他那让人难以忍受的傲慢与他的强硬总是被诟病。

斯皮尔斯将军的妻子写道："我认为戴高乐对法国的耻辱有一种很少人能拥有的强烈感受，他确实承担了法国的耻辱，就像耶稣根据基督教信仰承担了全世界罪孽的耻辱一样。"[31]

对于英国人来说，戴高乐的个性仍然是令人疑惑不安的。他的形象与战前英国官员经常打交道的法国政治工作人员的形象非常不同。而且这些法国政治人物也非常愿意将英国视为法国政治的天然保姆。

由于他的出身、他所受的教育、他的文化素质和他的气质，相对于大多数法国人，戴高乐非常特殊，在当时的政治世界中并不常

---

① 指原书中都是英语，作者并未把它们翻译成法语。
② 此处作者也用的英语原文。

见。戴高乐来自法国北部的一个古老的贵族家庭，这个地区，盛产律师和学者，而非政界或商界名流，戴高乐身上有很强的文化印记，其中，科尔奈（Corneille）、雷兹、夏多布里昂、托克维尔、佩吉和巴雷斯都对他产生了深刻影响。戴高乐对法国的信仰，是由其非凡的历史文化熏陶与强大的严谨思想，以及他惊人的不因循守旧来塑造的。

他经常被看作英国永恒的对手。1941 年 11 月 25 日，他在牛津大学发表了一场伟大的演讲，提出要唤醒英国政治的基础。他当然接受了——按照米什莱（Michelet）①和梯也尔（Adolphe Thiers）②的传统——英国的看法，而英国向来是以孤立的地理位置为指导来制定政策的。然而，这存在着时代局限性。"也许梯也尔先生在他的时代是正确的。"由此，戴高乐有了思想基础，从其他角度来看，他开始在口头上做出一些平衡，包括重申法-英联盟的必要性，同时保留采取必要行动的权利。

是的，英国是一个岛屿。这种岛屿的地理位置，产生了各种后果：对海洋的支配，帝国的建立，以及拒绝看到大陆上建立起一个霸权国家。这就是伦敦和巴黎的政策经常处于对立的根源。

《停战协定》改变了这一切。但只是暂时的……

1918 年后，德国威胁的解除，导致了这种和睦关系的放松。伦敦和巴黎政策的分歧，鼓励了德国对野心的释放："正是因为这两个政府充满分歧，德国的侵略才得以成行。"更糟糕的是：英国没有停止过支持德国的复苏，并尽一切可能阻止高卢人和德国人走

---

① 儒勒·米什莱（Jules Michelet, 1798~1874）是法国 19 世纪著名历史学家，被学术界称为"法国最早和最伟大的民族主义和浪漫主义历史学家"。
② 路易-阿道夫·梯也尔（Adolphe Thiers 1797~1877），法国政治家、历史学家，三度出任法国首相。1871~1873 年，梯也尔担任法兰西第三共和国首任总统。

到一起。戴高乐还记得1935年英国背着法国签署的英-德海军协议。教训是明确的：不要把对这种情形的认知抛诸脑后。而在这里，戴高乐把刀子插在了伤口上："现在，大家都明白，英国正在利用法国的殉难，在任何可能的地方染指法国殖民地的残片。"（这是在叙利亚事件发生后。）

最后的转折是：戴高乐在这个伤口上涂抹了一剂药膏。"在这场战争中，尽管出现了某些不幸的现象和可悲的事件，［……］但一定会促成一个比以往更加坦诚和牢固的法-英合作的诞生。"这是基于："［……］法国和英国是人类的自由家园，也是人类自由的倡导者。"[32]

在这里，戴高乐的说法，与帕西上校（Passy）所叙述的戴高乐于1940年12月底在伦勃朗酒店发表的言论是一致的："通过我6月18日的讲话，我帮助挽救了法国的荣誉。［……］但在那一天，我也挽救了《友好条约》。"[33]战争会取得胜利，但没有法国，战争就不会胜利。

当然，英法必然会经过充满危机的紧张时期。我们会看到这个时期的。英法永远不会彻底分道扬镳，就像那些因争吵而分开一段时间但又无法彻底分开的夫妇那样。

然而，无法想象会有两个人像丘吉尔和戴高乐那样，在出身、教育和气质上如此不同。一个有着35年从政经验，而另一个才当上副部长。丘吉尔冲动且具有不可预测性，经常爆发，轻率地做出决定，这与对历史具有独到见解、对事物拥有全局看法的戴高乐相冲突。戴高乐对他所认为的法国永久利益的坚定态度，被丘吉尔视为过度僵硬、傲慢的不妥协。他们直到1940年才见面，谁都无法"驯服对方"。他们之间出现了严重的危机，他们对彼此说出了很严厉的话。他们永远不会出现决裂，艾登（Anthony Eden）[1]在努力磨平两人的棱角。

戴高乐不得不接受他并不习惯的英国心态，特别是要习惯这种特殊的、仅对身边人表现的"幽默"，这种幽默在伊顿和牛津得到了进一步的强化。

梅尔斯厄尔-凯比尔事件对二人已经紧张的关系造成了严重打击。与斯皮尔斯在回忆录中所写的相反，戴高乐似乎并没有被告知此事。这件事在物理层面和道德层面的影响是巨大的。一支由17艘舰船组成的英国舰队，向停泊在奥兰湾的法国舰队进行了近距离的攻击，而且并没有撤退的意图。这是纳尔逊1798年在阿布基尔湾行动的再现。法国舰队最优秀、最新的三艘军舰，即布列塔尼号、敦刻尔克号和普罗旺斯号战列舰，要么被摧毁，要么搁浅。只有斯特拉斯堡号战列舰以及五艘反鱼雷艇得以幸免于难并抵达了土伦。有近1500名法国水手阵亡。丘吉尔——这是他个人的决定——曾想展示英国永不屈服的决心。这一打击也是针对他自己的内阁，因为内阁并不是一片和谐。除了对他的个性持保留意见外，内阁一些成员——比如著名的哈利法克斯（Lord Edward Halifax）——并不赞同他的极端做法，而是更倾向于缓和下来、等待时机。哈利法克斯于1940年12月离开外交部，安东尼·艾登接替他成为外交大臣。

同年7月3日，在普利茅斯和朴茨茅斯，英国士兵和水手占领了法国船舰，在可以说是不合法的条件下关押了法国船员。在亚历山大，法国船舰被解除了武装。

---

[1] 安东尼·艾登（Anthony Eden, 1897~1977），英国政治家、外交家。第二次世界大战时期曾任英国国防委员会委员、陆军大臣、外交大臣和副首相等职。1955~1957年出任英国首相。

对戴高乐来说，这个打击是沉重的。这是对自由法国的军事召集的一个打击，但也粉碎了维希政府的舆论宣传，因为维希政府谴责戴高乐是英国的雇佣兵。但是，他不是在先前的信息中表示过，他也担心看到法国舰队落入德国人手中吗？7月8日，在伦敦电台的一次演讲中，他明确表达了他的"愤怒"和"痛苦"，并宣布这对英国来说不是一场"光荣的战斗"。这只是为了证明后来的行动是正确的："他们最好被摧毁"。[34]

戴高乐与英国官员的接触则更为频繁。一开始，戴高乐和他的同僚只能通过非常善于发挥自己特长的斯皮尔斯的代表团，与英国政府部门沟通。这只持续了一段时间。还是这个斯皮尔斯——不无讽刺意味——描绘了戴高乐在与英国官员打交道时的惯常操作。

"他对待英国上层人士的方式经常让我发笑，有时是苦笑。他注意到，英国上层社会讨厌争吵，会不惜一切代价避免争吵。[……]戴高乐将军如果发生了争执，比如说与某位部长发生争执，就会呈现出一种暴风雨般的气势，因为他对自己的立场不太确定，所以会更加激烈。他会用他的军帽敲着桌子，就像一头公牛在冲锋前用蹄子敲击地面一样，摆出愤怒的表情，像眼镜蛇一样甩着头。然后，他就会滔滔不绝地指责相关的人或部门，说一些令人难以忍受的话。而这个英国人起初会感到非常尴尬，继而是愤怒，但他越是生气，越是不想解释。最后，戴高乐会勃然而起，拿起他的军帽走出去，留下一句：'我明天10点钟会来找你要答案。'[……]戴高乐会在10点钟出现，但这次他会满脸笑容，充满礼貌，满脸幸福。这位英国人对于不必发表自己通宵准备的稿子而长舒一口气，这份稿子通篇措辞友好，同意了戴高乐将军提出的50%的要求,戴高乐则没有想到他会同意这么多。"[35]

然而,斯皮尔斯指出,丘吉尔是不会被戴高乐的这些做法所撼动的。戴高乐采用了另一种方法,诚然,这在一定程度上也是必要的:离开伦敦。我试图重建他不在伦敦期间的这些旅程。1940年,他在英国首都以外的地方待了两个半月;1941年,他离开了五个半月。每一次,他都重新获得了行动自由和言论自由,而在伦敦,他只有部分的行动自由和言论自由。

这要从丘吉尔授予自由法国运动特权的延伸以及这些特权的局限性来看。

1940年8月7日,在互通了一些信件之后,他们签署了一些协议,这些协议是继6月28日自由法国运动被认可之后,结束自由法国运动与英国动荡不安关系的序幕。然而,这些协议除了会带来一些积极因素,也给自由法国运动的运作带来了一些障碍。[36]

其积极影响是:英国承认自由法国是一个有资格代表战时法国的组织;确认了一支有别于英国军队的法国部队;通过提供可偿还的预付款来维持这支部队及其组织行政机构的运作。最后,英国政府承诺为法国志愿者提供便利,以便使其在国籍被撤销的情况下能够获得英国国籍。

作为回报,该运动的行动自由在一些方面受到了限制。自由法国既不是一个单纯的雇佣军团,也不是一个流亡的盟国政府,其不明确的地位产生了一些后果:在财政上,英国严格控制,避免其有任何超支情况;在军事上,法国的指挥权服从于英国最高指挥部的指令。自由法国的行动也会受到一些阻碍:只有在明确要求的情况下,其才被允许进入英国广播公司;自由法国的领导人未经许可,不能离开英国本土。最后,自由法国和各部委之间的所有联络,都必须经由斯皮尔斯代表团。然而，戴高乐将军是唯一被授权可以与首相和王室大臣进行直接沟通的人。值得注意的是，8月7日的协议不是在英国外交部签署的，而是在首相位于唐宁街的官邸签署的。这种个人性格只会加强丘吉尔和戴高乐之间的联系，并将使人们几乎不可能打破这种联系及其所带来的承诺。

然而，这给了自由法国一个远远低于流亡的盟国政府的地位。

一个非常严重的限制是，英国政府对法国的未来只做出了一个非常模糊的承诺，即一个"全面恢复法国的伟大和独立"的简单承诺。丘吉尔在一封密信中写道："这个词并不指严格意义上的领土边界。"戴高乐不得不满足于表示，希望有一天，情况会允许英国政府在考虑这一关键问题时，减少限制。

由丘吉尔的参谋部炮制，并经戴高乐批准的8月7日协议的条款中，一开始就指出"这支武装力量①永远不能对法国使用武力"。考虑到戴高乐是战时法国的代表，对戴高乐来说，针对这句话的解释不可能不构成一个问题。因此，在对丘吉尔8月7日密信的答复中，他打算对这个问题进行澄清。他巧妙地做到了这一点，把协议文本开头单独的一句话，嫁接在了丘吉尔密信中的一段话之后。"不对法国使用武力的保证，应该指的是'一个可以自由选择自己道路的、不受德国直接或间接胁迫的法国'。首相先生，我认为，这是英国政府对上述表述的解释。"[37]

我们将看到这些澄清是如何在中东的事件中发挥作用的。

这些协议并没有赋予自由法国一个政府地位。然而，这些协议

---

① 1940年8月7日，丘吉尔与戴高乐签署协议，规定戴高乐可以在英国领土上组织一支由法国志愿人员组成的法国武装力量，以反对英法的共同敌人。戴高乐是自由法国武装力量的最高统帅，听取英国统帅部的一般指示。协议没有按照戴高乐的要求，明确英国要对恢复法国疆界做出保证。

在三个层面上产生了积极影响：军事、政治和外交。他们为联盟间①的对话创造了条件，为未来的政治承认②带来了希望。军队、国家、民族——这是戴高乐为自己设定的三重挑战。

他首先着手在与英国部门的关系中放松对自己和同僚的限制。早在1940年底，英国外交部的笔记就显示，戴高乐和他身边的人，已经能够巧妙地将自己从斯皮尔斯代表团的监护下解放出来，这是战前"保姆"的新版本，他们设法与英国部门直接沟通。

通过这些协议，自由法国当然洗脱了任何可能是雇佣军的嫌疑，因为它被承认是一个参战组织，但这些协议仍然没有任何政治意义。值得强调的是，斯皮尔斯的代表团并不隶属英国外交部，而是属于战争部。自由法国缺乏任何政治实体的基本要素：军队、领土基础和政治合法性。

虽然彼此非常不同，但这三场战争或其战斗形式，却彼此密切相关。维希政府名誉扫地，被视为德国的帮凶，饱受谴责。而想要摆脱英国的监护，意味着要用真正的法国式抵抗来反对维希政府。

自由法国对未来有很多承诺。目前，德国占据了上风，维希政府保住了自己的地位，而英国在与戴高乐的关系中，处于主导地位。战斗才刚刚开始。

寻找军队与主权

非洲，标志着两国争执的新起点：

"与此同时，我们法国人必须在非洲继续斗争。"戴高乐在他

---

① 指英法。
② 即英国承认戴高乐领导的自由法国为法国合法政府。

的《战争回忆录》中这样说。"在广袤的非洲,法国确实可以重建其军队和主权。"[38]

这个雄心壮志涉及两个方面。

一方面,人不应该冒着被困在英国的风险,除了像移民一样靠援助过活留在英国的统治下没有其他出路。开拓领土,并憧憬着人员和资源涌现的雄心,由此产生。

另一方面,不应该让英国在非洲占据主动。英国通过其在当地的代理人以及经济和军事任务,在非洲非常活跃。比属刚果简直是被英国占领了。7月3日,舰队在梅尔斯厄尔-凯比尔被摧毁后,英国是不是想把我们在非洲的殖民地也搞到手?

赢得领土,防止英国干涉,必要时,跟它的公司①联合起来。

达喀尔远征队就起源于那里,它本身与集结法属赤道非洲的项目有关。它诞生于戴高乐和丘吉尔之间的紧密合作。后者被看到控制大西洋航线的达喀尔落入德国手中的恐惧所困扰。拿下达喀尔,意味着建立一个友好的政权(戴高乐的政权),以及掌握黎塞留号战舰和由法兰西银行疏散到塞内加尔的比利时和波兰的黄金。在自由法国行动之前,非洲领土上率先进行了戴高乐主义的运动。就这样,乍得、喀麦隆、刚果和乌班吉-查里(Oubangui-Chari)的戴高乐主义者们在1940年8月和平地集结起来,没有发生任何暴力流血事件。而加蓬要到11月才完成集结。

戴高乐曾提议从几内亚的科纳克里(Conakry)经陆路远征达喀尔。丘吉尔对此表示反对,并坚持自己的决定,从海上远征达喀尔。

值得注意的是,戴高乐拒绝登上英国船舰,他乘坐荷兰的

---

① 指英国的殖民公司,类似于东印度公司,比如南非公司。

"威斯特朗"号前往达喀尔。

这次行动是短暂的。自由法国的支持者们在试图集结时失败了,而英国船只遭到了驻扎在达喀尔部队的射击。来自土伦的法国舰队已经平安渡过了直布罗陀海峡。而法国方面,只有三艘护卫舰和两艘武装起来的拖网渔船。可以动员起来的有2000人。

征服达喀尔的战斗,于9月23日打响,25日以惨败告终。

戴高乐写道:"接下来的日子对我来说是残酷的。"9月28日,他在给妻子的信中写道:"如你所见,达喀尔事件并不成功。[……]目前,各种石块纷纷落到了我的头上。但我的追随者仍然忠于我,我对未来充满希望。"[39]

英国和美国的媒体将这场战役的失败,归咎于戴高乐本人。维希取得了胜利;戴高乐证明了自己只是一个英国代理人。这里似乎有两个教训。首先,戴高乐主义无法吸引主要殖民地加入其阵营。其次,维希政府在贝当的威望仍未消失的情况下,能够保留其殖民地。难道,它没有对德国7月15日要求在非洲做出许多承诺的最后通牒做出消极回应吗?在英国的保护伞下对希特勒和戴高乐说不,难道不是对自治的保证吗?

这次失败对戴高乐产生了深刻的影响。从那时起,他变得更加忧郁,而且根据一些说法,他在与英国人,以及其他人的交往中越来越顽固。

丘吉尔克服了他的大臣们的怒火和伦敦关于自由法国过失的流言,肯定了戴高乐对下院的信任。

他当时会不会是想给戴高乐安排一个继任者?甚至在达喀尔战役之前,丘吉尔就曾多次会见卡特鲁将军。难道戴高乐的大名在精英阶层中的反响,不比一个平庸的二星将军、前印度支那总督更热烈?丘吉尔曾向卡特鲁示好,但被卡特鲁拒绝了。然而,丘吉尔在攻打达喀尔的前几天——在警告戴高乐的同时——将卡特鲁派往开罗，"以便在黎凡特采取行动"，黎凡特似乎正在发生一些事情。卡特鲁在没有征求戴高乐同意的情况下，对丘吉尔做出了强烈反应。达喀尔战役的失败，可能使丘吉尔再次把目光投向卡特鲁。不过，类似的事情没有发生。1940 年 10 月 18 日，戴高乐和卡特鲁在拉密堡（Fort-Lamy）① 会面。当年，戴高乐中尉和卡特鲁少校在被囚禁在英戈尔施塔特（Ingolstadt）时，就相识了。卡特鲁拥护自由法国的领导人的权威。[40]

戴高乐从这次失败中看到了美国人想法的来源，即如果在维希控制的土地上登陆，必须在没有自由法国与英国参与的情况下，进行这一登陆行动。

达喀尔战役的失败，并没有影响到自由法国的进程。除了法属赤道非洲之外，自由法国在新赫布里底群岛（法英共管）、法属波利尼西亚、印度的五座城市和新喀里多尼亚的胜利，都是通过巧妙处理而获得的。

自由法国现在拥有近 300 万平方公里的土地，600 万人口。然而，这个大陆基地，位于远离主要海流的地方。其薄弱的资源和有限的人力资本，使其只能纠集起 16000 人，且几乎都是非洲人，是意大利人在利比亚的老对手。但其优势是：这些领土的位置，从尼日利亚一直蔓延到比属刚果和英属埃及的苏丹，使得它们有可能与英国统治下的领土联系起来。因此，一个主权的基础，被创造出来了。戴高乐急于尽早离开伦敦，现在，他可以前往主权领土了。布拉柴维尔（Brazzaville）② 的广播电台，使他得以摆脱 BBC 的控制。

---

① 乍得首都旧称。
② 刚果共和国首都。

他必须走得更远，以结束任何模糊不清的情况。最好不要停留。他很快就采取了强硬措施，于1940年10月27日在布拉柴维尔发表了一份宣言，并附有两项法令和一份《组织宣言》。这些决定，必须放在其历史背景中来看。而这种现实背景，是由各种因素组成的。

首先，非洲的军事召集，直接带来了管理和行政上的问题。因此，这需要一个框架，实际上需要一个政府。其次，这些领土受到了威胁；这些威胁可能直接来自德国，也可能来自维希，维希可能急于夺回失地［今天我们知道，皮埃尔·拉瓦尔设想在德国的协助下夺回乍得］。第三个重要因素是：需要防止英国在针对维希的操作中，出现任何模糊不清的情况。戴高乐于1940年10月25日从布拉柴维尔发给温斯顿·丘吉尔的这封电报，就证明了这一点。在提到维希向德国的要求做出让步会被非洲领导人拒绝时，他写道："在这种情况下，我们应该期待魏刚和诺奎斯与英国政府进行接触并请求支持。"[41]我们已经看到，11月2日，卡特鲁应戴高乐的要求，给魏刚写了一封信，请他加入戴高乐的队伍。而最后一个因素是，戴高乐认为，在法国的美洲领土上，可能会有某些国家进行干涉。这就是戴高乐对美国驻利奥波德维尔的领事发起外交照会的原因。他在照会中说，他担心美国会干预西印度群岛、法属圭亚那、圣皮埃尔和密克隆（Saint-Pierre-et-Miquelon），以防止它们被敌人利用。[42]

这是米塞利埃上将在1941年底占领圣皮埃尔和密克隆的前兆。也是戴高乐和罗斯福（Franklin D. Roosevelt）日后争端的起点。

《布拉柴维尔宣言》中宣布的法属殖民地防务委员会的成立，就是1940年10月27日所概述的这些因素的结果。它的出台，恰逢——并非偶然——维希与伦敦进行谈判之时，彼时，谈判正如火如荼地进行，尽管蒙托瓦会议（Montoire）才刚过去没多久。

《布拉柴维尔宣言》包含了哪些内容？[43]

首先，它拒绝承认位于维希的"既定政权"的任何合法性。这个政权的主要任务是："会见领导人"。在维希，只有一个事实上存在的机构，而不是一个合理合法的法国政府，因为这个政府已经不做任何战争努力了。"因此，有必要由一个新的力量来承担指导法国作战的任务。"

到了这个阶段，戴高乐认为有必要防止任何对个人权力的指责："我郑重承诺，一旦法国人民有机会自由推选出一个领导人，我将就自己的行为对这个推选出来的领导人负责。"

至于同时颁布的这两项法令，它们在1940年6月22日之前的法国立法基础上，把战争期间的公共权力组织了起来。在此，有必要强调一个重要的观点，这些法令——远超第二次世界大战——赋予了戴高乐创立所有行动的全部意义。为什么是6月22日而不是6月17日？在这方面，戴高乐和他的法律顾问勒内·卡森之间有一场辩论，显然卡森会对这一立法进程产生了影响。

卡森希望用作参考的日期是6月17日，而不是6月22日。我想我们可以理解戴高乐的理由。6月17日，一个完美的法律程序完成了：保罗·雷诺辞职了，按照第三共和国的逻辑，接替失败的国防高级委员会主席①的人，是使主席陷入困境的人，即国防高级委员会的副主席贝当元帅。戴高乐并不打算承认这一事实，更何况，他想把自己置于第三共和国共和政体宪法的连续性中。

第二个原因是，6月22日的停战，对戴高乐来说是维希的原罪。

---

① 保罗·雷诺是法国总理，国防高级委员会主席。贝当是副总理，国防高级委员会副主席。

罪行在于继续战斗的所有可能性都被耗尽之前，就签署了停战协定。在这里，我们可以看看戴高乐在《法国及其军队》中是怎么说的。赋予一个政权合法性的，是其确保国家独立的天职。而军队，在这个权力的命令下，是它的工具。第一条法令的第 2 条规定："［其］任务是保证对法国的忠诚，确保外部安全和内部安全［……］。"帝国防御委员会负责战争的总体指挥以及与外国势力打交道。而决定，则由自由法国的领导人做出。

第二条法令确定了这个帝国防御委员会的组织构成，委员会共有九名成员：四名军人、两名总督、三名"知识分子"（今天我们说他们来自"民间社会"）：一名法律教授、一名医生以及一名宗教人士（德阿根留神甫，同时也是一名海军军官①）。

最后，1940 年 11 月 16 日，《组织宣言》使该组织的成立圆满完成了。《组织宣言》是由国务委员皮埃尔·提斯耶（Pierre Tissier）起草的。从本质上讲，这是一种证明和宣示。它证明：在法国的土地上，不再有任何自由政府。它宣告：需要一个临时政府来领导法国渡过战争。随后，是关于政治和制度上的讨论，如果考虑到自由法国当时的情况，这确实令人震惊：自由法国是一个被英国承认的单纯的参战组织，它只有有限的领土基础。它基于 1875 年和 1884 年的宪法法律，以法国和德国之间，以及法国和意大利之间存在的战争状态为基础。但他还需要建立一个确保他"夺取权力"的帝国防御委员会，换句话说，需要一份没有任何宪法依据的文件。他拒绝了关于这是一场政变的观点，因为这次"夺取权力"的"目的和目标是解放整个法国"。

---

① 即乔治·蒂埃里·德·阿根利乌（Thierry d'Argenlieu）：自由法国海军的领导人，海军上将。

我们在这里看到的，是一个国家宣告成立。戴高乐将自己的合法性，建立在维希藐视共和国的法律、并通过签署不光彩的停战协议向敌人投降的事实上。对于英国和美国，戴高乐未雨绸缪，尽管他确实是开国领袖，但他向他们保证，他不是在单纯行使自己的权力，帝国防御委员会是协商的平台。[44] 委员会的九名成员都是准部长。

戴高乐刚刚完成了他自 6 月 18 日以来最重要的行动。他从自由法国的领导人过渡到了自由法国的总统。从简单处理一些法国利益开始，他已经进入了一个真正意义上的摄政时代。这个帝国防御委员会，名义上仅在战时存在，却还是保证了戴高乐主义在法国的持久存在。

英国方面的反应很有意思，非常值得关注。正如英国的档案所记载的那样，他们的反应非常糟糕。帝国防御委员会的建立，对丘吉尔来说，仍是个需要讨论的问题。戴高乐在 1940 年 7 月已经告诉了丘吉尔这个计划。但对丘吉尔来说，难以消化的，是 11 月 16 日的《组织宣言》，这份宣言远远超出了非洲领土的框架。

10 月 27 日法令开篇的称谓，尤其让人难以接受。

"以法国人民和法兰西的名义，我，自由法国的领袖戴高乐将军，命令……"

这是为了给一个仅仅是事实上存在的组织，提供一个法律基础。

从这一刻起，英国就开始制定针对戴高乐的政策了。这些政策基于一个基本信念，即丘吉尔正在被他身边的人"重塑"，即在早先那版存在一些瑕疵的 8 月 7 日协议①基础上、再次进行了一些调

---

① 由勒内·卡森起草的 8 月 7 日《戴高乐-丘吉尔协定》。

整。对此，丘吉尔的密友莫顿（Desmond Morton）少校于1942年1月6日给出了非常中肯的分析。莫顿指出，这份协议有两个让人不满的点：协议规定的义务对双方来说是不公平的，对英国不利；最重要的是，这份协议是与戴高乐将军一个人签订的，该协议以个人身份赋予他一切权力，这与协议的目的相违背。其结果是，英国政府支持的不是一个有组织的运动，而是一个人，而这个运动——即使它被称为"帝国防御委员会"——完全服从于这个人。[45]

这份协议，英国直到1941年1月6日才予以承认。

人们似乎已经知道，只有关于建立帝国防御委员会的法令会被公布，《组织宣言》或《宣告》不会被公布。

英国的承认声明中确实指出，在战争结束时，将考虑到法国的永久利益，这确实比8月7日的版本更进一步了，但在精确性方面并没有很大的提高。然而，声明没有对《组织宣言》所依据的各种法律和宪法表达任何看法。在这方面，它没有法国的声明清晰。[46]

在这一点上，法国方面缺少的是对维希政府内部非法性的展示。这就是勒内·卡森在1940~1941年12月的《法兰西自由报》[47]上发表的一篇文章的意图。这种非法性基于三点：由于国家领土被敌人控制，而名义上对国家负责的政府只是敌人手中的一个工具。此外，新政权①是在不规范的条件下建立的，国民议会下放了本不应该下放的权力。最后，维希政府滥用权力，废除了共和制政体。

在这个问题上，戴高乐表达了三个意愿。

第一个意愿，无疑是针对德国的。对德国来说，在占领了法国

---

① 指维希政权。

一处殖民地①后,要如何确保当时被认为是法国土地的防御,是一个问题。他的许多措辞极其精确的电报显示,他好像在棋盘上下棋那样部署战略棋子。他尤其清楚乍得的战略重要性,他认为乍得是未来重新征服法国领土的基础。

第二个意愿,是针对维希的,他谴责维希政府是德国的附庸,是违宪的非法政府。

第三个意愿,我认为不是"针对",是"对于"盟国的。首先,是对美国,正如他给美国驻利奥波德维尔领事的照会中——如前文所示——所表示的那样:让美国不要利用我们的困境,作为预防,我们要确保我们在西印度群岛、法属圭亚那以及圣皮埃尔和密克隆的领土。然后,是对英国,他怀疑英国做了两手准备,不急于考虑承认一个唯一合法的法国代表。戴高乐将军一位同僚后来的调侃,虽然很离谱,但也很有代表性:"基本上,在战争期间,我们是在跟英国人打仗,有时间的话,也跟德国人打仗。"

1940年底1941年初,这个组织又陆续增添了各种有象征性和可操作性的创新。首先,解放勋章创立了。将有1059名同伴获此勋章,其中258名在去世后获此殊荣。然后,自由法国推出了其官方杂志。最后,1941年1月的一项法令,催生了一个自由法国运动的新的管理机构,这个机构包括了四个部委和一个行政委员会。勒内·卡森被任命为帝国防御委员会的常任秘书。1941年秋天,公务员队伍只有不到100人。

其最终目标,是逐步建立一个外交机构,使自由法国进入国际社会。早在1940年夏天,自由法国的委员会就已成立。发起人是雅克·苏斯特尔,作为一个新教徒,他从小就记得那些在城镇之间

---

① 指乍得。

传播信仰的老福音派传教士。早在 1940 年 12 月 3 日，戴高乐内阁成员弗朗索瓦·库雷（François Coulet）的一份说明，就提到了自由法国拥有独立外交的必要性。[48]他写道："拥有外交代表是一个独立国家的特权，外交无疑是其主权最不可或缺的标志。"到 1942 年夏天，自由法国拥有 39 个国家委员会，这些委员会在成员数量和活动程度上都不尽相同。

负责自由法国外交的伟大组织者仍然是勒内·卡森，他有许多处理国际关系的经验。包括：向国际联盟（Société des Nations）[①]通报对喀麦隆的托管，作为自由法国的代表，在国际劳工组织中与英联邦成员国建立联系。自由法国外交的一个主要的弱点是，与伦敦的盟国政府不同，自由法国在国际法上没有特殊地位。开始时，自由法国既不是一个独立于法国的国家，也不是一个政府。英国对帝国防御委员会的承认，使事情有了进展。自由法国与这些流亡政府的代表建立了密切联系。勒内·卡森和莫里斯·德让（Maurice Dejean）参加了 1941 年 6 月 12 日的联盟会议，这可以看成自由法国被承认了。

这一发展，与通过在自由法国的机构和英国的机构之间建立直接联系，从而使自由法国逐渐从斯皮尔斯的代表团中解放出来，是分不开的。

然而，英国的否决权仍然停留在一个关键点上：以政府的形式对自由法国进行全面的政治承认。在回忆录中，戴高乐提到了"让我们陷入挣扎的致命缺陷"。1941 年 1 月 6 日，英国承认了帝国防御委员会，但就自由法国的权力范围而言，这一承认是非常有限的。

[①] 国际联盟是《凡尔赛条约》签订后组成的国际组织。于 1920 年 1 月 10 日成立，1946 年 4 月解散。1945 年，二战结束后，国际联盟被联合国所取代。

它包含双重限制：只进行军事行动和"［仅］捍卫这些领土的政治和经济利益"。仿佛这些领土并不属于法国的传统主权范围。[49]

与此同时，他们还必须面对黎凡特。

黎凡特为这场争执翻开了新的篇章。

1941年6月8日黎明，一支英国远征军与自由法国的强大特遣队一起进入法国托管的黎凡特境内。这种入侵既有间接的动机，也有直接的原因。

戴高乐在他的《战争回忆录》中写道，尽管他的力量很弱，但他打算从乍得、吉布提和黎凡特出发，参与征服埃塞俄比亚。很明显，这是一个庞大的战略概念。然而，他怀疑埃塞俄比亚的大多数部队——被置于丹茨（Henri Dentz）将军的指挥之下——会不会团结在他这一边。法国人之间有可能爆发的自相残杀的场景，并没有逃过他的眼睛，他写道："不幸的是，我对在法国人之间不流血的情况下实现法国解放的可能性不抱任何幻想。"

更直接的原因，是轴心国特工煽动的拉希德·阿里·吉拉尼[①]（Rachid Ali al-Gillani）的叛乱。与此同时，达尔朗上将与希特勒签署协议，允许携带武器的伪装后的飞机在叙利亚降落。5月16日，戴高乐控诉了这项协议的不光彩性质。戴高乐加入了英国的阵营，表明他害怕看到英国取代法国在黎凡特的地位[②]。

---

① 拉希德·阿里·吉拉尼（1892~1965），伊拉克首相（1940~1941）。1940年4月1日，在亲德派支持下再次出任首相。1941年1月30日议会投不信任票后，被迫下野。随后参加了4月发生的反英政变，在亲德军官支持下，建立国防政府，积极开展驱逐英国势力的活动，并寻求轴心国的支持。4月底，英国的印度陆军司令奥金莱克直接派兵在巴士拉登陆，镇压反英起义，拉希德·阿里·吉拉尼于5月底潜逃德国和意大利，后又流亡沙特阿拉伯。

② 即如果仅有英国进入对抗维希法国和德国，那么黎凡特就会落入英国人手中，所以戴高乐不能缺席，也要加入进来，确保法国在黎凡特的地位。

到 1941 年 6 月 8 日，英国-戴高乐的联军与吉拉尼交战时，拉希德·阿里·吉拉尼的政变已经失败，黎凡特只剩下几架飞机和少量的德国部队。戴高乐的部队只有 6000 名步兵，8 门大炮和 10 辆坦克。拥有 3 万名士兵的维希军队扑面而来。战斗的规模不大，但造成了重大损失。6 月 21 日，自由法国的军队进入大马士革。卡特鲁将军被任命为"黎凡特总代表"。

一个月后，停战协议在圣让德阿克（Saint-Jean-d'Acre）签署，这对戴高乐来说是一个巨大的幻灭：自由法国甚至没有被提及。至于自由法国的军队召集，其规模非常有限。在 30000 人中，只有 3000 人加入了戴高乐的队伍，即十分之一。这其中只有 1300 人是军官。德国停战委员会同意非自由法国的军事人员经马赛前往摩洛哥；德国将在谢里夫王国[①]构建一个反英、反戴高乐的基地。

在这场战争中，有 1100 名丹茨[②]军队的士兵和 800 名自由法国的士兵丧生，他们都被安葬在大马士革的公墓里，他们的坟墓上都有同样的墓志铭："为法国而死"。

黎凡特事件毫无疑问进一步加剧了戴高乐和丘吉尔之间的紧张关系，但并不是因为他们对这片托管地的最终命运有任何分歧。戴高乐认为叙利亚和黎巴嫩的独立是不可避免的，法国议会于 1936 年投票支持了二者的独立[③]。但他认为这种独立是在一个较长的时间尺度上来说的。他不能容忍的是，卡特鲁在英国的影响下发表了声明（戴高乐为此责备了他）。英国绝对是在试图干涉我们的事务，并提前确保其在中东地区的主导地位。然而，戴高乐确实设法"依据法国在黎凡特领土上的特殊义务"，从英国人那里争取到对

---

① 即沙特阿拉伯。
② 丹茨将军（1881~1945）指挥的是维希政府的军队。
③ 1936 年，法国与叙利亚和黎巴嫩签署协议，承认二者的独立。

自由法国在叙利亚和黎巴嫩的合法托管地位的承认。这并不妨碍斯皮尔斯将军在贝鲁特让叙利亚和黎巴嫩的政治领导人反对卡特鲁，他对叙利亚和黎巴嫩独立的真正落实被拖延感到失望。

9月1日，当戴高乐从中东和非洲的六个月漫长旅程中回来时，他见识了丘吉尔使出的一个小手段，这让他明白他的自主权取决于他对英国利益的正确理解：（他要）暂时靠边站，（丘吉尔）现在拒绝继续跟他交流。丘吉尔——除了戴高乐在中东问题上的立场——还有一个理由：采访事件①。

这是怎么一回事？

1941年8月下旬，戴高乐在布拉柴维尔接受了《芝加哥日报》美国记者韦勒的采访。根据英国方面收到的反馈，戴高乐说他正在向美国人提议，由美国指挥英国的基地，因为英国害怕达尔朗的舰队，除此之外，戴高乐还说了其他一些事。他在给华盛顿的勒内·普莱文的电报中说，他否认这些言论，并要求驱逐该记者。他只是告诉韦勒（George Weller），维希并不代表真正的法国，自由法国的非洲非常重要。"其余的，都是流传于利奥波德维尔和布拉柴维尔的谣言。"9月3日，他在给丘吉尔的信中明确指出，就采访而言，"这是一次快速、即兴的谈话，其间，韦勒先生没有做任何记录，也没有从我这里得到任何信息"。50戴高乐对英国对待黎凡特问题的态度表示不满。

英国人对这次"采访"的反应是激烈的。戴高乐没有提到黎凡特问题吗？在戴高乐于9月1日返回伦敦的前夕，首相写下了这些令人回味的指示。

---

① 1941年8月，戴高乐在接受采访时说，英国与希特勒可能就维希政府达成了某种心照不宣的约定，丘吉尔知道后非常生气。

"任何人都不能见戴高乐。

在他抵达后,任何英国当局都不得与他有任何接触。

不与他的任何下属接触。"

总结起来,这是一条尖酸的指示:"让戴高乐在他自己的汁液中浸泡①,有必要的话,浸泡上一个星期。"

丘吉尔的一位助手说:"如果戴高乐想进行面谈,他就必须对自己不友好的行为和荒谬的立场做出解释。"[51]

在他能见到丘吉尔之前——也就是在 9 月 12 日(比丘吉尔要求的一周时间长很多)前——他必须做出一些解释,特别是关于"采访"[52]的问题。

似乎是为了准备这次面谈,丘吉尔在 9 月 9 日的一次讲话中说,"法国在叙利亚保持与战前相同的立场是没有问题的"。

在这次充满风波的会面过程中,我们看到丘吉尔采用了另一种策略:试图通过建立一个合议制领导架构②来约束戴高乐。而戴高乐则通过建立一个他认为更具代表性的"全国委员会"(Comité national),将自由法国置于一个更广泛的基础上。

在此,有必要提及英国政府圈子与戴高乐圈子内外的一些法国人建立的某种联系,比如,亨利·拉巴特(Henri Labarthe),尤其是米塞利埃上将。根据一个来自英国的消息,米塞利埃上将表示,如果英国与戴高乐本人决裂,自由法国海军将会加入英国政府的军队。[53]虽然丘吉尔拒绝接待米塞利埃,但他的一个非常亲密的同僚莫顿少校却接待了米塞利埃的两名使者。他们告知了丘吉尔他们对

---

① 英国俗语,即自作自受。
② 类似集体负责制。

179 戴高乐的不满,并概述了他们的计划:建立一个全国委员会,将使戴高乐受到监督,有鉴于此,他们想寻求首相的支持。这将避免因 8 月 7 日全面承认戴高乐的自由法国运动而产生的误解。从与一个单独的个体达成协议,变成对一个集体组织①进行承认,而戴高乐必须接受这个集体组织的意见。

这一事件一直持续到 9 月 24 日。当日,英国政府被置于戴高乐和米塞利埃之间的"积极仲裁者"的位置,最终,米塞利埃为戴高乐做出了牺牲,他巧妙地将这件事转到了对戴高乐有利的方向。

9 月 24 日,根据法令,戴高乐成立了全国委员会。

全国委员会由八名委员组成,就像一个小政府。英国方面可以说已经采取了许多预防措施:法令和政令必须由一名或多名委员联署;国家间的协定应由委员会整体审议后,通过法令予以批准。毫无疑问,英国对全国委员会的承认伴随着一种(虚幻的?)约束,因为在其最初承认的帝国防御委员会的基础上,并没有就此增加任何新内容,帝国防御委员将继续存在。但是,在没有任何议会制约的情况下(怎么会没有呢?),全国委员会的委员不是仍然对自由法国的唯一领导人负责吗?毕竟,他不是被承认为全国委员会的主席吗?应该指出的是,卡特鲁不在委员之列。这是对他在黎凡特与英国官员走得太近的一种惩罚吗?海军副司令米塞利埃倒戈,被任命为海军委员。

180 但即使在当时,英国官员也有两个担心:一是让戴高乐担任这样一个全国委员会的领导,会进一步提高他的地位,毕竟,他在 8 月 7 日已经获得了承认;二是冒着被剥夺他日益代表的符号的风

---

① 即全国委员会。

险。大家不要忘记，在1941年的这个夏秋之际，魏刚被解除了维希政府总代表的职务，这引发了大家对北非未来的担忧。

英国外交部的欧洲事务主任斯特朗爵士（Strang）在1941年9月24日，即戴高乐签署成立全国委员会法令照会的同一天，清楚地表达了英国的这种制衡行为："承认戴高乐领导自由法国的全国委员会，就是落入了一个陷阱。如果制衡不了戴高乐，就让他下台。[……]但他又是一个象征。他的彻底消失，将在法国产生严重的后果。在法国殖民地，这也会导致一场灾难。[……]作为一种象征，戴高乐具有不可估量的价值。除掉一个专制的运动领袖，是不现实的。"[54]

英国这边很快就发现，尽管他们认为自己已经设置了各种保险措施，戴高乐仍在为所欲为。

英国方面扩大并更新全国委员会的最后一次尝试，发生在1942年夏天，其目的是建立一个能够联系起自由法国和法国抵抗组织的机构。这就是1942年7月正式成立的"战斗法国"（France combattante）。戴高乐受到丘吉尔的明确邀请，向乔治·曼德尔和亚历克西·勒格等以"共和派"著称的各种人物发起呼吁。我们都知道这个呼吁后续引发的一些行动……

然而，英国政府以一种看似矛盾的做法，放任自由法国在这一时期取得了诸多进展。英国除了让全国委员会获得了官方承认外，还把它变成了一个临时政府，使其地位类似于流亡的盟国政府。在1941年9月23日举行的新闻发布会上，戴高乐承认了这一点："全国委员会正在被变成[……]，一个临时政府。"他还说："这是一个代表了法国各界对战争，以及对法国的看法的委员会[……]。"[55]

1941年底，英国决定由外交部而不是国防部来负责全国委员会与英国官员的联系，这表明了英国对临时政府的承认。参加全国委员会的英国代表将被称为"全国委员会的英国代表"。这位英国代表就是查尔斯·皮克，其身份是临时代表。[56]

英国外交部 1942 年 8 月的一份备忘录显示，他们很难阻止戴高乐于战争结束后在法国发挥政治作用。[57]

这一决定性的进展归功于三个因素：首先，自由法国的行为符合英国的利益；当不符合时，比如在中东，戴高乐不得不向英国低头。其次，伦敦对维希的态度，由摇摆不定到逐渐明朗；就这一点，魏刚在北非被解职，以及皮埃尔·拉瓦尔的重新掌权，具有重大意义。最后，法国本土的戴高乐主义的支持者取得了一些进展，并且，他们与抵抗组织取得了首次联系。

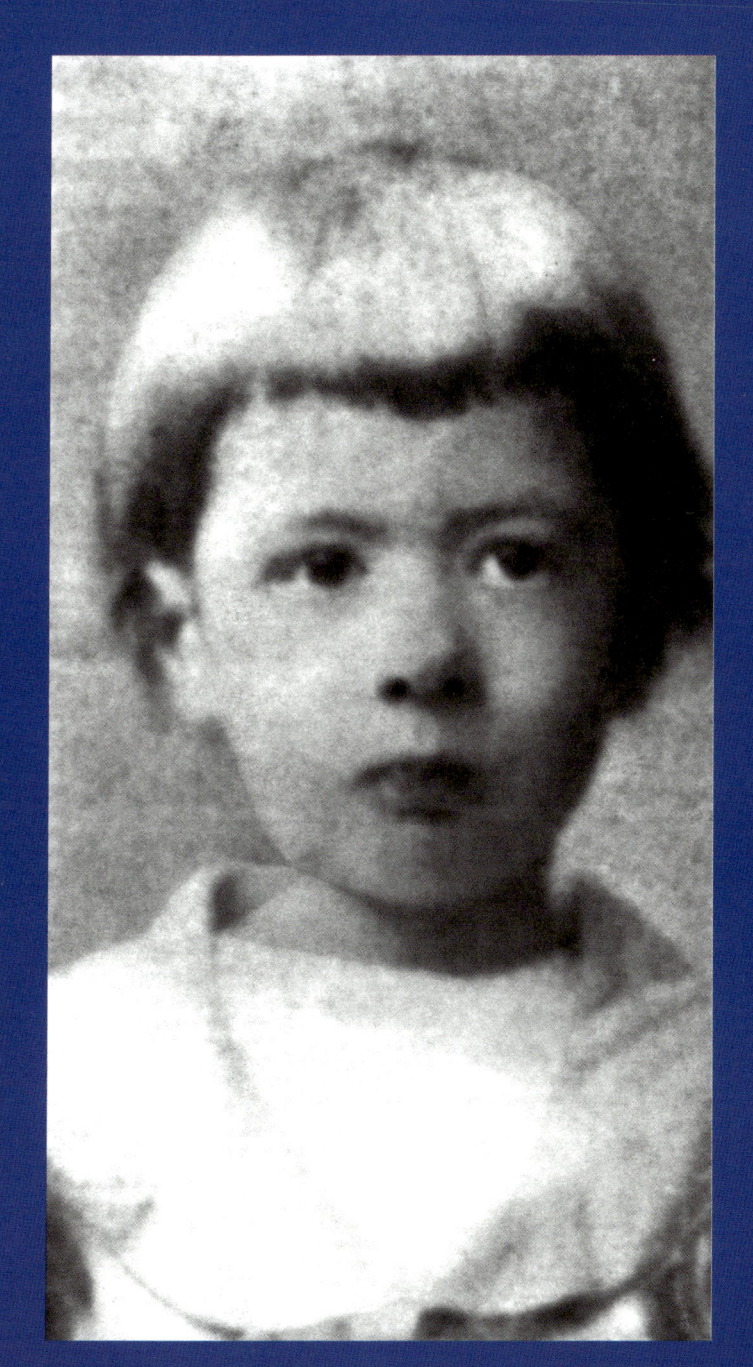

童年时的夏尔·戴高乐

《第一次世界大战中的戴高乐,法军的年轻军官》

// 1940年，戴高乐和妻子伊冯娜在伦敦 //

// 1941年，戴高乐通过BBC向他的法国同胞发表讲话 //

// 贝当元帅,一战中的法国英雄、二战时担任维希政府首脑,战后被以叛国罪处以极刑。戴高乐允其改为终身监禁 //

// 二战中，戴高乐在乍得受到自由法国非洲总督埃布埃的欢迎 //

// 巴黎光复,自由法国领袖戴高乐以解放者姿态重回首都 //

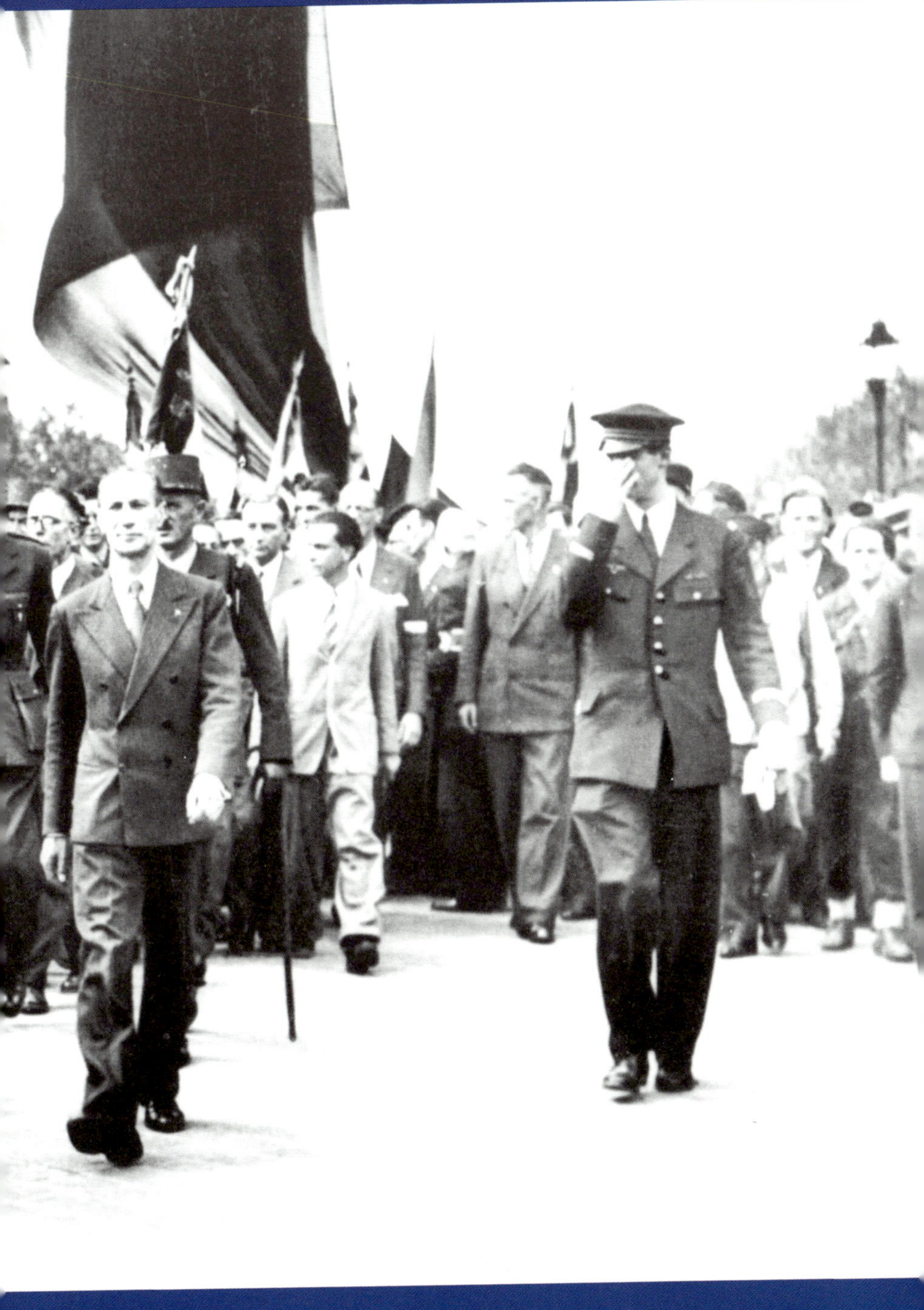

// 1944年11月,戴高乐与英国首相丘吉尔 //

// 1947年4月,戴高乐在斯特拉斯堡向民众发表演讲,呼吁法国应与美英紧密合作 //

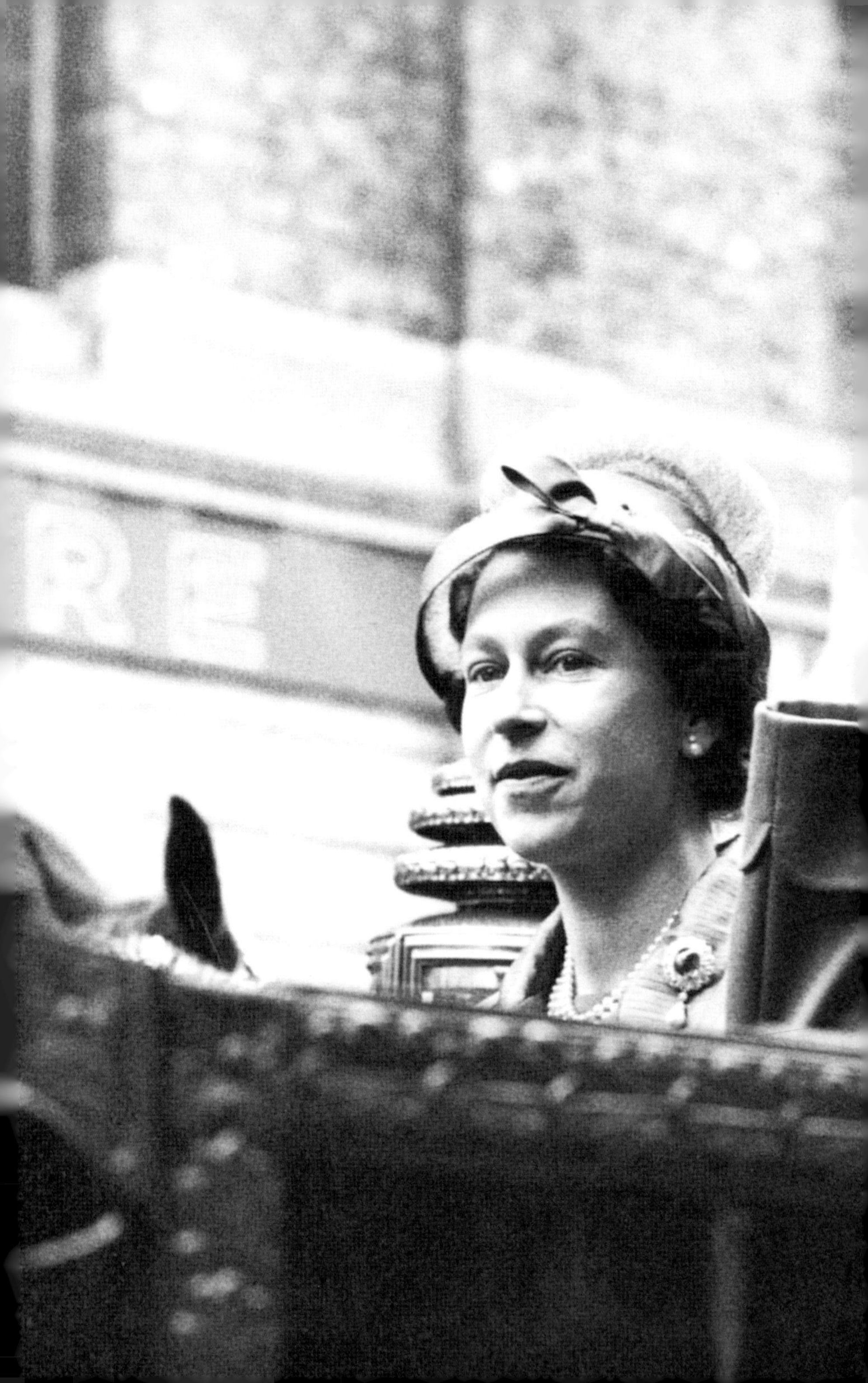

// 1960年,伦敦,法兰西第五共和国总统戴高乐和英国女王伊丽莎白二世坐在行驶的马车中,戴高乐挥手致意 //

1964年11月，戴高乐在巴黎会见前西德总理康拉德·阿登纳

第六章　从北非登陆到临时政府：
　　　　戴高乐赢得了将军们

登陆：戴高乐的好消息？

1942年11月8日，戴高乐应邀在唐宁街吃午饭，他中午时分抵达首相官邸。丘吉尔看起来有些尴尬地告诉他，美国军队已经在摩洛哥的几个地点以及阿尔及尔和奥兰登陆了。英国只提供了少量的后勤支持，以及有限且隐蔽的登陆部队。此外，他还说，达尔朗在阿尔及尔，而吉罗将军正乘坐英国潜艇从直布罗陀赶来。

这段插曲发生在戴高乐和丘吉尔之间关系——又一次——紧张的时候。几周前，即9月30日，两人之间发生了一次谈话，丘吉尔后来告诉部长会议，这次谈话"有点艰难"。戴高乐就英国在马达加斯加与维希代表签署协议一事，提出抗议。而在这里，英国政府发现，戴高乐既不接受英国也不接受美国在法国领土上的权力，这让人感到惊讶。就此，戴高乐说，这会损害法国与英国的关系。丘吉尔纠正道，不是法国和英国之间，而是戴高乐和英国之间。丘吉尔补充道："戴高乐不是法国，他只是战斗法国（France combattante.）①。"

---

① 自由法国1942年6月改组为战斗法国。

他继续说:"戴高乐将军如此急躁,他不满足于只对德国、意大利和日本发动战争,他还想对英国和美国发动战争。"戴高乐回答说,他只把这句话当成是一个玩笑。他坚持自己的基本观点。他不会接受法国局势的恶化,也不会接受法国中立化。他说,他肯定不会妥协,否则他在法国将一无所获。这是他的职责。这也是一种政治需要。[1] 戴高乐后来向一位英国官员承认,他"思维和脾气都很快"[2]。

在他看来,宣布登陆只能是盟国进一步干涉法国事务的前奏。

仅就登陆而言,戴高乐在早上就被告知此事了,但他怀疑了一段时间。这对他来说仿佛是一个三重打击。罗斯福很可能接替丘吉尔成了戴高乐的主要谈判对象,一个更加顽固的"伙伴"。达尔朗,在他看来,只是维希的简单延伸;在这里,战斗只会继续。还有尚不出名的吉罗(Giraud),尽管在他看来,吉罗是一个优秀的军事家,而不是一个政治家。最后,他并不是没有意识到北非的欧洲圈子对他的敌意。丘吉尔当然从一开始就明确说他会继续支持戴高乐:"在战争最糟糕的时刻,你们一直与我们同在。天空放晴后,我们不会抛弃你们。"[3] 但丘吉尔会对罗斯福说什么呢?作为对戴高乐的一种安慰,丘吉尔向戴高乐保证,马上就会把马达加斯加(英国于 1942 年 5 月在这里获得了一个据点)的管理权移交给自由法国。

尽管戴高乐看到战略形势出现新的转折时,一定会很高兴,但他完全有理由感到担忧,因为他一直,并且会持续被排除在历史进程之外。他没有得到准备行动的警报,只能从这些行动中看到自由法国主持达喀尔远征失败而被指责"逃跑"的记忆。

无论如何,戴高乐当时更希望在法国直接登陆。我们知道,美国方面,马歇尔(George Marshall)将军在 1942 年间曾对登陆有过构想，但这取决于德苏战争的演变。如果苏联抵抗住了德国，我们可以等到 1943 年 4 月。如果苏联看起来要向德国屈服了，那么最早也要在 1942 年的深秋才来规划一下登陆事宜。但 1942 年 7 月，罗斯福已经下定决心。登陆将于 11 月在北非进行。

在不久的将来，从盟军在非洲登陆开始，正如戴高乐踌躇满志指出的那样，美国将成为"历史的新星"。这其中隐含着他对于英国将追随美国的担忧。

从他的信件中可以看出，这种打击对他来说是很痛苦的。

和达喀尔之后一样，他很快就恢复了。他不会放弃这场游戏。可以说，他的游戏，从 1940 年夏天开始，就没有停止过。

当美国军队和"维希"士兵之间的战斗在完全的政治混乱中继续进行时，戴高乐于 11 月 8 日晚通过 BBC 向北非的法国人发出呼吁：要"毫无保留地"支持盟军。在 11 月 10 日和 11 日这两天，相继发生了以下事件：达尔朗下令全面停火，贝当以官方名义不承认停火命令，德国入侵法国南部地区。

同一天下午，在阿尔伯特大厅，戴高乐召集在大不列颠的法国人。他呼吁法国人民团结起来："同一个法国，同一场战争"。随后公开赞同 1942 年春天抵抗运动的宣言，即在一个新的民主框架内恢复法国的自由。反对维希及其支持者的斗争，被确定为反对敌人的斗争。

同时，由于他无法在北非采取行动，他命令勒克莱尔准备在利比亚中部的费赞地区（Fezzan）发动进攻。11 月 10 日，达尔朗上将与美国人签署了停火协议（11 月 11 日扩大到摩洛哥），美国承认达尔朗是负责行使权力的人。达尔朗的命令是"以元帅的名义"颁布的，尽管贝当以官方名义不承认停火命令。达尔朗把并不显山露水的吉罗将军任命为部队最高指挥官。根据美国与当地政府打交道的结论,达尔朗这是"临时的权宜之计"。11月23日,总督布瓦松(Pierre Boisson)站到了达尔朗这边,为他带来了法属西非平原。

在这一天,自由法国运动所经历的最严重的危机之一——如果不是最严重的话——已经浮现了。这将导致戴高乐与丘吉尔及罗斯福的公开冲突。

迈向与伟大盟国的决裂?盟国的背后一击:苏联?

自此,无能为力的戴高乐只能在政治道德的基础上进行斗争。他在1942年11月15日给美国驻伦敦大使斯塔克(Stark)上将的信中表明了这一点:"我知道,如果叛徒的背叛行为对他们来说似乎有利可图,美国就会为其付出代价,但这决不能以法国的荣誉为代价。"[4]这是他与美国政策的一次正面交锋。

也许是一种"临时的权宜之计"。但是,我们怎么能不感到震惊,甚至怀疑罗斯福跟达尔朗有什么秘密呢?不正是罗斯福向海军上将建议、将他患有小儿麻痹症的儿子阿兰(Alain)[①]送入乔治亚州的暖泉诊所进行疗养吗?他自己也曾因为患有同样的疾病而住在那里。众所周知,儿子的健康状况是这位海军上将在登陆期间出现在阿尔及尔的原因。

艾森豪威尔(Dwight David Eisenhower)将军于11月14日抵达阿尔及尔,这意味着盟国——主要是美国——确定了它们对北非的姿态。

同时,戴高乐还面临着英国不再支持他的风险。如果有一个立

---

① 达尔朗的儿子。由于在当地部队中服役的儿子罹患小儿麻痹症,达尔朗在11月7日白天从本土飞到了阿尔及尔,阿尔及尔是盟军的三个登陆地点之一。

场是丘吉尔拒绝采取的,那就是与罗斯福断绝关系。这就是自由法国所面临的最严重危机的起源。

在整个11月,戴高乐在传播信息时都受到了严格审查。重要的是,《信件、笔记和笔记本》只包含了其中一条信息,《战争回忆录》只包含了两条,即使如此,他在盟国那里遭遇的困难,也没有被提及。同时,他在给他的代表们,包括给卡特鲁的电报中,都对他们在盟国的特权提出了极高的要求。

11月16日,在与丘吉尔共进午餐时,戴高乐将军表达了他满腹的怨恨。丘吉尔的回应,则是一句对戴高乐的(过分地?)赞美:"你是光荣而正确的。"

戴高乐获得了一份英国方面的澄清文件,称全国委员会和戴高乐本人"在与维希代表进行的谈判中,不参与也不承担任何责任"。如果维希在北非被承认,"是显然不能被战斗法国所接受的"[5]。

尽管丘吉尔说得很好,但戴高乐不得不意识到,他对丘吉尔不能抱有什么期待。这一点,从他经常被BBC禁言就能看出来。

1942年12月10日,戴高乐在下院的一个秘密委员会上说的话,证实了他对丘吉尔没有更多期待。戴高乐当然对此表示赞同。丘吉尔不得不为自己在克拉克-达尔朗(Clark-Darlan)关于"临时解决方案"和"临时权宜之计"的协议中有共谋的嫌疑而进行辩护。许多国会议员对达尔朗协议持反对态度,外交部也是如此,外交部支持戴高乐-吉罗协议。但丘吉尔首相对戴高乐进行了猛烈的攻击:"如果你认为他是英国的忠实朋友,那就错了。[……]我不相信他代表了法国。"他详细地回忆了戴高乐1941年在叙利亚的态度。这篇演讲直到1970年才在英国发表。

对戴高乐来说,所有的突破口似乎都被丘吉尔挡住了,丘吉尔对美国的依附是不可改变的。

你对他们能有什么指望呢？

1942年11月20日，戴高乐被告知，罗斯福表示希望能尽快在华盛顿接见他；这个邀请是由安德烈·菲利普（André Philip）转达的，菲利普是法国国内抵抗运动和全国委员会之间的纽带，并得到戴高乐的授权在华盛顿执行任务。最终，他们没能见面。戴高乐能收获什么呢？

不能说戴高乐在原则上对美国有任何预设的敌意。而且事实恰恰相反。

早在6月18日的宣言中，他在呼吁大家继续进行战斗时，不就提到了美国巨大的工业资源吗？

自由法国的领导人没有等到美国参战——主动参战——就表明他愿意与之共事。他不是不知道达喀尔事件对他产生的不利影响；不是不知道美国在维希的大使莱希（William Leahy）是罗斯福身边的人，且与贝当保持着良好的关系；也不是不知道在华盛顿，整个法国殖民地都在不停地诋毁他，把自由法国说成是一群冒险者。就在这时，戴高乐于1941年春天派勒内·普莱文出访，目的是帮助自由法国与美国建立关系。随后，美国正式提出在自由法国的非洲：喀麦隆、乍得和乌班吉建立空军基地，为美国服役。除了预期的跟自由法国建立政治互信外，这一提议没有得到任何对等回应。

1941年秋天，自由法国在华盛顿成立了一个外交使团，由工会主义者暨社会主义者阿德里安·蒂谢领导，该使团于1942年初得到承认。1941年11月，《租借法》的延长使自由法国受益良多。1942年7月9日，法国全国委员会因其"对战争进行了有效贡献［……］"而被认可。全国委员会被公认为是法国全面抵抗轴心国的一个象征。在没有得到正式承认的情况下，美国政府1942年7月9日的公报表示，战争相关问题由全国委员会集中处理。

这种良好的感觉一直持续到 1941 年底自由法国占领了圣皮埃尔和密克隆（Saint-Pierre-et-Miquelon）。这是由米塞利埃上将指挥登陆的。在美国，人们的情绪高涨。正在魁北克与丘吉尔商谈的罗斯福，向丘吉尔表达了自己对丘吉尔的"被保护者"①的"强烈抗议"。最终，一切都落到了实处。戴高乐从历史中汲取了教训，他在 1942 年 3 月 12 日给加斯顿·帕勒斯基的电报中强调了美国国务院对维希的类似保护的行为："圣皮埃尔和密克隆事件根除了后患。"

戴高乐预见到即将进行的战争洗牌，于 1942 年 10 月 26 日给罗斯福发了一封长信（见附录三）。这封信看起来像是对他所采取行动的有力辩解，是对全国委员会进行全面承认的呼吁："确实，在维希停战时，我发现自己处于一个真正闻所未闻的境地［我们将注意到，是"维希"，而不是第三共和国政府仍在的波尔多］。"并且，他要唤起一个"夺取了权力的政府"（这有点过分）。同时，他杂乱无章地谴责了当时所有的政治和军事领导人，说他们既没有表现出"信念"，也没有"对自己的责任充满信心"。并骄傲地总结道："我是孤独的。""这就是为什么我采取了在我看来必要的行动，以使法国不会放弃战斗。"

到了这个阶段，戴高乐认为有必要让游戏平静下来，消除这个对宪法合法性充满关切的谈判对象的疑虑："这是否意味着，我和我的同僚一直以来都在冒充法国政府？绝非如此。我们站起来，宣布自己就是一个实际上的临时政府，对国民代表负责，并且继续实施第三共和国的法律。"

---

① 即戴高乐。

罗斯福在读到这段话时——如果他读过戴高乐这封信的话——可能会感到些许惊愕。一年前，1941年9月24日，戴高乐在伦敦签署了创建法国全国委员会的法令。诚然，法令的第1条规定，全国委员会是"临时行使公共权力"（在这一点上，英国方面有很大的压力）。接下来的法令内容，确实展现了一幅由一位以"元首"或"总统"名义出现在各地的领导人来护卫国家的前景。法令宣布建立一个"协商会议"，似乎预先确定了这次法国人民的协商目的，是结束全国委员会的临时政府状态。全国委员会通过了《国家条约》和《国际公约》，终于拥有了外交能力。

在整个事件中，全国委员会具有一个真正的临时政府的所有特征，它注定会被正式承认。

最后，在给罗斯福的信中，戴高乐保证会充分承担起从军事到政治的转变："我最初是以军人身份向国家发出宣言的。[……]但我们看到更广泛的责任向我们走来。这就是我们应该如何因势利导，完成法国的精神统一。"戴高乐并不是没有详细介绍过戴高乐派的强烈情绪，他指出，在法国本土，真正的民主人士，比如，莱昂·儒豪（Léon Jouhaux）、莱昂·布鲁姆和爱德华·埃里奥，都是支持戴高乐主义的。全国委员会确实代表了法国，"精神"一词代替了"政治"[6]。

戴高乐低声呼唤大家注意战争结束时可能会威胁到法国的共产主义，如果不与最终的胜利联系起来，法国就会士气低落。与罗斯福的争论是双刃剑，在接近苏联的过程中对他是有利的。

戴高乐的信没有得到回复。那是在北非登陆的两周前，这次登陆是罗斯福跟他的代表、驻阿尔及尔领事罗伯特·墨菲（Robert Murphy）策划了很长时间的行动。在此，有两个基本的关切指导着他。在战略层面上，罗斯福想通过占领北非，直接威胁意大利，钳住西欧。除此之外，在政治层面上，为美国在解放后的法国实施政策构建一个有效的经验领域。这会是个怎样的法国？

关于这一点，德怀特·艾森豪威尔可以说明。他在《欧洲的十字军》一书中指出——那是在1943年1月的卡萨布兰卡会议上——"总统详细询问了关于法国恢复其以前的权力和地位的可能性，并表明他在这一点上是非常悲观的。［……］他继续说道，也许是无意识地，从一个征服者的角度来考虑当地的问题。他说，只要法国人默许美国使用法国基地并逐步更换美国政府不满意的法国官员，那么，向他们提供他们所要求的军事装备是完全符合形势的。"[7]

戴高乐面对的是美国的法律主义和法制主义的力量，而罗斯福的专制主义又进一步加强了这种力量，同时加强了美国在战后处于全面主导地位的愿望。

除此之外，还有罗斯福对戴高乐的个人判断。这集中在三个方面：戴高乐是一个介入政治的军人；他的行为像一个见习独裁者；他是这个必须严格基于军事因素的进程中的一个混乱分子[①]。尽管如此，他也无法认定丘吉尔对他口中"首席女主角"[②]（prima donna）的继续支持是无足轻重的。

罗斯福最初关于放过维希政权的担忧——在1942年11月后有所减弱——是基于三个因素。最初，他认为——尽管对1940年7月10日的行动条款感到震惊——维希政权是依法建立的；贝当元帅长期以来拥有的个人声望；以及对于美国能否远程控制——甚至"远程驾驭"——一个被德国诱惑进行各种形式合作的政权的担

[①] 即战争的进程主要取决于军事因素，而戴高乐却是这其中的一个混乱分子。因为他掺入了政治。
[②] 即恃才傲物、妄自尊大、爱闹脾气的，本意是歌剧里的女主角。

忧。罗斯福在维希的代表,莱希大使,让他更加坚定了他最初的优先选择:优先进行军事行动,拒绝在战争结束时解决法国的政治问题,拒绝把军事问题和政治问题搅和在一起。

换句话说,罗斯福只同意在技术和行动层面上与戴高乐打交道。这导致了美国国务院给英国驻华盛顿大使馆的一份备忘录中所提到的一些做法。这份文件指出:"为了追求共同的战争目标,美国政府将继续在他们各自有效控制的领土上、与自由法国的官员进行现场磋商……因为在自由法国部队控制下的那些法国领土的防御,对美国的防御而言至关重要。"[8]

这是对不进行任何政治介入的"当地政权"(autorités locales)这一理论的实施①。

法国全国委员会的外交事务专员莫里斯·德让在登陆后第二天,即1942年11月27日的一份说明中,对这些观点进行了中肯的分析:"[……]与法国有关的一切,都从属于战争的全局指挥,因此只居于次要地位;华盛顿的领导层,对在解放法国本土之前实现法国的统一并不关心。"[9] 莫里斯·德让继续说:"美国当局会害怕[在重新征服法国领土的那一天]在法国的行动中,在军事层面上与战斗法国并肩作战。"

我们似乎可以对德让的说明进行补充,即北非可以成为罗斯福在解放后的法国实施美国政策的一个经验领域。在这种预期下,他最好是相信那些最终在北非签署停火协议的人,即使这意味着近2000名美国士兵的死亡。

实际上,有三场关于法兰西的战争正在进行:维希的战争;盟

---

① 即美国对于法国,只同意在技术和行动层面上介入,不在政治上介入,充分实现了"当地政权"这个概念。

军在北非的"被保护者"、达尔朗,以及吉罗的战争;戴高乐的自由法国的战争。

对最后提到的这场战争来说,一开始,情况似乎相当暗淡。戴高乐的自由法国被排除在历史进程之外,戴高乐没有被告知行动的准备情况。在超过 6 个月的时间里,他都被拒绝进入阿尔及利亚。他只得让弗朗索瓦·达斯蒂埃·德·拉维格将军去到阿尔及利亚。但这次出访既简短又无用。他反复听到从伦敦传来的政治操作的回声,在这些操作中,他只看到了维希政权的延续。镇压或谴责沉默,影响了阿尔及尔的少数戴高乐主义者。达尔朗上将,紧接着,是吉罗将军,他们都只是寻求确保法国军队的重新武装,并谴责说,所有反对声音都是政治野心在作祟。戴高乐并非不知道,非洲军队——即使并没有完全被吉罗承认,因为它是由魏刚将军建立起来的——绝不会支持他。政府和欧洲的知名人士也都不支持他。

这就是自由法国当时所经历的事情,比起达喀尔之后,戴高乐此时更接近绝望。再一次,他得以逃脱。人们只能对爱德华·斯皮尔斯的话报以苦笑,斯皮尔斯曾这样评价戴高乐:"这个人不知道何为幸福。"

美国现在已经取得了主导地位,并且将不会失去它。戴高乐将军从英国出发,不再有太多期待。11 月 16 日,他在与丘吉尔共进午餐时直截了当地说:"我很难理解你们英国人为什么要如此彻底地拱手让出一项涉及欧洲的事业。"六天后,即 11 月 22 日,与美国人的谈判导致了达尔朗的晋升,不久后,戴高乐宣布自己为最高领导人和所有武装力量的总司令。

戴高乐有哪些资源可供支配?

当然,他仍然有英国的承认,即使是在有限的范围内。面对达尔朗和吉罗,他还有自己的道德立场可以依靠——吉罗背叛了自己对贝当的效忠誓言（他后来放弃了这一效忠）。并且，戴高乐还控制着支持自由法国的领土，除了非洲领土外，他还有太平洋的领土。在军事层面，他对非洲军队的人数没有什么反对意见。1943年初，自由法国部队约有7万人，即非洲军力的五分之一。然而，这些部队刚刚于10月在位于利比亚战争前线的阿拉曼（El-Alamein）① 表现出色，英国军队在那里赢得了他们第一场真正的胜利。海军部队有6000名水兵。而这对战争来说也只是杯水车薪。一直忠于达尔朗的海军，拥有船舰的排水量总共达30万吨——其中只有总排水量为10万吨的船舰在公海上——当然不会团结在戴高乐身边。没过多久，这支海军就于11月27日在土伦港沉没了②。

美国已经对戴高乐表明，这不是一个关于在北非港口让其船舰停靠的问题，因为这些港口对盟国来说至关重要。因此，这些船舰只能到达友好的外围港口。

最后，戴高乐试图在两个层面上发挥作用：外交及内政，尤其是法国内政。

在外交层面上，戴高乐将军使用了一个并不新鲜的弹性技巧，即与苏联签订协议。1941年6月23日，德军入侵苏联的第二天，他在叙利亚时，给苏联驻伦敦大使马伊斯基（Ivan Maïski）发了一

---

① 二战期间，阿拉曼战役的胜利彻底扭转了北非战场的形势。战役发生在埃及的阿拉曼地区。

② 1942年11月11日至19日，达尔朗的舰队进驻土伦港。这支在战争中始终保持中立，始终令达尔朗感到无比骄傲的强大舰队确实是任何野心勃勃的人都想猎获的战利品。当时法国舰队拥有80艘久经历练的现代化战舰及训练有素的海军部队，其中包括"斯特拉斯堡"号和"敦刻尔克"号战列舰。德军急于摘取这颗成熟的果实，于27日对其发起了攻击。但法国舰队在敌人得手之前，自沉毁灭。幸运的是，5艘法国潜艇躲过了这一劫难。

条信息，向马伊斯基保证自由法国将全力支持苏联。1941年的戴高乐与1936年给母亲写信赞成与苏联达成反德协议的戴高乐，是一脉相承的，无论他多么不喜欢苏联的政权。在德苏对抗中，他认为这不是意识形态的冲突，而是民族的冲突。意识形态会过去，而民族是永恒的。从战争一开始，他就看到柏林和莫斯科之间的和睦关系没有前途，很快就会破裂。[10] 1941年9月，在戴高乐和马伊斯基的信件往来中，可以看到，苏联向自由法国迈出了一小步，但没有提到维护法国的领土完整。这是丘吉尔的台词。戴高乐将其视为一种非正式的承认。他有些误解，似乎没想到自己应该为严重的不幸做好准备。

最近出版的《马伊斯基日记》（一本引人入胜的读物）给出了另一种回应。[11]虽然他是一个纯粹的马克思主义者，但这位苏联外交官用社会财富和人际交往能力为自己打开了所有的大门，使自己成为英国政要圈子里享有特权的交谈对象——特别是面对安东尼·艾登时，他经常见到艾登。苏联的参战是其中不小的一个因素。马伊斯基被很好地介绍给了英国领导人，他用与英国领导人非常相似的语言与这些交谈对象交换了对戴高乐的看法。他强调了丘吉尔和戴高乐之间的艰难关系，并附和着戴高乐对丘吉尔的辛辣言论。他清楚地知道，自由法国的领导人是想让苏联跟英国对立起来。

戴高乐对苏联的这种承认的最初范围，没有抱任何过度的幻想，但他在其中看到了平行外交①的可能。当时，英国正处于叙利亚危机之中。然而，戴高乐无法忽视这样一个事实：如果从战后视角来看，这将意味着把法国共产党推上了舞台。但既然法国共产党已经在法国进行了秘密的地下斗争，其在国内抵抗中的作用，就不

---

① 即政府和民间的双轨外交。

能被忽视。然而一年后，在 1942 年 9 月 26 日给罗斯福的信中，戴高乐毫不犹豫地挥舞着有关共产主义威胁的论据，如果全国委员会无法在战争胜利后继续存在，法国就会受到威胁。

1941 年底，一个外交代表团被派往苏联。罗杰·加罗（Roger Garreau）是代表团的负责人，他是一位职业外交官，20 世纪 20 年代曾在法国驻莫斯科大使馆任职。这次出使，是在 1941 年秋天戴高乐派遣了军事代表团之后进行的，这个军事代表团是由佩蒂（Ernest Petit）将军①负责的。这是一个不幸的选择（除非戴高乐有意为之），因为这位将军代表法国共产党（PCF）的程度甚至超过了其代表自由法国的程度。（战后，他将成为法国共产党的"累赘"同志。）1942 年标志着全国委员会与苏联之间关系的深化。

1942 年 1 月，根据苏联和戴高乐达成的协议，一支法国军事部队被派往东线，这使英国大为不满。这份协议于 12 月签署。这个时间并不是巧合；彼时，戴高乐与盟国的关系正处于危机之中。这份协议促成了日后的诺曼底-涅曼航空兵团的建立。此时，戴高乐似乎在等待着斯大林的邀请，邀请他前往莫斯科，但徒劳无获。

这种失望，并没有阻止戴高乐与苏联的关系继续发展下去。1942 年 6 月，戴高乐见到了苏联驻全国委员会的代表博戈莫洛夫（Alexandre Bogomolov）。戴高乐表达了他对盎格鲁-撒克逊人接管法国殖民地的担忧。根据苏联方面的记载，戴高乐考虑了将自由法国转移到莫斯科的可能性。然而，这是一个无法被证实的假设，而且后续也没有任何行动。1942 年 8 月 26 日，苏联正式承认全国委员会。

---

① 恩内斯特·佩蒂（Ernest-Émile Petit）（1888~1971）是法国共产党。

第六章 从北非登陆到临时政府：戴高乐赢得了将军们

丘吉尔阻碍他，罗斯福无视他，而斯大林持观望态度且全神贯注于自己领土上的军事形势，不过，戴高乐还有一张王牌：他得到了法国国内抵抗运动的认可，在北非登陆时，法国国内抵抗运动的力量已经很强大了。

这里只能提到法国国内抵抗运动及其与戴高乐的第一次接触。

法国国内抵抗运动在 6 月 18 日之后全副武装，当时只是一个金色传奇①。除了几乎没有收到任何反响外，戴高乐的第一次呼吁②只针对非常有限的潜在受众；之后，他转向"在英国境内或可能在英国境内的法国军官和士兵"。虽然 6 月 19 日和 22 日的呼吁针对的受众范围更广，是针对"每一个仍有武器"、且有"继续抵抗的绝对责任的法国人"，但在戴高乐眼中，呼吁似乎并不针对被征服的法国领土。这些呼吁被士兵们口耳相传。他呼吁士兵们前往伦敦，以组成一支战斗军团，来辅助英国军队。

对此，有必要补充三点。首先，戴高乐被战斗之短暂以及贝当元帅最开始的言论所震撼，不相信法国有可能会迅速光复。其次，他所受的传统教育和他的军官身份，使他很难去理解在没有编制、没有等级的组织形式下进行任何战斗。最后，戴高乐担心一个纷乱繁杂的抵抗组织会被外国势力引导操纵，进而从外国势力那里获得指示、武器和金钱。

因为在法国，抵抗运动的战士很早就出现了，他们首先是作为个体，然后是作为或多或少知情的消息网中的一分子，比如埃德蒙·米什莱（Edmond Michelet）、克里斯蒂安·皮诺（Christian

---

① 《金色传奇》是除《圣经》之外在中世纪欧洲流传最广的作品。这是一部讲述"何为'神圣'"、"何至'神圣'"，以及"'神圣者'何为"的传奇故事集。此处意味着，法国抵抗运动当时还只是一个传说般的存在。
② 指六一八宣言。

Pineau)、亨利·弗雷内（Henri Frenay）。

然而，戴高乐不能忽视法国国内的思想演变。早在 1940 年 6 月，在由来自挪威的军官（其中一些人加入了戴高乐的阵营，尽管人数不多）组成的参谋部框架内，设立了第二局，委托德瓦夫林上尉（帕西）负责，以便拥有一个能够在法国采取行动的情报部门。这是中央情报和军事行动局（BCRAM）的核心，BCRAM 在 1942 年变成了 BCRA，由五个部门组成。其中，第三科是军事行动（A/M）科，负责在法国的军事行动计划。

1940 年夏秋之交，第一批考察团出发了，考察团成员包括吉尔伯特·雷诺（雷米）、莫里斯·杜克洛（Maurice Duclos）（圣雅克）和皮埃尔·福尔考（巴尔贝斯）。经过探索性的接触（在某些维希部门的各种友好推动下），他们促成了第一批自由法国网络的建立，如雷米的圣母院联络网。在英国人的帮助下，第一批秘密据点在 1941 年的最初几个月建立起来了。正是在这些据点，自由法国的代表和来自法国国内的抵抗运动战士进行了第一次会晤。他们也会出现误解和争斗，起初，自由法国的成员和一个个抵抗运动战士建立了联系，这消弭了误解和争斗。

误解是随着抵抗运动的产生而产生的，这些运动在组织上更为复杂，在目标上更加雄心勃勃，更加关注其独立性。在 1942 年 11 月之前，由于没有敌人，而且，由于维希部门的某种被动性——至少在最开始时是这样，法国南部地区的抵抗运动，包括战斗组织、解放组织和法国游击队组织，高度重视政治和思想宣传，反抗当局，并在南部地区大受欢迎。除了情报战，他们还发动了一场意识形态的斗争。在精力充沛、能力出众的领导人［亨利·弗雷内、埃马纽埃尔·达斯蒂埃·德·拉维格、让·皮埃尔·莱维（Jean-Pierre Lévy）］的领导下，他们几乎没有对自由法国的领导人表现

第六章 从北非登陆到临时政府：戴高乐赢得了将军们

出坚决的效忠。然而戴高乐希望在法国只看到战斗人员，即自由法国领导的斗争的参与者。

身处伦敦的戴高乐对于法国本土的抵抗有怎样的设想呢？

他的这种设想，是一种行动思想、一种观察和一种恐惧的三重反映。由于军事-政治事件命令他采取行动，并赋予他历史使命，因此戴高乐指挥着各地的战斗人员；戴高乐对他们没有任何特别的感激之情，他们单纯就是作为士兵来服役。因此，随后他指出，抵抗运动的各种行动，包括军事和政治、情报和宣传，应该由同一个人来领导："不然，行动就会极度分散。"最后，戴高乐担心纷繁复杂的抵抗组织会被人诱导，接受外国（当然是盎格鲁-撒克逊）的命令。这最后的担心是有根据的。英国人在法国有自己的情报和行动部门，即特别行动局（SOE），它以自己的名义行事，此外，它还雇用了许多法国特工，这让自由法国大为光火。由玛丽-马德莱娜·福卡德（Marie-Madeleine Fourcade）领导的联盟（Alliance）[①]，隶属英国机构。在伯尔尼，有一个由美国人艾伦·杜勒斯（Allen Dulles）领导的、OSS（战略事务办公室）的欧洲分部。

就物质资源而言，自由法国远远不能满足各种运动和组织的需要。

1942年初，BCRA[②]的成立，代表了一种强大的手段。它通过在时间和空间上调度它认为合适的援助，对非常依赖其资源的运动施加压力。此后不久，BCRA通过直接接受内政委员会的命令，在政治层面上扩大了其对抵抗组织的权力。法国全国委员会的成立，标志着自由法国和法国国内抵抗运动之间的关系出现了决定性的转

[①] 玛丽-马德莱娜·福卡德领导的联盟（Alliance）是法国抵抗组织的一个组成部分。

[②] 反间谍、情报和行动处。

折点。全国委员会作为一个真正意义上的政府（以戴高乐为首）在运作。有关法国未来的全局问题，是在与国家统一的必要性紧密交织的情况下被提出来的。

与国内抵抗运动的辩论，因政治力量逐步团结到戴高乐身边而变得复杂，这种力量集结直到1942年才出现。起初，这些政治力量因战争和战败而瓦解；各种因素使它们又重新聚集到了一起：抵抗运动的迅速政治化，法国共产党的复活，旧的政治组织的逐渐重组。1942年底，共产党是唯一在伦敦没有代表的组织。直到 1943 年 1 月，费尔南·格雷尼耶（Fernand Grenier）才作为代表来到伦敦。社会主义党人数众多，但他们在 1943 年春天才形成一个议会团体［安德烈·菲利普、费利克斯·古安（Félix Gouin）、皮埃尔·布洛赫、丹尼尔·迈尔（Daniel Mayer）］。这个团体中，仍有一些激进分子，如亨利·奎耶（Henri Queuille）和皮埃尔·孟戴斯·弗朗斯（Pierre Mendès France）。1942 年 11 月 15 日，费利克斯·古安给被关押在布尔索尔的莱昂·布鲁姆发出的报告，在社会主义党支持自由法国方面，发挥了重要作用。在漫长而中肯的分析的最后，他得出结论，鉴于自由法国运动的民主演变，承认它，是必要的。

与此同时，戴高乐还参与了一些活动，以使他的自由法国运动得到承认，以及争取法国在战争结束后的权利。然而，在 1942 年底，尽管全国委员会事实上得到了英国的承认，但它还没有能够与罗斯福建立真正意义上的关系，因为罗斯福只信任地方当局。为了解除罗斯福的敌意并使他相信自己事业的民主性，戴高乐需要一个站在他背后支持他的国家。他首先要让国内抵抗运动接受各个党派，把他们联合起来，组成一个共同的组织，进行联合行动。这是一个履行双重职责的机会，尤其是，负责统一国内各种抵抗运动的任务，落到了戴高乐身上。

戴高乐已经来到了他的斗争的第三阶段。一开始,他呼吁大家继续进行战争努力;接着,他争取盟国承认自由法国;从现在开始,他要为法国在战争中团结一致而努力了。这就是戴高乐于1942年6月23日向法国国内抵抗组织发出的公报的含义。这同时也是对深刻重建法国的呼吁,是对法国新未来的描绘。公报的开篇,是一句堪比古代名言的话:"一个事关道德、社会、政治、经济的政权,在极度的自我麻痹后,战败了,并放弃战斗了。而另一个政权①,是在充满罪孽的投降中脱颖而出,高度颂扬个人崇拜。"[12] 一下子,两个政权被处决了:第三共和国的政权,在战争中无能为力,屈服于敌人,因而罪孽深重;维希的政权,是在个人崇拜和敌人帮凶的基础上建立起来的,其领导人必须承担责任。这是对新共和国的呼唤,也是与即将到来的历史相约,建立一个将决定国家未来的国民议会(Assemblée nationale)。

这种充满信仰的工作,是一个致力于维护并恢复共和国的领导人提出的,针对的是那些可能仍然怀疑他的共和主义,并在他身上只看到个人崇拜化身的人。

1958年5月19日,戴高乐在回答一位向他提问的记者时说:"曾经有一段时间,共和国被抛弃了,被各方背叛了。所以,我恢复了它的武装,它的法律,它的名字。我去战斗,是为了获取法国的胜利,而我达成和解,也是为了共和国的胜利。"[13]

这里有必要仔细研究一下戴高乐与共和国和民主的关系。[14]

直到1941年底,戴高乐将军的演讲,都是以单独向法国发出呼吁结尾的:"法国与我们同在"。在英国广播公司(BBC),广播前他说了那句著名的"荣誉与祖国"。从1942年起,对共和国的

---

① 即,因为贝当的威望而建立。

影射越来越多,也越来越直接,直到1943年2月9日的电文,其中充分体现了对共和国合法性的承认:"在战斗法国①,我们都相信共和政体是唯一合法的政体。"15

在佩吉之后,戴高乐首先是被一种个人化的民族主义所占据,即国家为民族服务。作为一名军人,他也是通过沉思军事历史而成长的。他虽然倾向于传统的天主教,但并不抗拒共和政体。莫拉斯主义,作为一个思想严谨的学派,从来不是他的政治信条。在穆尼耶和马里坦的天主教思想现代思潮大行其道的20世纪30年代,他更倾向于基督教民主党运动。

在1940年的时候,戴高乐,如果没有被任何共和主义的神秘感所驱使的话,就不能被说成是反共和主义或非共和主义的。法国将永远需要它的所有儿子。6月18日的宣言,在这里找到了它的全部意义。这不是共和主义捍卫者的条件反射,而是一种爱国主义的涌动。这次失败,使他开始反对被认为太弱的机构,而不是反对共和国本身:"最终,国家的这种毁灭会是民族悲剧的核心。"比起莫拉斯,他更接近于《国家的力量》背后的安德烈·塔迪欧(André Tardieu)。

然而,这项事业很快就牵扯到了更多政治和意识形态层面的内容。这有几个原因:对维希的反对,导致戴高乐反对这个压制了"共和形式政体"的政权;当着抵抗组织的面,表明了自由法国为民主而战的性质;他的同僚,特别是促成某些志愿军集结的同僚[勒内·卡森、亨利·豪克(Henri Hauck)、乔治·鲍里斯]的影响;最后,需要让法国国内抵抗运动和政治力量来帮助自己成为代表。

---

① 1942年6月,"自由法国"更名为"战斗法国"。

第六章 从北非登陆到临时政府：戴高乐赢得了将军们

在呼吁将抵抗运动统一起来这方面，全国委员会得益于它的先发优势，得益于它已经是一支能够发挥统一作用的强大力量。

有一个因素将发挥决定性的作用。即，他担心共产党会发挥太重要的作用。戴高乐对此解释说："在民族战争中，他们将以勇气和智慧参与其中，他们无疑积极响应了祖国的号召，但他们是一支革命的军队，永远不要忘记他们要通过法国的悲剧建立他们的独裁统治这一目标。［……］我希望他们能为打败敌人而服务，没有什么力量是不应该被利用的。"

大量共产党人加入了抵抗运动，再加上政治力量逐步向戴高乐集结，这成了一些人强烈反对戴高乐的根源。这些反对意见在戴高乐提出建立一个组织以使抵抗运动有代表性质时，达到了巅峰。这样一个组织，可以通过一个包括了各政党在内的代表制，来获得真正的合法性。这预示了全国抵抗委员会的成立——1943 年 5 月，全国抵抗委员会成立。让我们把发言权交给战斗运动的创始人和领导人亨利·弗雷内，他记录了 1942 年 11 月 16 日在伦敦萨沃伊酒店与戴高乐的会面。这是一个对让·穆兰（Jean Moulin）作为统一者的角色持强烈反对意见的运动领袖。

在戴高乐概述了想建立一个代表机构的计划后，他表达了对旧的政治形式，尤其是对这个计划中的机构的反对：

> "我们所说的这个机构，由于它认为自己有代表性质，会感到有责任对所有问题采取立场。然而，无论是在法国国内还是在这里，大家都会不可避免地持有各种不同的观点。我们怎么能不担心这些分歧会导致抗议、甚至是冲突呢？"

"好吧，"戴高乐说，"我们会试着来处理的。"

"如果不成功，我们就会陷入僵局，"我说。

"不，因为我会下达命令。"

最后：

"好吧，沙尔维［弗雷内的代号］，法国将在你和我之间做出选择。"[16]

这是问题的核心所在：对戴高乐来说，战争胜利了，战后时期正在形成。而作为两个抵抗运动的领导人，他的使命不会随着战争的结束而结束。诚然，他曾在多个场合表示，致力于在战争结束后给人民一个发言权。

事实是，在阿尔及利亚争端开始的时候，戴高乐和他的运动要想获得盟国，特别是美国的政治承认，还有很多事情要做。

阿尔及尔的等分线：一个孤单的领导人

"在动荡中，我努力做到不动摇。这是由理性决定的，也是由个性决定的。因为在我看来，在阿尔及尔建立起来的系统，太过矫揉造作，无论它从外部获得何种支持，都无法长期抵御事件的冲击。"[17]近15年后，戴高乐在他的回忆录中这样说道。

然而，今天没人不知道他当时感受到的震惊有多强烈。他与阿尔及尔的联系被切断了，BBC禁止他进行广播，尤其是，他在12月7日的广播被拒绝了，因为他在广播中说："法兰西民族不接受有四分之一的人［这个说法充满了憧憬①］投降、通敌、窃国，无法接受那些利用、滥用别人的纪律来对付解放者，而现在又假装这

---

① 即事实上可能会多于四分之一的人投降、通敌、窃国。

么做是为了荣誉和责任的人①。"对美国舆论反应敏感的罗斯福总统,在1942年11月17日的声明中,明确对他最初的支持进行了限定,将达尔朗解决方案描述为"临时的权宜之计"。但这并不足以让戴高乐放心。而达尔朗-吉罗的小团体,似乎有能力巩固盟国建立的"体系",戴高乐将军指出,盟国"不会为叛徒洗白,但可能会玷污了正直士兵的声誉"[18]。

就在这时,一个戏剧性的事件发生了:1942年12月24日,费尔南·邦尼尔·德·拉夏贝尔谋杀了达尔朗上将。

达尔朗是因为一份重要文件被曝光而遭杀害——这个假设不大可能,除此之外,委托进行这一政治暗杀之人的身份,将永远无从知晓。被安在海军上将头上的"合约",跟阿尔及尔的各种组织、团体、派别一样,多不胜数。这不禁让人想起阿加莎·克里斯蒂的《东方快车谋杀案》,讲的就是一场集体犯罪,而非任何谋杀者独自完成的犯罪。人们将此归咎于戴高乐主义的策划者——他们已经这样做了,但是,他们失败了,因为戴高乐并没有立即从中受益——他把吉罗推到了最前面。攻击戴高乐,比攻击达尔朗要困难得多。真实的情况是,这次暗杀有可能是任何人干的,除了把达尔朗扶上马的美国人。

然而,戴高乐急于趁热打铁,早在12月25日,他就邀请吉罗会面。在戴高乐发给吉罗的电报中——后面还有三封——提到了"没有国家权力机构"的后果,他建议吉罗尽快与他会面,以"将

---

① 指维希政府。根据德国的指令来对付法国的抵抗人士,又以此来博得荣誉、彰显责任感。他之后的演讲内容是"这些人因为在对外战争中失败、感觉受到了谴责,而认为可以通过制造内战来免受惩罚,法兰西民族绝不允许这种事情发生……希特勒希望这是一场'腐坏我们的战争';法兰西民族决不允许我们的解放斗争被腐坏"。

法国境内外的所有法国军队集中在一个中央权力机构之下"。而吉罗则礼貌地拒绝了。

但是，在离阿尔及尔一千五百多公里的地方，由于在当地没有任何关系，戴高乐发现自己无法进行任何行动了。而在阿尔及尔，他只有少数具备一定影响力的支持者，如勒内·卡皮坦（René Capitant）、路易·约克西（Louis Joxe）。阿尔及尔的真空很快被填补。12月26日的会议上，达尔朗创建的帝国委员会（Conseil impérial）（其中包括戴高乐的两个死敌诺奎斯和布瓦松）决定由吉罗将军成为达尔朗的继任者，并给予了他"内政和军事总司令"这一罕见的称号。应该指出的是，吉罗并不想扮演政治领袖的角色。而戴高乐恰巧一直把他看作一个军人。于是，这就出现了一个可以让戴高乐入场的缺陷：他假装认为吉罗对政治不感兴趣，坚持认为迫切需要建立一个"临时中央政权"，而他在第一时间就把自己想象成了这个政权的首脑。这两位将军是对立的。吉罗，在美国援助的支持下，在其所掌握的非洲军队的帮助下，拒绝涉猎政治层面，而戴高乐，在有限的军事资源下，只有一个办法，那就是在已经成为一个大战区的战略要地上、深度参与政治。

鉴于吉罗拒绝加入自己的阵营，被英国人粗鲁对待、被美国忽视的戴高乐，别无选择，只能低头离开。而这恰恰是在自由法国部队取得伟大军事胜利的时候。年轻的勒克莱尔将军是自由法国非洲部队的总司令，他征服了利比亚中部的费赞，并在的黎波里与英国部队会合。这次行动于1942年11月开始，并于1943年1月13日以夺取穆尔祖克哨所圆满结束，这是一次纯粹的法国人的行动，由3000名法国军人组成的部队发起的。戴高乐向勒克莱尔下达了"坚决、直接地拒绝英国对该地区任何形式干预"的命令。但北非并不近！事实上，费赞与附近的马达加斯加、留尼汪和吉布提，合

第六章 从北非登陆到临时政府：戴高乐赢得了将军们

并到了一起；这提升了战斗法国的实力，并扩大了战斗法国的控制区域。

戴高乐和吉罗不可能达成妥协。因为他们四面楚歌。在吉罗看来，法国的军事努力，是为盟军取得最后胜利而做的一份贡献。而戴高乐认为，这必须是战斗法国的战争，从而使整个法国的主权获得承认。吉罗是一个传统的右派，受到了戴高乐的抵制，而戴高乐在共产党的影响下，在抵抗运动的发展过程中，逐渐倾向于后者，于是，成了一个左派。1943年1月，法国共产党向伦敦派出了一名代表费尔南·格雷尼耶。最后，两个个性鲜明的人发生了冲突。对吉罗来说，戴高乐——吉罗坚持叫他"戴高乐"——仍然只是他当时在梅斯的下属，一位平平无奇的上校。他只把戴高乐看作一位骄傲自大的师级军官，需要恢复纪律意识。而戴高乐早已越过了军阶等级，把自己置于任何等级制度之外，将自己视为整个法国的化身。这两个人唯一的共同点是，他们都有几个家庭成员是抵抗运动的战士——已经或即将被德国人逮捕。

年长11岁的吉罗，在1940年率领第9军被俘，他杂技般地从关押他的科尼格施泰因要塞逃出，从而备受赞誉。在戴高乐的眼中，吉罗只能代表美国人的利益。吉罗不是在圣马克西姆（Sainte-Maxime）离开法国本土，登上一艘英国潜艇，在盟军登陆北非的前几天到达直布罗陀吗？在那里，吉罗与艾森豪威尔将军进行了会谈，吉罗希望——错误地——从艾森豪威尔那里获得北非和法国本土的所有盟军的指挥权。

因此，只有他们其中一个退出，两人才能达成妥协。这将会是吉罗，因为他面对着一个有两个优势的对手。首先，他的对手在对抗和战斗方面经验丰富，甚至在1939年之前和1940年以来都是如此。第二，他的对手是提出将战争与政治合二为一的理论，并将此理论真正用于实践的高手。因此,对于吉罗,戴高乐不得不在 1943 年宣布:"我们正在参与战争,这也是一场政治。如果战争是一场政治,那么军队就应是其关键手段。"

然而,在达尔朗死后五个月,戴高乐才得以踏上阿尔及利亚的土地。而在近一年前,他得以独自一人担任 1943 年 6 月发起的法国民族解放委员会(CFLN)的负责人①。

《信件、笔记和笔记本》中有关这一时期的内容给人的印象是,他那时是急躁的——甚至是狂热的——但同时又是退缩的、犹豫的和唐突的,这说明他当时很矛盾。

后来,在《战争回忆录》中,他说他相信时间在他这边。因此,读者可以确信,他正在坚定地向权力巅峰迈进。他当时感觉,还远不是可以放松下来的时候。他在 1943 年 6 月 2 日(他终于抵达了阿尔及利亚!)发给伦敦国民议会成员的电报更加准确:"阿尔及尔事件现在正呈现出一种暗潮涌动的样子。我们正处于一场悲喜交集的局势中。但结果可能会是很糟糕的。"[19]

但就当前情势来看,被困在英国的他,似乎正生活在一种新的囚禁中。他很不耐烦,责骂着,嘲弄着,他嘲弄他周围的每个人,不是怀疑这个人懒惰,就是怀疑那个人笨拙。

与此同时,他的对手,在美国的帮助下,主持北非军队进行了重新武装,并希望在德国主动出击突尼斯时获得对德战争的首次胜利,从而扬名立威。

戴高乐震惊地看到,罗斯福把让·莫内从华盛顿派来给吉罗,

---

① 1943 年 6 月,戴高乐抵达法属北非首府阿尔及尔,与美国支持的吉罗将军共同担任新成立的法兰西民族解放委员会主席。7 月,他迫使吉罗将军专任法国部队总司令,得以单独主持法兰西全国解放委员会工作。秋天,他彻底清除了吉罗。

第六章 从北非登陆到临时政府：戴高乐赢得了将军们　177

而莫内在 1940 年 6 月曾建议戴高乐不要开展个人事业。莫内并非不知道，1942 年 11 月以后，在阿尔及尔加入吉罗的高级官员，例如莫里斯·库夫·德·穆尔维尔（Maurice Couve de Murville），逐渐集结到了戴高乐这边。而最重要的是，美国在局势中处于主导地位。

戴高乐也不得不吞下安法的毒蛇①。盟国的决定，终于真正落下了帷幕。这场戏，分为四个阶段。

第一阶段：丘吉尔于 1943 年 1 月 17 日邀请戴高乐会见吉罗将军。

第二阶段：戴高乐愤然拒绝，他认为会面的必要条件没有得到满足。

第三阶段：艾登（Eden）发来威胁信："邀请你的不只有丘吉尔，还有罗斯福。[……] 你睁大眼睛看看，如果你拒绝这个难得的机会，无疑会对战斗法国运动的未来，带来严重后果。"[20]

第四阶段，经过两天的犹豫，戴高乐让步了："你和罗斯福，"他在 1 月 21 日写给丘吉尔，"在我不知道具体内容的情况下，邀请我。然而 [……] 战争的总体形势和法国暂时所处的状态，不允许我拒绝会见美利坚合众国总统和大不列颠陛下的首相。"[21]

在大力推动戴高乐接受"邀请"的卡特鲁将军和蒂埃里·德·阿根利乌海军上将的陪同下，戴高乐于 1943 年 1 月 22 日抵达卡

---

① 吞下毒蛇，为法国俗语，即不得不接受一个屈辱的事情，吞下苦果，吃了哑巴亏。安法会议，即卡萨布兰卡会议，1943 年 1 月 14~24 日在法属摩洛哥的卡萨布兰卡的安法酒店举行，欧洲的盟国在此商议了二战下一阶段的战略，提出了《卡萨布兰卡宣言》，宣布战争到轴心国"无条件投降"为止。主要参与者是罗斯福、丘吉尔，戴高乐、吉罗也参与了，但角色较小，斯大林没有参加。丘吉尔说服罗斯福，让戴高乐参加卡萨布兰卡会议，而罗斯福则认为吉罗将军代表法国出席会议更合适。戴高乐对此大为不满，因为吉罗将军和法国维希政府保持联系。为此，丘吉尔做了大量工作，说服了戴高乐，得意地对罗斯福说："我把新娘请到了。"最终，吉罗与戴高乐都出席了会议。

萨布兰卡，随后于 25 日离开。

在安法——卡萨布兰卡的一个郊区——举行的这场会面，是在二战一场重要会议的框架下、由美国主导进行的，一个纯粹的法国人与法国人之间的插曲。戴高乐是否确信吉罗没有政治野心而对他完全放心了？美国代表罗伯特·墨菲说他确信这一点，戴高乐用淡淡一笑反驳说："这种野心会以意想不到的方式诞生并发展。我就是这样一个例子。"

我们知道，他在《战争回忆录》中非常夸张地报告了抵达摩洛哥机场时的情景，说机场没有军队致敬，而且，还有摩洛哥哨兵把守。他上了一辆车窗很脏的美国汽车。"简而言之，就是囚禁。"

第一次见到吉罗时，戴高乐就火力全开："什么？"我对他说，"我已经四次向你提出会面了，而如今却要在这个钢丝围栏里，在一群陌生人中，和你见面？难道你不觉得，从国家的角度来看，这是可憎的吗？"[22]

面对着展示出了全部魅力的罗斯福，戴高乐不得不听从于他：战争主要是美国在主导，和平将属于美国。他的计划是，委托吉罗指挥所有的军事力量——战斗法国的军队和非洲军队——但这并不意味着戴高乐拥有政治权力。

与吉罗的第二次会面是一次聋子的对话①。吉罗接受了美国的计划，他主持并与戴高乐——为此被晋升为将军的戴高乐——和乔治将军组成三人委员会。对戴高乐来说，这是不可接受的。他的计划是：他，戴高乐，领导一个战争政府，吉罗从这个政府那里，接受解放部队的指挥权。戴高乐坚持对他说："战争，是政治"，这对吉罗来说是不可接受的。

---

① 即二人只顾表述己见，而对对方观点充耳不闻。

在丘吉尔与戴高乐进行了最后一次暴风雨般的谈话之后,他们在完全误解彼此的基础上分道扬镳,而这种误解被一份没有对任何人做出承诺的公报所掩盖。然而,戴高乐无法摆脱这张合影,在照片中,可以看到他——带着傲慢和疏远的气息——与吉罗握手。

对罗斯福来说,戴高乐是罗斯福和丘吉尔想要用来与吉罗配对的"新娘",两人都被描述为"首席女主角"(prima donna)。

一切都保持原样。吉罗仍然留在原地,他的同僚中有1940~1941年维希的内政部长佩鲁顿(Marcel Peyrouton)。戴高乐回到了伦敦和他的全国委员会。然而,伦敦和阿尔及尔之间,建立了一种微妙的联系,卡特鲁在阿尔及尔代表戴高乐,在伦敦代表德·利纳雷斯·吉罗上校。

戴高乐将军以顽强的毅力编织着他的网络,虽然偶尔会不耐烦,他在发给卡特鲁的电报中,说卡特鲁是一个"妥协之人"。作为灵活战术的支持者,卡特鲁不应该受到这种指责。他认为自己与其说是戴高乐的下属,不如说是戴高乐的同僚与伙伴。

从这一刻起,戴高乐派要掌握主动权。他们的共同点是,不断谴责吉罗及其团队的"维希主义"。在戴高乐的努力下,罗斯福终于给予了支持。罗斯福派让·莫内到北非担任顾问。莫内最初的任务是:用从美国租借(prêt-bail)① 的装备,重新建立一支法国军队。这支军队的最高层,既不服从戴高乐也不服从吉罗,而是由美国人指挥。1943年2月底到达阿尔及尔,莫内试图在戴高乐和吉罗之间达成妥协,随后,他注意到,权力平衡正在向戴高乐倾斜。

---

① 此处指美国的租借法案。租借政策,是指美国免费或有偿提供给法国、英国、中华民国以及后来的苏联和其他同盟国粮食、军事物资以及1941年至1945年期间的武器装备。该政策于1941年3月11日签署成为法律,并于1945年9月结束。大部分时候,援助是免费的,只有一些物资如船只,在战后需被归还。

有两个因素对莫内是有利的。首先,是海军和北非军队中的叛逃运动。毋庸置疑,宣传发挥了很大作用,但毫无疑问,这是年轻新兵对另一番前景的渴望。在这方面,2月16日抵达纽约进行维修的、载有3000名士兵的黎塞留号战舰上的"叛逃"运动,产生了巨大反响。第二个因素,是戴高乐的国内抵抗运动支持者越来越多。法国共产党完全被盖过了风头。费尔南·格雷尼耶于1943年1月11日抵达伦敦,第二天就发表了一份公报,宣布法国共产党将支持戴高乐将军。这种支持引发了一些骚动,获得抵抗组织的支持,就成了迫切的需求。1943年5月15日,戴高乐得知,让·穆兰的努力,带来了法国全国抵抗运动委员会的成立。

同时,在让·莫内的影响下,吉罗从一个让步走向另一个让步。1943年3月14日,他在一次演讲中宣布,要重建共和国的法律,并建立一支统一的法国军队来对抗德国,无论这些军人是来自阿尔及利亚还是利比亚。最后,他谈到了"法国人的团结"。鉴于在戴高乐的方向上走了这么多步,吉罗向身边的人进行了自我辩护。

随后,吉罗逐渐清除了维希的痕迹:暂停了维希法律;废除反犹太措施——尽管是零散的,且没有恢复1870年给予阿尔及利亚犹太人法国公民身份的《克雷米厄法令》;释放被拘留者。这一讲话是对全国委员会早在2月23日的一份备忘录的回应。戴高乐的两头"黑兽"[①]——布瓦松和诺奎斯的职务被终止。

4月底,双方达成了一项脆弱的协议:建立一个由吉罗和戴高乐轮流担任总统的二元政权。这为戴高乐来到阿尔及尔开辟了道路。突尼斯战役的大捷,是一个重要因素。

---

① 法国俗语,即讨厌的人或事。

第六章 从北非登陆到临时政府：戴高乐赢得了将军们

在对北非适用的停战条件被终止时，整个地区共拥有127000名军人。这股势力悄悄地在某种程度上得到了加强。但这支"军队"的装备和材料，完全不适合现代战争。特别是，在运输和传输手段以及物流方面存在巨大的不足。换句话说，在1942年11月，陆军司令朱安将军只有一些少得可怜的资源，集中用在五个师身上。但随着勒克莱尔的加入，这场战斗将成为库夫拉（Koufra）和比尔·哈基姆（Bir Hakeim）战斗的延续。这样，法国军队将重新获得团结，尽管在政治层面上，还没有任何问题得到解决。

与35万英美士兵一起，非洲军队的7.5万人、来自费赞的勒克莱尔纵队的3500人和德·拉米纳（Edgard de Larminat）将军装备简陋的自由法国的8000人部队，加入了突尼斯战役。1943年5月20日，吉罗将军参加了在突尼斯举行的胜利游行。不过，这也标志着法国成功地再次参战了。

在经历了一系列绊脚石之后——无论是吉罗还是戴高乐，都担心会有陷阱——戴高乐抵达阿尔及尔的日期定在了5月30日。戴高乐特别反对吉罗的建议，即在战争结束时，诉诸1870年的《特雷韦纳克法》①：在情况允许进行正常选举之前，召开总委员会，指定一个临时政府。这是为了防止戴高乐在解放时获得权力，并试图遵循罗斯福的路线。

1943年6月8日，戴高乐决定接受与吉罗共同担任法国民族解放委员会（CFLN）主席的建议。戴高乐指出，吉罗的背后是保

---

① 《特雷韦纳克法》（Loi Tréveneuc），第三共和国的过渡时期法律，正式名称是《1872年2月25日关于部门会议在特殊情况下可能发挥的作用的宪法法律》。其中，承认了1870年战争的事件，因此希望防止它们重演，或防止内战阻止议会开会。

证其权力的美国人。在 1943 年 6 月 24 日给妻子的信中，他写道："在这里，我发现自己面对的是美国，而且是独自面对。美国声称要坚决维护吉罗［……］。同时，正如你所看到的，所有受雇于国务院以及可怜的丘吉尔的爬行动物①，争先恐后地在盎格鲁-撒克逊的报刊上鬼哭狼嚎。"[23]

罗斯福接见摩洛哥苏丹，这对戴高乐来说是不能接受的，更不用说美国对解放区，包括法国的军事占领计划了［即盟国军政府（AMGOT）②］。

戴高乐了解到，一位美国顾问提出了由戴高乐指挥一个坦克中队的建议。而罗斯福本人为他开出的邀请，也不过是马达加斯加的总督一职。1943 年 6 月 19 日，艾森豪威尔将军代表美国和英国政府，要求不改变北非的指挥部。戴高乐在 6 月 22 日对此进行了回应：法国民族解放委员会成立了一个由他本人主持的常设军事委员会。

这些紧张关系，导致丘吉尔遭遇新的严重危机，他不能承受与罗斯福的任何紧张关系。这时，英国已经破产了。这种情况已经有一段时间没出现了。丘吉尔在他的回忆录中说，到 1940 年冬天，英国已经耗尽了它的财政资源，在美国只有 20 亿英镑的资产，而这是它无法使用的资源。1943 年 6 月底，丘吉尔要求外交部准备一份关于英国政府和戴高乐将军之间现有关系的总结。这份文件是在 1943 年 5 月的经济大危机之后发布的。在华盛顿时，丘吉尔要求其在伦敦的同事考虑干脆从政治上消灭戴高乐将军。丘吉尔看到外交部的报告后，把它撕掉了，因为它对戴高乐太有利了；丘吉尔

---

① 即卑鄙小人，卑躬屈膝之人。
② 盟军占领区的盟军政府。简称，盟国军政府。

又写了一份报告,设想要把戴高乐消灭掉。[24]

于是,丘吉尔要求不承认 1940 年 8 月双方交换的信件,并在伦敦成立了一个由爱德华·埃里奥、亚历克西·勒格和吉罗组成的法国委员会,且不包含戴高乐。丘吉尔最终没能做这样的事情。因为他的政府不会在这个方向上跟随他。然而,几天来,这种狂热的冲动,导致英国资金的撤出和英国报刊"进入战备状态",包括伦敦和外省的报刊,1943 年 7 月 17 日,一系列对戴高乐非常敌视的文章,纷纷见诸报端。法国委员会的伦敦代表皮埃尔·维诺(Pierre Viénot)的一份未发表的说明透露了这一点。[25]

固执,以及来自法国的支持,使戴高乐获得了第一个满意的结果:1943 年 8 月 26 日,盟国在不同级别的权限上,承认了法国民族解放委员会(CFLN),其中,美国人的不信任是可以看出来的。虽然英国人和美国人都把法国民族解放委员会看作"承认其权威的法国海外领土的管理机构",但英国人补充说,法国民族解放委员会是在战争中领导法国的"合法机构"。至于苏维埃,则把它当作是"法兰西共和国利益的代表和法国抵抗战士的领导机构",这是更进了一步。

依照对自己扮演的主要是军事角色的认知(但戴高乐不是称他为"战场上的将军"吗),吉罗遗憾地在 1943 年夏天离开阿尔及尔,前往美国和伦敦进行长途旅行。如果他想要解决法国军队的装备和武装问题,他就得任由戴高乐指挥的法国民族解放委员会强调双重的、矛盾的总统职位带来的不便。1943 年 8 月 29 日,为了进一步强调这种不一致性,戴高乐写了一份关于解放阵线运作缺陷的说明:"解放委员会不构成一个整体,这是事实。[……]实际上,它包括两个明显独立的权力中心。"而且他强调,"中央权力的行使,无法对军事行动进行任何真正的控制,这不符合政府的原则"。[26]

有一个事件让戴高乐将局势戏剧化,并让权力向他这边倾斜了。1943 年 9 月 9 日,科西嘉岛利用意大利投降的机会,解放了自己,并宣布向法国民族解放委员会集结。吉罗将军的情报部门为这次行动提供了便利,他们与岛上的抵抗战士,尤其是共产党人,取得了联系。戴高乐向吉罗抱怨说,吉罗对法国民族解放委员会的有意疏远,让共产党领导人拥有了科西嘉岛的"垄断权"。戴高乐利用这种情况,在社会主义者的支持下,提醒法国民族解放委员会的成员,共产党接管该岛的市政当局不能预示法国大陆将会发生的情况。这是他攻击吉罗军队的一个机会,吉罗军队对整个北非保持着包围状态,"从司法、警察、入境、出境、人员流动、征用、新闻、广播和通信审查的角度看,军事当局拥有了实质意义上的独裁权力。此外,这些部门雇用的几乎所有人都是维希政府时期的人"[27]。难道这些部门不是策划吉罗逃离科尼施泰因堡垒并协助他从法国"安全撤出"的部门吗?

9 月 25 日,戴高乐获得了法国民族解放委员会的同意,将委托给吉罗将军的指挥权,从行政部门分离出来,从而仅仅任命唯一的总统。1943 年 11 月 9 日,一项法令确定了新的法国民族解放委员会的组成。吉罗被排除在外,尽管他保留了对军队的总指挥权。自由法国终于有了一个真正的政府。即使剥夺财产的法令在很久以后才签署,戴高乐也已经赢了。其根源在于让·莫内对这种行为的定义:"这既是一种令人尊敬的大智慧,也是一种令人担忧的爆发行为。他首先是熟悉、接近他想吸引的谈判对象,然后又疏远他们,当他被爱国主义的荣誉气息或个人自豪感的涌动所攫取时,他就丧失了理智。"[28]

普修事件①是对吉罗的最后一击。这位前维希内政部长于1943年5月9日抵达摩洛哥，得到了吉罗的安全通行证，两天后吉罗将他关进了监狱。这发生在一个非常糟糕的时刻，戴高乐正准备前往阿尔及尔，清除阿尔及利亚境内带有维希色彩的最后一批人。1943年8月13日，对普修的起诉，比9月3日法国民族解放委员会做出的将贝当及其部长们绳之以法的决定，早了几周。对普修的审判，是解放前的第一个也是最后一个重大审判，拉开了战后法国本土审判的序幕。审判于1944年3月4日开始，以普修的死刑判决结束，在戴高乐拒绝赦免他后，普修于1944年3月20日被执行了死刑。吉罗将军在这次事件中颜面尽失。

戴高乐在1944年4月向吉罗将军提出，让吉罗将军接受武装部队监察长的职位，以达成自己的个人成功，可以想象，吉罗立刻拒绝了这个空壳。

自此，戴高乐进入了战争胜利前夕的艰难时代。

---

① 皮埃尔·普修（Pierre Pucheu）（1899~1944）维希政府内政部长，法国工业家、法西斯主义者。

第七章　战时戴高乐主义在关键时刻的表现

1943年的夏天，标志着战时戴高乐主义来到了一个历史性的、决定性的转折点。这是一个时代的结束，这个时代见证了自由法国运动的诞生和形成，自由法国从此与整个国家的命运融为一体。它从一个孤立的冒险，变成了一项集体的事业、未来的事业。但它的意义，更像是一个起点，而非重点。因为此刻，一切都还远远没有定论。

盟国们的态度还没有确定：他们是否准备承认戴高乐为法国未来政府的首脑？在这方面，1944年6月3日宣布成立"法兰西共和国临时政府"，但这并不意味着对法国未来政府的任何承认。

战争的三重任务

对戴高乐来说，从法国民族解放委员会开始，对他的承认就建立在要同时达成的三个必要条件上，这实际上延长了他1940年夏天开启的事业：建立一个真正的国家，重建外交，以及在即将开始的解放战争中带领军队作战。如果法国民族解放委员会可以作为一个真正的政府雏形出现，那么，它还缺乏一个对应的立法机构。这一点在1943年9月得以实现，一个由142名成员组成的临时协商会议成立了，其中，有40名成员来自法国国内抵抗组织。

作为一个"临时"议会，它只具有纯粹的"协商"作用（只能发表"意见"),它当然符合戴高乐做出的在敌对行动结束后,进行全国协商的承诺。不过,这也预示着一个自由选举议会的诞生。1940年7月拒绝投票支持贝当的20名议会代表出席了会议,证实了戴高乐之前说过的不会与共和主义决裂的话。共产党代表也是会议成员。

根据1944年4月21日的一项法令,议会引入了女性的投票权,这是一项宪法行为。对戴高乐来说,这项女性权利是对三个必要条件的回应:弥补法国在现代民主进程中的落后差距;承认女性在抵抗占领军的过程中发挥的作用;最后,将被认为是保守的因素,引入非常左倾的选民中。[1]

在吉罗和戴高乐(仍然)共同担任总统期间,总共有12个委员会成员被确定了,其中只有一个委员(乔治将军)是吉罗的支持者。

法国民族解放委员会的主要关注点是外交事务。戴高乐当然并非直到现在才想去拥有一个外交机构,他早在1941年秋天就在构想此事了。维希政府的崩溃,使这项任务变得更加容易了。维希政府得到了大约40个国家的承认,包括美国和苏联。1943年初,除了中立国、忠于纳粹政权的国家和半打儿亚洲国家外,只有20来个政府在临时首都设有代表。从1942年11月起,集结到戴高乐部队中的外交官人数越来越多,而剩下的人也并不是都加入了吉罗的部队。这解释了为什么戴高乐在招募高级外交官时会如此困难。[2]

在这些高级外交官中,出现了一个人,那就是勒内·马西格利(René Massigli),他于1943年1月抵达伦敦,辞去了驻安卡拉大使的职务,并于1943年6月被任命为法国民族解放委员会外交事务专员。丘吉尔在他的任命中发挥了作用。勒内·马西格利乘坐英国莱桑德号抵达伦敦,随后与丘吉尔首相举行了各种会议,这让戴高乐有些恼火，他总是很快就怀疑英国人在他背后搞鬼（难道他总是错的吗？）。到 1943 年底，有 27 个国家承认了法国民族解放委员会。法国民族解放委员会的地位尚不稳定，不利于其参加重大国际会议。它被排除在了两个主要的盟国会议之外：莫斯科会议（1943 年 10 月）和德黑兰会议（1943 年 11 月）。1943 年 9 月，尽管法国民族解放委员会提出了要求，但并没有参与同意大利的停战谈判。然而，这些谈判是直接涉及法国的。大家同意在 1944 年春天于法国海岸进行登陆。这就是莫斯科顽固要求开辟的第二战场。而不仅法国没有参与，阿尔及尔甚至都没有被告知。

戴高乐只得试图利用他的反手外交，在盎格鲁-撒克逊面前针对苏联。我们可以看到，他在多个场合表达了他希望在莫斯科被接待的愿望。这个愿望被以沉默回应，直到 1943 年 10 月，苏联驻伦敦大使博戈莫洛夫向戴高乐将军宣布，克里姆林宫同意他前往。但这个邀请并没有道明一个确切日期。毫无疑问，斯大林不想与丘吉尔，特别是罗斯福发生冲突。这次旅行的行程直到 1944 年 12 月才确定，戴高乐对此满是失望。单单从武装部队的角度来看，斯大林只能在戴高乐身上看到一个没有行李的旅行者。

戴高乐向斯大林示好，并希望拉近与共产主义的关系，这对英国人来说并非没有顾虑，艾登为此多次告诫戴高乐。但这不正是戴高乐想要的吗？

这正是戴高乐迫切需要的一支军队。盟国重新征服非洲大陆的计划得以成形的时候到了。此外，还流传着一个谣言：一旦盟军解放了法国的一部分，就会把这个地区的管理权交给一个盟军占领国。这等于是把法国当成了一个敌国来对待。

戴高乐痛苦地说："在盟国向欧洲发动进攻的时候，法国的剑是多么的短啊！我们的国家从未在如此严重的情况下，被削弱到只有如此有限的力量。[……]但我们军队的质量从来没有这么好过。因为它是从被放弃的深渊中走出来的,所以这种复兴更加伟大。"[3]

戴高乐的问题是,重建一支军队原本是吉罗的工作,由美国人在装备和物资方面提供支持,戴高乐在他的《战争回忆录》中对这方面进行了保密。1942年10月的"墨菲-吉罗"协议在1943年1月的安法会议(conférence d'Anfa)上被具象化。安法计划规定,美国帮助法国建立8个摩托化步兵师、3个装甲师,美国交付法国45万吨的装备。

情势逐渐变化,吉罗的实际权力在下降。1943年夏天,吉罗从美国回来后,法国民族解放委员会已经进行了重组,这位从柯尼希斯泰因逃出来的人,成了法国民族解放委员会的部队总司令,而名义上仍然是联合总统①。在军事指挥服从于文职权力的名义下,吉罗只能从他现在的官方联合总统的职位上退下来。自由法国部队参加了突尼斯的战役,其武器装备是由美国提供的。与此同时,戴高乐在法国民族解放委员会之外,创建了一个国防委员会。正在组建的新军队,成为戴高乐领导下的军队,戴高乐现在掌控着战争政策。1944年4月,吉罗被赶出指挥部,只是证实了事态的发展;然而这并没有引起美国方面的任何反应。重新武装的工作正在顺利进行,无论如何,部队的最高指挥权掌握在戴高乐他们手中。

1943年秋,国防委员会在给美国人的一份备忘录中,提到现在共有575000名军人。其中2/3的人来自北非和黑非洲。[4]这个数字严重超标了,它不符合美国给出的指标。

相比之下,自由法国的贡献很小。当艾森豪威尔问及在英国的法国军队时,戴高乐提出了2000人这个数字。戴高乐在他的《战

---

① 名义上和戴高乐同为主席。

争回忆录》中对此进行了详细记录:"自由法国确实带了15000名年轻士兵［到法国殖民地］,科西嘉贡献了13000名战士,12000名男孩通过西班牙逃出法国,6000名妇女和女孩加入了部队。"[5]

他们中的大多数人仍在被征召入伍,这就能更好地理解戴高乐这句话的意思了:"对军官和专业人士的招募仍然不足。"一个柔和的委婉说法……这一点从"戴高乐的军队"里某些人的晋升速度中可以得到更好地反映,因为这支军队里的军官最初主要是上尉级别的,而上校或将军则没多少[①],因此,这些上尉军官晋升很快。

剩下的就是合并特殊服务。这在1943年11月以秘密服务局(DSS)的成立而圆满完成,秘密服务局由雅克·苏斯特尔领导。

事实证明,把来自不同背景的部队进行理想的合并,难度不小。在非洲军队方面,戴高乐阵营被指控鼓励逃兵,并以侮辱性的方式对待那些虽然追随吉罗但似乎仍是贝当派的人[②]。

海军虽然统一了,但仍然是另一个世界,因为它在很大程度上仍然受到贝当元帅的影响。这种艰难而不完美的融合,只是增加了戴高乐和"旧"军队之间已有的不和。这种不和可以追溯到战前时期,而且自1940年6月以来,这种不和与日俱增。他的海军总共有50艘吨位不一的军舰和80艘轻型船舶。

空军部队的合并没有遇到类似的困难。作为一个新军种,空军并没有这样一套习俗和传统,而且其本身的技术性有利于合并。1940年秋天,在伦敦,一个独立于英国之外的法国航空部队成

---

① 这支军队"军官招募不足",除了戴高乐和米塞利埃两位将军外,其余军官官阶都很低,大都是上尉,因此很多人"晋升很快"。
② 即有些人虽然来追随吉罗(加入战斗),但似乎还是贝当派(议和、叛国)。

立了。

1943年夏天，自由法国空军（FAFL）由两个战斗机大队和两个轰炸机大队组成，配备了英国的飞机。在苏联，诺曼底部队驾驶苏联的飞机进行飞行。非洲空军由25个小分队组成，配备的是过时的飞机。

对戴高乐来说，拥有支配这些武装力量的权力，仍然很重要。1943年底，武装部队的总司令仍然是吉罗。美国计划在意大利投降后，在该国进行一些部署，戴高乐要充分利用这一事件。经与吉罗商定，艾森豪威尔计划投入四个法国师。第一个成立的师是由吉罗亲自指定的"戴高乐"师。但这被驻意大利的盟军指挥官拒绝了，因为他认为这个师的装备不足。吉罗服从了命令，用非洲军队的一支部队取代了这个师，这一决定得到了艾森豪威尔的批准。戴高乐大发雷霆，以国家主权为理由进行抵制。他告诉艾森豪威尔，虽然他完全接受军事行动应该由盟军司令部负责，但要由法国政府独自决定将哪些部队分配给盟军。更广泛地说，他提出了一个在他眼中的根本问题，即当胜利到来时，法国在解放自己国土过程中所处的地位问题①。只有这条战线——而不是他眼中作为边缘的意大利战线——才是真正重要的。盟军将不得不与法国军队一起进入巴黎。

经过激烈的辩论，艾森豪威尔将"戴高乐"师强拨给了位于意大利的盟军指挥部，并经由他的副手提出，没有法国军队，他不会进入巴黎。对戴高乐来说，这一举动的意义很清楚。这些军队进入巴黎，应该能保证他在法国的政治地位，他怀疑这种地位直到最

---

① 即法国是被看作反法西斯的一方（戴高乐领导的自由法国），在解放的过程中扮演了抵抗者/胜利者的角色；还是被看作与法西斯德国合作的一方（贝当政府），在解放的过程中扮演"被解放者"的角色。而法国在解放过程中的地位，涉及其战后地位。

后一刻都会受到来自美国的挑战。然而,即使戴高乐认为他已经就这一军事要求说服了艾森豪威尔,他也不能忽视这样一个事实:在关键时刻,只有一个人可以做出最终决定,即美国总统。他是否希望艾森豪威尔能够影响罗斯福?戴高乐利用这一事件,实现了另一个目的,那就是他自己在军队中的权威。因此,辩论开始涉及国家主权的问题,涉及军队的政治方向,而不仅仅是军事方面的问题。这事关战争的政治方向。而这种政治责任,只有戴高乐能通过其政治权威来承担。正是在这一时刻,决定性的转折点出现了。一项关于高级指挥部的组织的法令,清除了吉罗的所有指挥权力。1943年11月8日,戴高乐给吉罗将军写了一封信,通知他,根据法国民族解放委员会当晚做出的决定,他已经被解除了职务。戴高乐明确指出,他将"解除[吉罗]在民族解放委员会的职责",并补充了一句具有讽刺意味的话:"我冒昧地祝贺您能够像您自己一直希望的那样,将精力完全投入交给您的伟大指挥任务上。"[6]

战争的领导权和行动的领导权,被彻底分开了。

1943年11月的这一天至关重要。戴高乐在与吉罗争夺政治领导权的斗争中,取得了胜利,这是戴高乐一直关注的重点。争取国家合法性的战斗,为他赢得了胜利。只剩下一个因素悬而未定:盎格鲁-撒克逊的盟国,主要是美国的最终态度。在这一点上,他远远没有算到。

对于地面部队,戴高乐指定了三位领导人:朱安、勒克莱尔和拉特·德·塔西尼。他们三个人的情形天差地别,但又彼此互补。

三场战役的三位军事领导人

1943年7月底,戴高乐任命阿尔方斯·朱安将军领导即将前往意大利作战的法国远征军团（CEF）。朱安与戴高乐在1912年一起从圣西尔毕业。1940年，已是一名师级将军的他被俘虏了，并于1941年在贝当元帅的要求下被释放，去负责指挥北非部队。在北非登陆时，负责执行维希指示的朱安，先是被一小撮与美国方面联络密切、协助登陆成功的阴谋家所监禁，获释后，他加入了达尔朗的阵营，在促使达尔朗与美国人签署停战协议方面发挥了作用。随后，他与吉罗走得更近了（两人都曾被俘于科尼施泰因），然后，加入了戴高乐的阵营。这个出生在波恩的黑脚①（pied-noir），身世平凡（他是一个宪兵的儿子），身材魁梧，没有骑兵勒克莱尔的优雅。对戴高乐来说，他带来了由美国人装备的非洲军队。

这场意大利战役充满了悖论。

第一个悖论是：象征着法国真正重返战争的意大利战役——比法国在突尼斯的参与更甚——并没有"戴高乐"军队的参与。只有布罗塞特将军（Diego Brosset）的自由法国第一师参加了战役。这是一支传统的军队，它想在看起来是"业余选手"和"冒险家"的戴高乐的士兵面前炫耀。

第二个悖论是：虽然美国人把这支部队看作简单的辅助性后备军，为其配备了一些零星的装备，但在战斗过程中，他们发现了这些战斗人员的作战能力和朱安的战略天赋。事实证明，朱安的能力远强于美国总司令克拉克将军。在干燥、陡峭的地形上游刃有余的摩洛哥塔波尔人表现尤为突出。这场战役伴随着1944年5月军队进入罗马而宣告结束，它标志着法国军队的重生，洗刷了其1940年失败的耻辱。但法军的损失也非常大：共有32000人阵亡、受伤

---

① 出生于法国殖民地阿尔及利亚，但拥有欧洲血统的欧洲人。

或失踪，而平均一个师的兵力是 100000 人。然而，在参与的 21 个师中，法军只占了 4 个。但可以理解的是，有了这个辉煌的贡献，戴高乐或许会因为没能参与意大利和谈而感到苦恼。

另一方面，这场战役又充满了光明的前景。

阿尔及利亚、突尼斯和摩洛哥总共在 1944 年为法军贡献了 40 多万人，包括 23 万穆斯林，而这些穆斯林战士将遭受重大损失。这足以为解放运动奠定基础。正是在罗马，本·贝拉（Ahmed Ben Bella）中士获得了他的军功章。1944 年 3 月，戴高乐仅向 6 万名穆斯林授予法国国籍。

这些成功不是"戴高乐"军队的成功，而是吉罗所打造的军队的成功。这些成功加强了军官们一种感觉，即法国由于其来自北非的战士而获得了重生。1958 年，意大利的上尉们会成为阿尔及利亚的上校们，这块土地对他们来说只能是法国的。因此，戴高乐和部分军队之间的新裂痕，已经在酝酿中了。

对戴高乐来说，意大利是一个外围战区，只是推迟了将在北线进行的决定性战斗。这是法国远征军团的终点，尽管美国希望远征军继续去北线作战。朱安远离战区，担任了国防部参谋长一职。然而，这个黑脚后来对戴高乐的阿尔及利亚政策有所遵循，使得两人关系的彻底破裂得以避免。

其他领导人的位置。

和朱安不同，拉特·德·塔西尼将军不是一个"纯粹的"戴高乐主义者，因为他与自由法国部队的诞生没有关系。这位在利奥泰（Lyautey）的社会学校接受培训的军官，在 1940 年担任了克莱蒙-费朗的第十三军区的军事指挥官。1942 年，他指挥了位于蒙彼利埃（Montpellier）的军队。在德国入侵法国南部地区时，他拒绝让他的部队投降受辱。因此，他被逮捕并被判处十年监禁，但他逃跑了，跑去了伦敦［他在伦敦加入了法国外籍军团（FFL）］，随后于1943年12月去了阿尔及尔。如果说吉罗曾有希望拉拢他的话，那么如今则已经太晚了，因为吉罗实际上已经被剥夺了所有的权力，包括军事权力。德拉特（De Lattre）的到来并没有让"戴高乐派"高兴，因为他们倾向于认为德拉特是"维希派"。敏锐的德拉特非常享受他认为是他应得的关注，心甘情愿地扮演着自己的角色，他很明白戴高乐已经赢了。1943年底，他被授予在普罗旺斯登陆军队的指挥权，作为对诺曼底计划的行动补充。

一切都在反对庇卡底的绅士和旺代的小地主①。

勒克莱尔周围的气氛是相当不同的。虽然他仍然有着属于菲利普·德·豪特洛克（Philippe de Hauteclocque）的贵族血统［他采用了勒克莱尔的化名以保护他的家庭］，但他首先是一个战士。

他和戴高乐一样出生于11月22日，很早就是一个纯粹的戴高乐主义者。他于1940年被俘，逃出后前往伦敦加入了戴高乐阵营。被任命为指挥官的勒克莱尔上尉在1940年夏秋位于喀麦隆和加蓬的集会上，完成了两次辉煌的政变。从那时起，他就没有离开过非洲战场。他属于库夫拉和费赞。他被提升为准将，组建了自由法国的第2师，该师成为第2装甲师的摇篮。1943年底，他被给予了特别的信任，并接受了政治以及军事方面的任务，即让他的部队首先进入巴黎。

他的个性与戴高乐相似，反应迅速，但他们的关系并不总是那么融洽。

---

① 庇卡底和旺代是法国地名，"小地主"有贬义，即全社会一致反对。

"这是法国的战役，这是法兰西之战"

1944年6月6日，戴高乐在伦敦这样说，他于6月3日应丘吉尔的邀请前往伦敦。就在最后一刻，他得知了诺曼底登陆的消息。6月3日，法国民族解放委员会（CFLN）更名为法兰西共和国临时政府（GPRF）。这是与丘吉尔进行最后对峙的机会。6月5日至6日晚，两人发生了尖锐的冲突，以至于几乎要摔门而去。戴高乐在最后一刻才得知即将登陆的消息。5月底，他收到了罗斯福发出的欢迎他访问美国的邀请。这次交流的关键问题，是调整已经成立了九个月的法国行政当局与军事指挥部之间的关系。戴高乐所担心的，是在被解放的领土上建立一个美国政权。如果一切都由美国决定的话，那跟英国人进行交流的意义何在？丘吉尔认为，这是戴高乐试图离间英国与美国。随后，丘吉尔说出了那句著名的话："你记住！每当我们必须在欧陆和大海之间做出选择时，我们将永远选择大海。①"而丘吉尔在盛怒中，准备发话把戴高乐送回阿尔及利亚。

皮埃尔·维诺是代表法国民族解放委员会驻伦敦的一名外交官，他见证了这次会面的紧张氛围——更不用说其激烈程度了。皮埃尔·维诺在在戴高乐会见丘吉尔之前，就已经见了戴高乐，在6月6日上午的口述记录中——我们在此引用了其中的大部分内容——他写道："我们正在谈论法英关系。戴高乐的情绪渐渐激动起来，几乎要愤怒了。他说这次邀请根本就是一个陷阱。他们想让他成为丘吉尔英-美政策的工具。'他们想掌控我，但他们

---

① 即英国永远选择海权而非陆权，在欧洲和美国之间永远选择美国。

休想。他们无权知道我是否在跟法国对话。这是我自己的事,与他们无关'。"

凌晨 1 点 30 分左右,丘吉尔和艾登接待了戴高乐,戴高乐的怒火与丘吉尔的怒火狭路相逢了。丘吉尔迸发出了咒骂。他的脾气爆发了。这是对戴高乐——戴高乐在战斗中被指控为叛国——仇恨的爆发。他指责戴高乐一直以来只是三个民主国家之间的不和谐因素,被个人野心所吞噬,只是一个戏剧舞台上的芭蕾舞者,只想着自己的政治前途。正是戴高乐的自尊心要求罗斯福跪下来,把一份协议拿给他,恳求他签字。丘吉尔威胁说,他要在英国议会向全世界谴责戴高乐和法国,如果有必要的话,要在秘密会议上对戴高乐的独裁倾向进行审判。谈话结束了。但没有结果。[7]

直到 6 月 6 日黎明时分,一切才平静下来,因为登陆船触及了诺曼底海岸。

戴高乐知道他的政府没有得到承认,维希政府将如何被在法国设立的行政人员和美国联络官所取代,仍是未知数。

当戴高乐把辩论的重心从英国转移到美国时,他并不是毫无理由地发脾气。在 1943 年,罗斯福曾写信给丘吉尔,告知他对法国的计划。在被解放的法国,将进行为期六个月至一年的军事占领,并接受地方当局的管理。这就是盟国军政府(AMGOT)计划。在几个月内,有 1500 名针对法国事务的"专业人士"在大学里接受培训。这些专业人士配备了丰富的关于法国人心态刻板印象的手册[8]、地方官员的花名册,以及大量的人物信息和地方信息,他们将会把要留下来的地方官员与其他官员区分开来。在国家层面,军事指挥部——事实上是美国人——将全权负责,直到法国举行选举。同时,只有那些"自愿"与敌人合作或"故意"敌视盟军事业的人将被清除。

6月6日中午12点半,戴高乐在BBC录制了他对法国人的呼吁。这是一篇伟大的演讲:"最后的战斗正在进行。这是法国的战斗,是法兰西之战。[……]这一战,法国将愤怒出击。[……]我们伟大复兴的太阳将在此升起。"⁹

这份呼吁包含三个重要主题:"遵循合法的法国当局的命令";"不要过早地进行起义"(这是对共产党说的吗?);"行政管理权属于法国当局"。对于艾森豪威尔清晨发来的电报,戴高乐保持了沉默,因为电报中没有提到有关法国政府的问题。

这一呼吁,与贝当6月6日根据柏林的命令并在拉瓦尔的坚持下向法国人发出的信息,形成了非常鲜明的对比:"所谓的解放,是最具有欺骗性的海市蜃楼,你们可能会被引诱着屈服。真正的爱国主义,只能通过完全的忠诚来表达[……]。"这条信息是在4月28日按照德国的要求录制的。

20年后,戴高乐丝毫没有忘记盟国——尤其是美国人——围绕诺曼底登陆及其后果所持的暧昧态度。1964年,他决定不参加诺曼底登陆(D-Day)20周年纪念活动:"我意已决。"他在部长会议上宣布。"法国一直被当作一个擦鞋垫①来对待。"他回忆道,丘吉尔"在他建立司令部的火车上"接待了他,"就像一位老爷给他的男仆打电话"。"6月6日的登陆,是美国人的事情,法国被排除在外。""他们决心留守法国,仿佛法国是敌人的领土。而你要我去纪念他们的登陆,而这是给他们再次占领法国提供了条件。美国人对解放法国的关注程度可不比俄国人对解放波兰的关注程度高。"¹⁰

他的这段话充满了愤怒,不免有失公允。事实上,确实有法国部队参与了登陆行动。1943年12月,艾森豪威尔将军说他了解了

---

① 即放在门口的鞋垫。

戴高乐的愿望，委托勒克莱尔将军的一个装甲师参加了诺曼底登陆。但只有基弗尔（Philippe Kieffer）突击队（总共 177 人）参加了在韦斯特雷姆的诺曼底登陆行动。

勒克莱尔师被分配到巴顿（George Patton）的第 3 军，于 8 月 1 日在"美国"的犹他海滩①登陆，在诺曼底战役末期、佛雷斯包围战②（眼镜蛇行动）中，他都表现出色。1944 年 8 月 18 日，这支部队被派往距离巴黎 200 公里的阿尔根坦。

巴黎争夺战暨合法地位争夺战

辩论围绕的中心是：巴黎。

"在四年多的时间里，巴黎一直是自由世界的遗憾。突然间，它充满了吸引力。［……］巴黎将重新崛起。很事情都可以改变。首先，如果任其发展，巴黎将决定法国的权力问题。可以确定无疑的是，如果戴高乐到达首都时没有制造任何不利于他的政治事实，他将在那里受到人民的欢呼和拥簇。"[11]

戴高乐急于踏上法国的土地，因此不顾丘吉尔的保留意见，坚持要去盟军滩头。他于 6 月 14 日去了贝叶（Bayeux），正是在这里，盟军保留了当地政府。对戴高乐来说，贝叶——它仍然完好如初——是一个考验，因为他不是在戴高乐阵营的土地上。但他的密使，包括莫里斯·舒曼，已经提前好几天在这里筹建了一个解放委员会了。他受到了有些惊愕的人群的欢迎，这种欢迎并没有冲昏他

---

① 此处一语双关。美国有个犹他州，而诺曼底登陆时，这里是美军占领的法国西北部诺曼底半岛的犹他海滩。
② 佛雷斯包围战（Poche de Falaise）的眼镜蛇行动（Opération Cobra）是第二次世界大战期间盟军在法国诺曼底发起的行动。

的头脑,而是让他充分相信了民众对于他本人和新当局的友好态度。

6月15日,他回到了伦敦。而在诺曼底登陆成功后,盟军的攻势停滞了近两个月。巴黎仍然远在天边。这一时期,戴高乐的事业在盟国取得了相当大的进展。

先是在伦敦,法-英谈判于6月底达成了一项协议,实际上是对法国临时政府的真正承认。在地面上,随着法国领土的解放,盟国军事当局和法国政府各自的权力得到了界定。货币将由法国政府来发行。

接着是华盛顿,戴高乐于1944年7月6日抵达了华盛顿,被当作高级军事领导人而不是国家元首来接待。这意味着,尽管他收到了正式邀请,但美国对他的立场并没有改变。他与罗斯福总共进行了三次会晤。第一次会晤,是在糟糕的征召下开始的。他们喝了茶。对曾担任驻维希大使并成为罗斯福非常亲密顾问的莱希上将,罗斯福说:"对你来说,上将,维希的水会更合适。"愤怒的戴高乐站了起来,几乎要摔门而去。在美国首都度过的五天里,他们没有提到任何棘手问题。戴高乐小心翼翼地、不要求得到任何承认,他不想让自己显得像个乞丐。总统,属于战后问题。"我听罗斯福向我描述他的计划。理想主义给权力意志披上了外衣。"罗斯福时代的世界将由四个大国控制:美国、英国、苏联和中国。美国将在任何对其安全有利的地方,建立基地。欧洲,明显被排除在外了。至于法国,它没能在其中获得任何位置。至此,罗斯福还没有提到对法兰西共和国临时政府(GPRF)的承认。在随后的新闻发布会上,罗斯福只是提到了"法国民事管理的实际权力"。"在最后关头,要由选民来决定"。"戴高乐的民族解放委员会,不被视为法国的临时政府"。1944年7月26日,罗斯福在一份公报中采用了这个表述。这是"在战争期间的确定范围内"对法国民族解放委员会（CFLN）一个简单的重申。然而，这个表述，意味着美国正式放弃了对被占领土地的民事管理。这是有关盟国军政府（AMGOT）设想的终结。

在他们的最后一次会晤结束时，罗斯福将他的照片送给戴高乐，上面有这样的赠言："致我的朋友。"一个模板式的献词，很好地提醒了接受者他没有特别的头衔可言。

8月18日，勒克莱尔的第二装甲师进驻阿尔根坦。在那一天，盟军的计划仍然不包括要求向巴黎进军："只要在圣诞节前解放巴黎，就没有人会责怪你"，丘吉尔在1944年春天告诉艾森豪威尔。因此，巴黎被绕过了，这样既不会耽误敌人向其边境的推进，又可以避免卷入代价高昂的巷战。这一策略，给了德国守军顺利撤退的一切机会。在德国方面，"大巴黎"（Grand Paris）的新指挥官冯·乔尔蒂茨（Dietrich Von Choltitz）收到了希特勒的三项指示：保持通向法国首都通道的顺畅；组织所有对保卫法国首都没有直接作用的部门进行撤离；确保"大巴黎"免受任何叛乱、颠覆或破坏行为的侵害。这个计划主要是为了避免严重的起义。冯·乔尔蒂茨清楚地知道，美国军队将绕过巴黎。另外，他坚守巴黎的决心不减，这决定了他要坚守几个小区域。在巴黎，他的操作有限，在巴黎外围地区，则更多一点。

戴高乐有充分的理由认为，盟国方面的这些保守做法和不确定性，会给一些人带来阻止他上台的最后希望。[12]用不了多久，他就会想到，这是罗斯福的一个诡计。

时间已经不多了。8月19日，随着巴黎开始爆发起义，未知的共产主义因素仍在潜伏。煽动起义的政党，难道不会抓住机会夺取政权吗？

就在这时,戴高乐干预了行动的进行。

他一直说他接受统一指挥,也从未质疑过艾森豪威尔的权威,但他只接受过它本身的理由:纯粹的军事理由。他也没有质疑法国军队在联合行动中的服从性。另外,他一直认为,他可以通过服从政治原因,或者当法国的重要利益取决于维护其独立或尊重其主权时,对行动的过程进行干预。

他在意大利的第一次干预,是让几个法国师参与其中。盟军的将军们决定,在法国南部的登陆计划将在没有法国军队的参与下进行。戴高乐随后命令朱安将军不要在锡耶纳以外的地方继续作战,以便将从意大利战场撤出的部队投入登陆行动。这里应该补充一点,这些部队的指挥权并不属于朱安,而是属于拉特·德·塔西尼将军。

戴高乐的第二次干预,是要求将一个法国装甲师从北非派往英国,参加登陆行动。这是勒克莱尔的第二装甲师。

恰恰是在法国参与的这次行动中,戴高乐对军事行动的第三次干预发生了。那是在1944年8月19日,就在巴黎发生起义的当天。德国的反应,可能会很强烈。

前一天,即8月18日,戴高乐得知,根据艾森豪威尔的命令,在此之前一直隶属于巴顿的第三军,当时处于优越地位的勒克莱尔的第二装甲师,今后将隶属于霍奇斯的第一军,而该军当时处于预备队状态,因此,他要求推迟行军。为此,8月19日,戴高乐拜访了艾森豪威尔,艾森豪威尔确认,他打算在一个相对较晚的日期解放巴黎。第二天,8月20日(原书此处写错了,把8月写成了6月。——译者注),戴高乐写信给艾森豪威尔,敦促他迅速干预巴黎。8月22日,勒克莱尔接到盟军指挥部的命令,向巴黎进军。这意味着,需要一个美国军团的保护以及空中掩护。而勒克莱尔已经见过了艾森豪威尔。"

1944年12月，戴高乐对军事行动进行了最后一次干预。这发生在冯·伦德施泰特在阿登地区的最后一次进攻中。塔西尼的法国第1军和美国第7军，被命令撤离阿尔萨斯并撤回孚日地区。戴高乐在第二天与艾森豪威尔会面前，写了信给德拉特。在戴高乐眼里，一支法国军队不可能不去战斗就放弃这样一块具有象征意义的法国土地。艾森豪威尔被说服了，让德拉特进入他刚刚撤离的斯特拉斯堡。对勒克莱尔来说，这是他对库夫拉誓言的履行。克劳德·盖伊是戴高乐将军在解放巴黎时的副官和他的心腹，他说，后来见到艾森豪威尔时，他听到艾森豪威尔说："你是对的。"[13]

而巴黎已于1944年8月获得解放。这种解放，是名副其实的宣泄，充满了象征意义。[14]

8月25日抵达巴黎后，戴高乐摆出的第一个姿态，是在陆军总参谋长朱安将军的陪同下，前往蒙帕纳斯火车站，勒克莱尔在那里设立了他的总部（方便他的电话通信），并从"大巴黎"的指挥官冯·乔尔蒂茨那里，获悉了停战命令。当时大约是下午4点。正如他在《战争回忆录》中所说，他很不高兴，因为共产党人、法兰西岛地区的法国内政部队（FFI）①的领导人罗尔-唐吉（Henri Rol-Tanguy）的签名出现在文件的底部。在他眼里，胜利不应该被分享：巴黎确实被勒克莱尔师解放了。他从蒙帕纳斯火车站去到了战争部，从而确定他完成了1940年6月担任战争部副部长时开始的战斗。可以证实，他并不想占据克莱蒙梭的办公室，而是搬到了邻近的办公室。在这个地方，"除了国家，什么都没有缺失。应该

---

① 隶属法国抵抗组织，即法国国内抵抗运动。

由我来把它物归原处。所以我要先进驻那里"。

下午结束时,他到达了维尔酒店,在那里,他受到了抵抗运动全国委员会和巴黎的解放委员会成员的欢迎。在一扇窗户前(维尔酒店都没有阳台),他即兴发表了他所发表过的最伟大的演说之一:"巴黎被激怒了!巴黎破灭了!巴黎殉难了!但巴黎解放了!在法国军队的帮助下,实现了解放,真正的法国,战斗的法国,永恒的法国。"[15]

8月25日,让·科克托(Jean Cocteau)看到这个场景,听到了他的声音:"他出现在最右边的窗户前。[……]他的演讲风格很完美,他反独裁,让我想到利亚特(Lyautey)曾经对我说过的一句话,'我不是一个士兵。我是一名军人'。既没有经过合法程序,也不是独裁者,更没有经过普选任命,他面临着一个难题。他独自一人来到这里,除了自己的梦想,他没有其他任何支持。"[16]

几天后,在恼怒的戴高乐的注视下,巴黎举行了一场盛大的美国游行。

盟国没说一个字。抵抗运动全国委员会和巴黎的解放委员会也不发一言。

抵抗运动全国委员会主席乔治·比多(Georges Bidault)觉得自己有些被遗忘了,也许他认为自己会引起人们的注意,因为他是一个没有忘记经典作品的优秀历史教师,他建议"在聚集的人民面前,庄严地宣布共和国的建立"。戴高乐给出了一个精彩的回答:"共和国从未灭亡过。自由法国、战斗法国、法国民族解放委员会就体现了这一点。维希政府,在过去和现在都是无效的。我本人就是法兰西共和国临时政府的主席。为什么要去宣布法兰西共和国的成立呢?"[17]

在8月25日这一天,巴黎并没有完全解放。这将在夜间完成,即直到停火命令被传递到各处时。然而，发生在巴黎北部以及布尔歇和蒙莫朗西附近的战斗则一直持续到8月27日。

解放巴黎这个说法，既不应该被夸大，也不应该被贬低。在巴黎，确实发生了战斗，而且是艰苦的战斗。抵抗运动全国委员会和一些临时的战士参与了战斗，前者有近1000人死亡，后者有600人死亡。据官方估计，8月24日至27日，第二装甲师的人员损失为71人死亡，225人受伤。

战争当然没有结束，审判也没有结束，正如许多法国人在当时经常认为的那样。这在很大程度上会在法国的三色旗下结束。1944年8月15日，地中海沿岸出现了拉特·德·塔西尼将军的第1军，在美国人的指挥下，两个装甲师和五个步兵师成功登陆。与他在纪念1944年6月6日20周年的活动中拒不出席相反，戴高乐出席了1944年8月15日在土伦举行的纪念诺曼底登陆的活动。

9月15日，在朗格尔，跨越英吉利海峡而来的第2装甲师和从罗讷河谷过来的第1军会合了。他们将向德国进军。

1944年8月26日，戴高乐将军受到了民众的认可："啊，是海！［……］现在，法兰西人民和他们的领袖互相帮助，开始进行救赎工作。"

但仍有许多工作要做……

第八章　战时戴高乐主义与法国及国际现实的对抗

在战争快要结束时，巴黎人能很容易看出，巴黎就要解放了。然而，有15个法国省份仍然全部或部分处于敌人控制之下。许多港口仍然被占领。

战争并没有结束。

对"地位"的艰难探索

这是戴高乐1944年9月12日在夏乐宫向几千人发表的伟大演讲中反复提到的内容。[1]

只有少数"戴高乐派"的人在现场。出席的主要机构的知名人士和代表要么当年没有追随戴高乐去伦敦，要么只是在晚些时候去了……阿尔及尔。至于1940年那些人，他们没有出现在夏乐宫。对在场的抵抗运动全国委员会成员表示的敬意，证明了将军对来自法国本土抵抗战士的认可，尽管有点晚了。法国要参与最后的胜利，就必须拥有庞大的武装力量。追击战，意味着把战争一直打到莱茵河畔，以便"没有法国参与，就不会讨论并通过，有关明天将要解决的战败国德国命运的条款"。

自从吉罗将军被赶下台后，戴高乐就成为最高领导人，他赋予自己必要的权力，以对军队行使充分的权力。他只需参考他在1939年之前，关于政治权力下的战争行为的研究。因此，他是军队的首脑。他以这种身份"在最后时刻决定武装部队的组成、组织和使用"。而当1944年6月3日，法国民族解放委员会成为法兰西共和国临时政府时，完全行使政治权力的是戴高乐。从那时起，他开始征求国防委员会的意见，并拥有了一个由他领导的国防参谋部，他按照自己的雄心壮志来决定和决策：通过积极参与解放法国领土、粉碎德国的行动，来恢复法国的"地位"。

这一雄心面临着一个重大障碍：法国对美国的极度依赖。

让我们记住，在巴黎解放时，法兰西共和国临时政府还没有得到任何正式的国际承认。

在夏乐宫演讲的前几天，即9月6日，戴高乐给艾森豪威尔将军的一封信，表达了他关于让法国军队进入德国的要求。几天后，艾森豪威尔向他保证了这一点。

在诺曼底登陆后，这支军队代表了什么？

252

1940年至1942年，这是一支四分五裂的军队。其绝大部分军官仍然忠于贝当。1940年7月，在现有的23000名军官中（不包括囚犯），只有1000人加入了自由法国运动。然而，随着自由法国部队和非洲军队的合并，吉罗-戴高乐关于建立法国民族解放委员会协议的诞生，使我们有可能开始把图形的碎片拼在一起。在这次合并中，许多早期的摩擦仍然存在。自由法国部队和非洲部队各自的领导人拉特·德·塔西尼和勒克莱尔彼此都不喜欢对方——这是一种婉转说辞。

在诺曼底登陆的黎明时分，法军只有八个师的兵力，并配有美国援助的装备。他们能以怎样的分量来抗衡盎格鲁-撒克逊人的分裂和戴高乐的巨大野心？在法国登陆的这八个师（七个在普罗旺斯组成了法国第 1 军,一个在诺曼底,组成了勒克莱尔的第 2 装甲师)由美国人指挥。任何新单位的建立,都意味着要得到华盛顿的同意。

法国参与的规模和效果,取决于两个条件:可动员的部队数量以及为这些部队提供武器的能力。

法国本土没有进行动员。有两个原因。

首先是法国内政部队(FFI)带来的部队数量。这些人组成了一支参差不齐的部队,只有临时的领导,简易的武装,有时自己制定规则。其中一些人通过合并,可以被纳入正规部队。德拉特·德·塔西尼将军让大约 10 万人加入了他的第一军,就是这种情况。

第二个原因是,美国人只信任按照其极为精确的标准建立的部队,反对建立新的法国师。[2]

在这种情况下,戴高乐怎么可能设想在 1945 年底前建立 36 个师?

战争结束时,法国陆军有 1400000 人——他们的能力与战斗水平不一,空军有 150000 人,海军有 85000 人。

但管理这些人仍然很有必要。非洲军队和法国内政部队的部分合并,只能部分地提供这种管理服务。据戴高乐说,这支部队由大约 40 万人组成,由已经转入地下的现役军官和后备军官,或临时军官、士官和迅速升为军官的文职人员来领导。法国游击队(FTP)[①] 的巴黎领导人罗尔-唐吉在 1944 年冯·乔尔蒂茨的停战命令上签名时,已经是上校军衔了。这些军阶会被承认吗?1944 年 9 月 20 日的一项法令规定,根据实际执行的指令进行认证。这是一项艰难而漫长的任务。直到 1945 年底,这项任务才完成。至

---

① 即 Francs-Tireurs et Partisans。

此，25000 名法国内政部队的干部被认证为军官，13000 人被编入预备役军官，只有 12000 人被提升为现役军官，其中包括了 5000 名士官。[3]

还应考虑到 1943 年 12 月的一项命令所规定的大清洗[①]。巴黎一解放，所有在因停战协定签署而部队被解散期间（1942 年 11 月 27 日至 1944 年 6 月 6 日），未能证明服役记录的现役军官，那些仍然忠于贝当的军官，都被开除了。所有这些人，从 1944 年底到 1946 年底，都将出现在一个肃清及复职委员会面前。

在所研究的 10279 份档案中，有 650 名军官退休了，2570 人自动退役，6630 人复职。40 名将军被保留在岗，130 人受到各种制裁。对于被俘后返回军中的军官，数字显示，在 99 名军官中，有 7 名将军被保留下来了。由 6000 名其他军官的档案可知，有 179 人受到了制裁。

由于预算限制以及对减少人力的需要，导致 1945 年底有 50 万人退役，并有 12000 名职业军官离职了。

这些事件，加剧了自 1940 年以来戴高乐与军队中相当一部分人之间的争端。他们的分裂越来越深。

1945 年初，戴高乐最后一次尝试接近罗斯福。在 1 月 1 日的信中，他要求罗斯福为法军在德国的战役紧急提供一些新的装备和物资（见附录四）。直到将近三个月后，罗斯福的回复才姗姗来迟。在 1945 年 3 月 24 日的信中，罗斯福给出了否定的答复（见附录五）。

继陆军之后，让我们来看一下海军和空军的情况。

1945 年的海军，总共只有 400000 吨的吨位，而在战争前夕，

---

① 即肃清，尤指 1944 年法国解放时对法奸的肃清。

则达到了 800000 吨。这些吨位中，几乎有一半是从盟国借来的轻型或过时的军舰。很少有军舰具备真正的军事价值。潜艇已经过时了，而且法国没有航空母舰。

至于海军总人数，则从 10.7 万人下降到了不足 6.5 万人。大清洗的作用仍然非常有限，且没有出现任何合并问题。1946 年初，海军的总吨位减少到 160000 吨，兵力减少到 58000 人。

在战争结束时，空军有 33 个航空队，配备了盟国的物资装备。空军的规模非常小。[4] 被肃清的人员是最少的。

戴高乐似乎没有特别重视空军，在他眼里，空军仍然是一种战役武器，而不是一种战略武器。

负责国防的政治当局，确定了武装部队的任务。

对戴高乐来说，必须优先考虑建立一支能够在西欧任何地方进行干预的即时干预部队。避免出现 1936 年的情况是非常必要的，当时，政府在一次总动员后陷入了瘫痪。戴高乐的这种思想，与其 1934 年在《迈向职业化军队》中所表达的思想是一致的。

法国对战争的贡献，体现在努力避免为德国的战争机器输血[①]，这一点可以被观察到：解放时的法国，是一个满目疮痍的国家。戴高乐在其《战争回忆录》中强调了这一点。而公众舆论也表明，在解放的同时，人们希望尽快恢复正常的生活，远离战争的刺激。虽然戴高乐曾期望在巴黎解放时出现征兵热潮，但这位战争领袖不得不面对现实：勒克莱尔的第二装甲师，只登记了 2000 名新兵。征兵中心也没有招满新兵。这里有必要提到三次征召：瓦莱里·吉斯卡尔·德斯坦（Valéry Giscard d'Estaing）加入了德拉特的

---

① 因为法国沦陷，整个法国都被德国发动起来了，为德国军队制造武器装备，提供各类物资、兵力，而法国能做的就是，尽量消极地去应对（少制造、少武装），因此解放时，法国几无兵力、物力、财力，满目疮痍。

军队，将在阿尔萨斯作战；让·马莱（Jean Marais）（在他的狗穆鲁克的陪同下）加入了一支坦克作战部队；让·加宾（Jean Gabin）从美国回来，加入了第 2 装甲师。

伴随着满目疮痍，民众的精神活力在下降，不满情绪在上升。食物配给量迅速下降到每天 1000 卡路里，比维希时期还少。公众舆论不能再指责占领者了，于是转而指责法国政府。当谈到重建时，法国人首先考虑的，是生存。一支庞大的美国军队的出现，助长了黑市（circuits parallèles）① 的存在，这是由支付手段和生产总量之间巨大的不平衡所导致的。

除此以外，民众的思想也出现了分歧，其中一些人充满了对革命的期望，而这遇到了法国社会保守派暗中的敌视。

正是在这种氛围下，戴高乐打算推动法国恢复其"地位"。

失败与成功

为了实现这一目标，必须有一个真正的外交机构。这需要得到国际社会的承认以获得合法性。

这个目标，是在 1944 年 10 月 23 日，即巴黎解放后三个月内实现的：美国、英国和苏联完全承认了法兰西共和国临时政府（GPRF）。虽然美国有点儿不情愿。由美国国务院起草的承认信，在罗斯福的办公桌上停留了几个星期。有理由认为，美国总统比丘吉尔更不欣赏 1944 年 4 月——经过痛苦的谈判——两名共产党员弗朗索瓦·比卢（François Billoux）和费尔南德·格勒尼耶加入法国民族解放委员会。事实上，罗斯福对戴高乐的个人态度

---

① 本意为平行线路，即黑市、水货、非正式渠道。

并没有改变。当戴高乐向丘吉尔和罗斯福发出 11 月 10 日访问巴黎的正式邀请时，这一点得到了证实。丘吉尔接受了，而罗斯福拒绝了。

戴高乐没有上当。几天后，他在新闻发布会上回答一个问题时简单地说："我可以告诉你，政府很愿意我们称呼它的名字。"

戴高乐迅速注意到，美国依然持保留态度。此后不久，在没有任何外交沟通的情况下，戴高乐得知将在雅尔塔举行一次会议，届时，罗斯福、斯大林和丘吉尔将共同决定德国乃至欧洲的命运。任何抗议都只能表达他的不满："他们不邀请我们，无疑是不负责任的，但一点儿也不令我吃惊，"[5]戴高乐后来这样写道。罗斯福和斯大林都不同意邀请他，丘吉尔则表示同意邀请。但当时的英国还有什么分量呢？

戴高乐在雅尔塔会议结束时，收到了罗斯福的邀请。他邀请戴高乐在会议结束后，于他返程途中——在彼时是法国领土的阿尔及尔——进行会晤。这是更进一步的羞辱。戴高乐的口头回应，介于怨恨与辛辣的讽刺之间："不幸的是，我不能在这个时候，在没有提前通知的情况下，去阿尔及尔。[……]我们非常理解，总统先生现在不能到巴黎来。如果他以后想去巴黎，我们将非常乐意接待他。如果现在他希望顺利经过阿尔及尔——尽管我不能在那里接待他——请让我们知道，以便我们能够通知阿尔及利亚政府，使一切都能按照总统先生的意愿进行。"[6]

戴高乐曾想羞辱一下罗斯福。他成功了。罗斯福深受打击，在回到华盛顿后，发表了一份非常生硬的公报，他在其中表达了自己的失望。几周后，在国会面前，他谈到了这个"首席女主角"（prima donna）。两国之间的关系，从来没有如此低落过。罗斯福于 4 月 12 日去世。4 月 25 日，内政部长阿德里安·蒂谢拒绝允许巴黎市议会在一次特别会议上,纪念已故总统。这种姿态,可以说是令人遗憾的。

几个月后,法国也没有被邀请参加波茨坦会议,当时,哈里·杜鲁门(Harry Trúman)已经接替富兰克林·罗斯福,成了美国总统。

在雅尔塔会议上,法国还是获得了一些让步。首先,法国被授予对德国进行共同占领,这最终获得了起初持敌对态度的斯大林的同意。然而,法国的占领区是从英国和美国的占领区中划出来的。他们在讨论战后要建立的国际组织时,决定让法国拥有一个永久席位。最后,法国被允许加入三个大国建立的德国管制委员会。德拉特和勒克莱尔与德国和日本的投降有关联,不能算作无稽之谈。

然而,这些积极的方面,并没有弥补戴高乐不得不面对的两个重大挫折。

德国问题,是戴高乐在战争结束后所关注的核心问题,是"中心问题"。在一生中,他不断地与德国相遇,1914 年之前,他急于加入战斗,1918 年之后,他害怕德国的复苏,1940 年之前,他要面对法国的软弱,最后,到了 1940 年,他拒绝向胜利的德意志帝国低头。

1945 年,德国问题,仍然是欧洲问题以及法国与盟国关系的核心。他在这个问题上的心态,于 1944 年 12 月 21 日在国民议会为缔结《法苏条约》进行辩护的讲话中,得到了明确的体现。其中有很长一段话在讲德国。他说德意志民族"是一个强大的民族,但也是一个永远好战的民族,因为它从未停止过控制的梦想,为了战胜别人,它能够做出非凡的努力,忍受极端的牺牲,总是准备赞美和追随那些承诺帮助它去征服的人"。[7]

德国所带来的威胁,在这样的战争之后,需要更多的相关解决方案。问题的核心是德国的边界问题:"无论经过哪里,法-德边界都是一个伤口的两个边缘。"法国的安全正处于危险之中。

戴高乐首先希望有一个安全保障:让法国拥有一个占领区。这个占领区,除了能使法国与其盟国处于平等地位外,还将是安全的保证和物质补偿的承诺。这个占领区在哪儿?戴高乐想让它扩展到整个莱茵地区,远至科隆,囊括南部的部分地区,如巴登和符腾堡。这是一个巨大的野心。

他在这一点上的期望要落空了。法国占领区是从英国占领区和美国占领区中划分出来的一部分,莱茵地区和符腾堡州被一分为二。这个区域主要是一片农村,没有工业化城镇,也没有大城市,只有斯图加特一个城市,但它与符腾堡州北部一起划归了美国。

戴高乐的第二个愿望是,避免一个德意志帝国的重建。每个德国西部的州都应有自治机构,并可自由地与邻国谈判达成特别协议。因此,戴高乐希望德国能有一个邦联结构。

这种结构上的变化,是否预示着他——第三个诉求——对领土的诉求?

正是在莱茵地区的问题上,这一点得到了证实。尽管戴高乐总是正式拒绝这种极端的假设,但毫无疑问,他希望以自治的形式为莱茵地区做出特殊安排。正如他在1945年1月25日的新闻发布会上确认的那样,法国的军事存在将得到保证。这个地区应被划分为几个州,并应与鲁尔区严格分开。德国中央政府不会被重新组建。莱茵地区不会被划分为占领区,也不会被完全切断与鲁尔区的联系。

鲁尔区的命运,是戴高乐所期望的政策的最后部分。德国不应保留对这一地区的工业控制,这个地区将由国际共管。

就其本身而言,萨尔州将在经济上与法国合并。

戴高乐的要求必然会对他与主要盟友的关系产生影响。

首先，西方盟国在某些问题上观点一致：解除德国的武装，解散德国的总参谋部；去纳粹化。至于其他方面……在德拉特的军队占领斯图加特之后，应撤离这座城市，并将其归还给美国人。这非常具有象征意义。正是这些美国人，以停止向法国军队运送所有物资和设备为威胁，迫使法国军队撤离了奥斯塔。戴高乐对秘书克劳德·莫里亚克（Claude Mauriac）这样说："盟国正在背叛我们，背叛欧洲，这些混蛋。但他们会为此向我付出代价。"[8]对美国人来说，德国问题，显然是战后欧洲组织这一更大问题的一部分，而这一问题只有在美苏达成协议后，才会被拿出来讨论。

戴高乐对英国的期望不大，因为英国与美国的联盟是牢不可破的。然而，多亏丘吉尔，法国在德国管制委员会中才获得了一个位置，并在德国获得了一个占领区。

戴高乐曾以为他手里有一张牌，即苏联。

1943年10月，苏联驻法国民族解放委员会（CFLN）的代表博戈莫洛夫曾建议戴高乐到访莫斯科，但并没有任何后续。戴高乐希望斯大林在德国问题上会比他的西方盟友能更善解人意，因此才有了这次的重新搭线。与此同时，丘吉尔于1944年9月在莫斯科受到了热烈欢迎。

11月8日，戴高乐通知博戈莫洛夫，他希望访问苏联政府。随后，苏联做出了友好的回应。戴高乐在《回忆录》中不是这样写的，他把苏联方面说成是主动的一方。如果说苏联是主动的，那除非追溯到1943年10月博戈莫洛夫的邀请，但当时连具体日期都没确定。戴高乐假设陆权强国苏联会比盎格鲁-撒克逊更理解法国的关切，实际上，他采取了一个非常错误的做法，除非他能把这说成是自己的计划或是对国内政治的考虑。这是一次极其漫长的访问，从 12 月 2 日至 9 日，他都在苏联进行访问。

在戴高乐看来，斯大林是"潜伏在狡猾中的独裁者，具有善意的征服者"[9]。从 12 月 2 日的第一次会晤开始，戴高乐就心中有数了。斯大林的接待，一直是冷冰冰的。他对戴高乐拒绝在招待地点下榻而选择大使馆的做法，非常不满。戴高乐立即提出了莱茵河左岸和鲁尔区的问题，试图将其纳入一个单独的法苏协议。接着，他听到斯大林解释说，苏联要求把与苏联相连的波兰边界，划在奥得河和尼塞河。至于莱茵河问题，它应该是主要盟国之间达成协议的主题。很明显，苏联和盎格鲁-撒克逊已经达成一致，由他们来解决问题，于是，法国被排除在外了。

让戴高乐非常不满的潘塔格瑞尔式（pantagruélique）① 晚宴、演出、访问和游览，接踵而至，而随行人员则努力为法苏协议提供适当的表述。

当斯大林告诉戴高乐，他刚刚收到丘吉尔的电报，建议在苏联、英国和法国之间签署一个三方条约时，戴高乐被明显刺激到了。戴高乐非常愤怒，拒绝了三方条约的想法。随后，随着英国和美国驻莫斯科大使（应戴高乐的要求）的到访，他再一次感到被盟国侵犯了。美国大使对他说："至于我们美国，我们已经决定不去惹怒莫斯科……"[10]

戴高乐仍需接待卢布林委员会（Comité de Lublin）② 的代表——一个在莫斯科成立的组织——预示着之后与华沙的共产主义政府结盟。这是莫斯科为签署该条约设定的最低条件。戴高乐将军在拒绝正式承认该委员会的同时，还决定向华沙派出一名代表，即

---

① 潘塔格瑞尔，法国作家拉伯雷小说《巨人传》中的人物，形容非常大量的。
② 即波兰民族解放委员会，又称卢布林委员会。受苏联支持，由波兰共产党领导。

克里斯蒂安·富歇。这看起来像是一个书生气的举动。

羞辱法国伙伴的最终企图是：在一段难以忍受的悬念之后，直到1944年12月10日凌晨，《法苏条约》才得以签署。直到最后，斯大林还坚持在公报中，把《法苏条约》和对卢布林委员会的承认联系起来。戴高乐拒绝这样做。但这之后，戴高乐向华沙派遣的法国代表，还是代表他承认了卢布林委员会。

至于条约本身，它首先针对的是未来可能来自德国的任何威胁。法国代表团希望有一个强硬的措辞，坚持要求条约着重于预防方面，这对法国提出了严格的要求——鉴于两国的实力差异。[11] 国防部总参谋长朱安将军在莫斯科的存在，不应被忽视。

基本上，斯大林的态度要从四个角度来分析。

首先，他与法国有一个旧有的争端：他没有被邀请参加慕尼黑会议，1940年的停战被认为是对德国"打开门户"。其次，法国在战争结束时虚弱的军事力量——即使它的部队比教皇多①。再次，斯大林在筹备雅尔塔会议时，得到了美国关于对欧洲进行势力范围划分的各种保证。丘吉尔自己也屈从了。最后，斯大林无疑同意盎格鲁-撒克逊人的观点，他不希望法国通过占有莱茵河，成为西欧的一个主导力量。

尽管如此，戴高乐始终对他的莫斯科之行和《法苏条约》的签署感到满意。该条约在巴黎受到好评，包括在非共产党人中间。在他看来，这使得法国在战后进行重大仲裁时，有了存在感。然后，无论苏维埃政权变成什么形式，他都能在其中看到"亲爱的老俄国"的永恒面孔。俄国是欧洲平衡所不可或缺的力量，是必不可少的身后的盟友。这就是"善与美的联盟"。

---

① 教皇没有军队，只有一些守卫，这是一句玩笑。

回顾 1945 年戴高乐战时政策的结果,人们会觉得有一种失败的印象。对于德国,除了关于萨尔的协议之外,它几乎没有取得任何成果。法国被排除在了未来世界的架构之外。

当然,不能只根据过去的情况来分析过去。接下来发生的事情表明,戴高乐在德国问题上会有很大的进展。他已经充分认识到了德国人民的素质,认为应该让他们永远处于旁观者的位置。苏联所采取的政策,以及冷战的爆发,会导致其他一些进展。

戴高乐在参加雅尔塔会议和波茨坦会议的强权之间,寻求的平衡与机动性战略,只有在苏联不反过来成为欧洲安全的威胁时,才有可能。从 1945 年春天开始,苏联在中欧和东欧以及远至地中海的政策,开始引起关注。这解释了法国政策的某种重新定位。这一政策难道没有威胁到德国本身吗?这似乎证明了法国对任何一个要恢复中央集权国家的敌意,是合理的。

1945 年 8 月底,戴高乐对华盛顿的访问表明,美国相当理解法国。

法国不断变化的国内环境,也必须被考虑到。1945 年夏天,法国共产党与戴高乐公开爆发了冲突,其中涉及赋予将要在 10 月选举产生的议会的权力。1945 年 10 月,戴高乐在访问德国,主要是莱茵地区时,谈到了要建立一个包括德国西部在内的西欧联盟。这宣告了与苏联美好关系的终结。

我们提到了一个满目疮痍的国家和疲惫不堪、心灰意冷的民众遭受的煎熬——因为民众随后发现,战争并没有随着巴黎的解放而结束。出于这个原因,戴高乐决定不实行两年期的兵役制。

最后一个因素值得着重强调一下。戴高乐在其《战争回忆录》的一个章节的标题中提到了这一点,即"冲突"。这是战争期间席卷全国的反动潮流的衡量标准,它伴随着战俘的艰难回归、野蛮清洗的暴力以及围绕当时处于起步阶段的针对合法清洗的辩论而产生的创伤，嗅到了新的气息。恢复正常的政治生活是至关重要的，这促成了第一次选举。

希望通过寻求"地位"来激励法国人的时代，逐渐过去了。

1945年10月的选举，产生了一个社会党人和共产党人占多数席位的议会，但他们却无法共同执政。他们唯一的共同点，是对戴高乐的敌意，所以，他们希望戴高乐下台，尽管议会已经选举戴高乐为法国总统。

于是，出现了一系列的议会冲突。首先，是将吉罗将军对在达尔朗领导下、与在北非登陆的美国人对峙时被杀的士兵颁发的嘉奖进行合法化的问题。埃里奥随后出面谴责了这种合法化行为。"我回答爱德华·埃里奥说，不存在从可怜的死者的棺材里，以及从不幸的残废者的胸口，扯下三年前授予他们的十字架的问题，因为他们是按照长官的命令作战，尽管这些命令是错误的。"

最后一击，是在1945年12月31日和1946年1月1日关于军事拨款的辩论中打响的。社会党人提出了一项修正案，将这些拨款减少20%。戴高乐拒绝了，他威胁说，自己要么继续任职，要么辞职。最后一刻的妥协，结束了一切。1946年1月30日，戴高乐将军宣布他将辞职，因为党派游戏已经卷土重来了。毫无疑问，这次辞职，在他心中已经酝酿了一段时间："关于权力，在任何情况下，我都知道如何在它们抛弃我之前，主动抛弃它们。"

第九章　冷战时期的戴高乐主义

当戴高乐突然提出辞职时，他是否期望在所谓各方无法达成协议的情况下被请回？

1月20日中午，他对聚集在一起的部长们说了这些话："排他性的政党政权重新出现了。我谴责它。但是，除非我用武力建立一个我不想要的、结果无疑会很糟糕的独裁政权，否则，我没有办法阻止这种情况发生。因此，我必须退出。"

他无能为力，只能低头不语。在被时代的严酷所淹没的人群中，这种离开，并没有引起任何强烈反应。这就需要回到战时戴高乐主义的含义了。

一个新的自由法国？

这是对几个主要目标的优先性的生动肯定：为恢复法国独立而斗争，包括在盟国面前的独立；革新国家；社会的进步。这些目标，得到了更广泛的响应，因为法国国内抵抗运动也提出了类似的目标。

这个联盟①，在促使它形成的因素消失后，有机会幸存下来吗？抵抗运动，只是积极的、好战的少数人的事业。这个少数派，深受戴高乐个人权威的影响。它仍然是一个因意识形态、利益关

---

① 指法国国内抵抗运动。

切、个人野心而分裂的少数派。最后，这支抵抗力量，在对戴高乐以及戴高乐主义的看法上，出现了分歧。对一些人来说，戴高乐一直是不可或缺的，是一个象征，甚至能促成合作。对其他人来说——特别是抵抗组织的那些核心领导人——戴高乐主义有着自己的现实情况。诞生于历史的偶然，它不仅是一个权宜之计，而且是法国利益的永久代表。这事关"戴高乐主义"的未来。对一些人来说，戴高乐在战争中是必不可少的，但在和平中，就不再是必要的了，因为和平时期的问题，不可避免地会有不同的性质。因此，他的角色，随着他的历史使命而结束。他将继续留在历史上，但不会再创造历史。对其他人来说，"戴高乐主义"代表了法国的永久性，它是国家命运的保证。这是皮埃尔·布罗索莱特（Pierre Brossolette）在1942年秋天提出的观点，他可以说是战后政治的戴高乐主义的"发明者"，他本人也来自社会党："各政党的所有抵抗因素，融合成一个日益普遍的'戴高乐主义'，以及从根本上革新法国政治生活的深刻共识，这二者并不是彼此独立的。［……］自然，法国在解放后，打算在抵抗运动的框架内，在'戴高乐主义'的框架内，进行政治转型。"[1]

而戴高乐在1945年还没有能力发展一套关于社会和国家的理论体系。在1943年11月3日的讲话中，他公开谴责了"这种让国家丧失了巨大财富来源的经济制度［……］"。

体制改革，是战时戴高乐主义关注的核心。战争期间，他成立了一个国家改革委员会和一个综合研究委员会，来思考体制改革的问题。但直到1945年夏天，戴高乐才借着10月份的选举契机[①]，同意引入全民公投。

[①] 1945年10月，法国选举产生了制宪议会，为第四共和国制定新宪法。

然而，很明显，在当时，由于被当前的问题所困扰，他并没有为这些辩论做好准备。直到1946年，他才在贝叶发表了主旨演讲，但依然不是很清晰。至此，他已经脱离了直接的政治博弈。这个问题，因为一个与戴高乐征召志愿兵的性质和程度有关的基本要求，而变得复杂。

1947年，随着法兰西人民联盟的成立，戴高乐认为他可以重新掌权了。很自然地，他把目光投向了解放运动同伴和自由法国。他们是否能够继续为戴高乐效力？戴高乐曾对他的朋友们说："我们要重塑自由法国。"

如果说戴高乐的同伴们只是一小部分精英，那么自由法国人则代表了一种重要的潜力。根据最近的一项研究，自由法国大约有6万人。[2]在最初的两年里，法兰西人民联盟（RPF）里激进分子的数量上升到几十万人，随后，在1951年的中期选举失败前崩溃了。在领导层中，自由法国人占了主导地位。其中包括加斯顿·帕勒斯基和雅克·苏斯特尔。[3]事实是，大多数自由法国人并没有加入法兰西人民联盟。从战时的戴高乐主义，到政治的戴高乐主义，他们没有迈出这一步。

整个第四共和国和第五共和国都有"忠诚"的传统。大多数戴高乐派的议员，都是之前抵抗运动的战士。国民议会中，设有一个跨党派小组，是由没加入过抵抗运动、从来都不是"戴高乐派"的激进分子的人组成。

这些数据，对战时戴高乐主义的含义、范围和局限性，具有启发。战时戴高乐主义所带来的志愿入伍行为，更多的是源于爱国主义的冲动，而不是一种政治反应。这就解释了为什么抵抗运动中的"戴高乐主义者"不一定走戴高乐的政治道路，以及为什么非抵抗运动的战士能够出于各种原因"加入戴高乐派"：拒绝第四共和国的政权，反对共产主义，被个人权力吸引。马尔罗说："法兰西人民联盟是晚上 6 点钟的地铁。"戴高乐的副官克劳德·盖伊在 1945 年至 1949 年的日记中，对这些方面做了一些有趣的说明。[4]

总而言之，我们可以说，诞生于抵抗运动的戴高乐主义本身并不足以支持建立一个政府纲领。戴高乐主义是否具备将自己投射到政治层面的基础？在这条路上，它有几个障碍。各大政党的重生，夺走了戴高乐的人力资源；除此之外，还有对个人权力的怀疑，这种怀疑对戴高乐造成了压力，尤其是左派人士给他的压力；最后，在寻求获得全国一致同意的过程中，戴高乐从一开始就不接受只能代表一部分公众的意见。

这就解释了他为什么拒绝支持勒内·卡皮坦创建的政党，即捍卫了戴高乐思想的戴高乐主义联盟。他对使用"戴高乐主义"一词感到遗憾。在 1945 年 10 月的选举中，戴高乐主义联盟获得了 3% 的选票，有 5 名成员当选议员。

在这次选举中，三个主要的政治组织，即法国共产党、工人国际法国支部（SFIO）①、人民共和运动（MRP），在国民议会中获得了四分之三的席位。戴高乐无计可施，他希望了解宪法委员会的工作情况，但委员会主席弗朗索瓦·德·芒通（François de Menthon）告诉他，由于他本人没有当选，没有理由让他了解情况。

这种无能为力的感觉，加上他对复兴法国的必要性的信念，是他在 1946 年 1 月 21 日决定辞职的根源。与此同时，他被引向一个不可避免的政治戴高乐主义。

---

① 1905 年，一直处于两大派（盖得派和饶勒斯派）分裂状态的法国社会党合并成为工人国际法国支部，即第二国际法国支部，为现时法国社会党前身。

我们之前看到了，此处又再次看到，这项事业，并不是没有模糊性与困难的。人民共和运动——"忠诚的党"——没有追随他。在政治生活中，也没有了他的任何位置。他只能依靠议会中那些与他保持着关系的人，比如勒内·普莱文、米歇尔·德布雷（Michel Debré）、雅克·沙班-德尔马斯（Jacques Chaban-Delmas）、埃德蒙·米什莱。但许多曾经与他关系密切的人，都已经跟他渐行渐远了。

戴高乐与法兰西人民联盟一起，曾想呼吁一场新的民族觉醒。当时，国际环境相对平静。当时的法国还没有"冷战"的氛围，共产党的部长们，直到 1947 年 5 月才被排除在政府之外——当然，这是经历了一段紧张时期后。

在科隆贝，一个新的世界观

1951 年 12 月 21 日，他失望地对记者说："目前，我不得不像其他人一样，接受事实。"

1953 年 5 月 6 日，他不得不承认，"我的努力还没有换来成功"。此后不久，他回到了科隆贝。他继续写他的《战争回忆录》。《战争回忆录》的第一卷于 1954 年出版，第二卷于 1956 年出版。1955 年 6 月，他召开了最后一次新闻发布会。尽管他似乎已经放弃了在这一天之前返回法国的所有希望，但没有什么能阻止我们认为，他不相信他的国家可以避免新的严重的国家危机。在这种情况下，他把自己看作最后的手段。

戴高乐经常挂在嘴边的"穿越沙漠"的这个说法，让人忍俊不禁。戴高乐动作不断，因为他被重返权力巅峰的希望所羁绊着。最重要的是，他几乎没有停止对事态的关注，这不禁让他对国际关系和法国国防政策的看法，发生了许多变化。两个永久的概念依然存在：战争的阴影和国家存在①的根本意义。

戴高乐于 1947 年 7 月 27 日在雷恩发表的演讲，是一个转折点。因为，一次外交部长会议刚刚在莫斯科举行，这次会议以失败告终。苏联拒绝了马歇尔计划：冷战正在取代大联盟（la Grande Alliance）。在雷恩的这次演讲中，戴高乐表达了他的担忧："但今天，一个沉重的担忧压在了我们国家身上。事实上，非洲大陆三分之二的地区是由莫斯科主导。"他还说道："苏联正在以自己为中心建立一个强大的国家集团，离我们的边界只有不到 500 公里，也就是环法自行车赛的两个赛段这么长。"[5]这个表述与"美与善的联盟"相差甚远。

这篇演讲还谴责了雅尔塔会议。在雅尔塔会议上，"欧洲的命运在没有欧洲参与的情况下，特别是在没有法国的参与下"被匆匆决定了。紧接着，戴高乐继续发展这个世界被分为两个阵营的思想，设想了一个美苏共管的场面。戴高乐从中得出的主要教训是，法国只应独立于其他国家行事。这就是"民族独立"的主题。

戴高乐本可以更早做出反应。

1946 年 3 月 5 日，丘吉尔在他的富尔顿演讲中，首次谈到了横跨欧洲的"铁幕"。当时，戴高乐很难做出回应，主要有三个原因。《法苏条约》是在 15 个月前签署的，这将是对《法苏条约》的质疑。他仍然可以把苏联看作一个潜在的"盟友"和可以用来平衡欧洲的因素，而他的德国政策仍在如火如荼地进行。最后，在他自己的政府中出现了共产党的部长，他被阻止采取任何敌视的态度。十年后，在《战争回忆录》1944 年 8 月 26 日这一天的记载中，他把他抵达圣母院时遭遇的"狙击"归咎于共产党人，引发

---

① 即拥有作为一个国家的地位的重要性。

了一场充满政治设计的"事件",以证明维持革命政权的合理性。[6]

戴高乐的态度,应该根据三个标准来分析:法国在德国问题上被孤立了;苏联因对东欧的控制而成为一种威胁;莫斯科和华盛顿之间的交锋正在变得强硬起来。

他关于德国想法的演变,带有这些事件,以及他所关心问题的痕迹。

我们已经看到,戴高乐对德国的立场是多么的强硬:再也不能出现一个中央集权的德国,莱茵地区要分割开来,鲁尔区要实现国际共管,萨尔要与法国建成一个经济联盟。1946年7月28日,他在巴勒杜克再次表示,"维护法国的和平,首先以及最重要的,就是安排好德国的命运"。

在东部,他批准苏维埃化的波兰吞并奥得河和奈瑟河以东的领土。他不可能指望莫斯科或华盛顿提供任何支持。

在德国的法国占领区,是对法国诉求的回应。[7]当地政治的复兴,受到了严格的控制。在经济方面,主要涉及战争赔偿和占领费用,同时逐步提升当地的经济能力。最后,他在文化领域做出了相当大的努力,将再教育的愿望、德国机构的重新开放和对法国影响的关注,结合了起来。

1945年,戴高乐在对德国的占领政策中实际发挥了什么作用?在这一点上,他非常沉默。10月3日至5日,他确实去了一趟占领区,在几个城镇发表了讲话。除了当前问题外,他坚持认为,两个民族之间有必要达成谅解,他从占领政策中看到了这种谅解的诞生。他是否在这次占领中,预见了这一地区会从德国其他地区分离出来?他是否只简单地认为这个占领区是一个抵押品?

至于其他方面,他仍然非常谨慎。然而,他不得不目睹法国的盎格鲁-撒克逊盟友所执行的既成事实的政策。

在英美两个占领区合并，且法国政府同意将法国占领区纳入其中后，德意志联邦共和国成立了。它确实是一个联邦国家，但戴高乐希望的，是一个由德意志各小邦国组成的邦联。因此，他不得不接受这个新的现实。

他针对德国的论述更加严厉，但让位于对必要的和睦关系的表达。他于1949年9月25日在波尔多的演讲中首次明确表达了这一点："我的理性希望是，有一天德国人民和法国人民之间达成一种直接的、真正的谅解，这种谅解，应与他们在许多方面的互补，并一同经历了历史变迁的事实相呼应[8]。"

在1950年3月16日的新闻发布会上，他又重复了这句话。几天前，阿登纳总理在1950年5月9日的声明中，接替罗伯特·舒曼（Robert Schuman），设想了法德两国的完全联合。戴高乐将阿登纳描述为一个"非常不错的德国人"，戴高乐说："我非常清楚，欧洲的命运，以及在很大程度上，世界的命运，都取决于这个关系［法德关系］。"[9]

反苏的内涵，是显而易见的。1948~1949年对柏林的封锁，进一步证实，现在有两个德意志国家。

应该记住，在戴高乐眼中，德国将在这个联合①中位居第二。萨尔州将会有一个简单的政治自治地位。法国仍然是对德国进行军事占领的一部分。法国打算对新德国的发展，保留一些控制权。

而条件是："一个坚定而强大的法国。"

这种支持法德谅解的基调，随着关于欧洲防务共同体（CED）的辩论，而彻底改变。这个项目是法国政府在1950年底启动的，目的是针对德国重新武装的问题，找到一个解决方案，而美国人希望借此对抗来自苏联的威胁。这个想法是将德国特遣队纳入一支欧

---

① 即上文提到的法德联合。

洲军队,这支欧洲军队将有一个统一的总部,从而避免德国有一个自主的军事总部。对戴高乐来说,欧洲防务共同体是一个致命的威胁。这个项目,吹响了终结法国军队的号角。

1952年5月27日,欧洲防务共同体条约签署了,对此,他的反应异常激烈,几乎是咄咄逼人的。在整个1952年和1953年,直到1954年初,他多次进行反对:"当然,在所有拥有军队的大国中,法国是唯一一个正在失去自己军队的国家。"[10](1952年6月6日)他还谈到了一个"无国籍"的项目,一个"调查员的工作"。该条约有可能将军队一分为二:向欧洲防务共同体提供特遣队的军队和旨在维护法国殖民地防御的军队。关于德国,法国将被迫撤离其在莱茵地区的占领地。一支由美国人指挥的军队有什么欧洲特色?这将完成北约在1949年发起的、戴高乐有保留批准的法国军队的整合。在原子武器时代,俄国人和美国人能够互相摧毁对方,我们最终能否相信美国的保证?

戴高乐曾希望能够在苏联找到一个临时盟友。苏联已经表明,法国议会批准的欧洲防务共同体,与戴高乐在1944年12月签署的《法苏条约》相抵触。(苏联将在1955年5月废除该条约)而且,直到此时,戴高乐还没有忘记一个事实,即苏联仍然可以是一种对重新崛起的德国的制衡力量。

这反映在他1953年2月25日在新闻发布会上所做的表态中。再次提到"德国的威胁"时,他说:"[欧洲军队]将会直接导致德国在欧洲的军事和政治霸权。"[11]法国作为战胜者,任由苏联摆布。战胜的法国对战败的德国,将束手无策。

怒火中烧的戴高乐毫不犹豫地呼吁法国共产党提供全力支持。在同一次会议上,可以看到共产主义激进分子和法兰西人民联盟的成员并肩作战。然而,他们并不完全是在进行同一场战斗。前者在原则上反对联邦德国的任何重新武装，后者则反对这种重新武装的形式。

戴高乐在1953年11月12日的新闻发布会上对阿登纳总理的攻击，就说明了这一点："阿登纳先生想成为欧洲人。他希望我们创造一个欧洲。这很好！但他是否认为，在美国的大力干预下，创造出这个人造的怪物，这个机器人，这个弗兰肯斯坦①，为了欺骗所有人，被称为共同体，这是在造就欧洲，或者说，这不是在扼杀它吗？难道阿登纳先生没有更有意义的事情去做吗？"[12] 三年前，阿登纳还是一个"非常不错的德国人"。

戴高乐所担心的，不仅是一个尚未诞生的军事强国，而且是德国工业的复苏。这方面的一个很好的例子，是来自安德尔-卢瓦尔省的参议员米歇尔·德布雷的演讲和文章，他是戴高乐立场的忠实诠释者。[13] 对他来说，为了避免最危险的不平衡，即德国工业霸权所导致的不平衡，还有四个条件需要满足，即：限制德国工业生产；结束施加政治影响的卡特尔；控制鲁尔区；把萨尔区分出来。但德国政府拒绝了。

而米歇尔·德布雷谴责法国政府的软弱和倒退，在他看来，这个政府软弱无力。对他来说，法德协议需要在法国和德国之间实现权力平衡。在欧洲防务共同体所承诺的超国家的欧洲，法国将会对一种不可逆的发展趋势毫无办法②。

欧洲防务共同体的事情，对他来说成功结束了。该项目最终于1954年8月30日被法国议会否决。这种否决，不仅仅是因为戴高

---

① 《弗兰肯斯坦》是英国作家玛丽·雪莱在1818年创作的长篇小说。其中，主角弗兰肯斯坦（Frankenstein）是个热衷于生命起源的生物学家，他怀着犯罪心理频繁出没于藏尸间，尝试用不同尸体的各个部分拼凑成一个巨大人体。于是，弗兰肯斯坦常用来指失控的创造物（常常会毁灭创造者）。

② 即在欧洲防务共同体所承诺的超国家的欧洲，德国将会占有主导地位——这将会是一个不可逆的发展趋势，而法国只能（屈居德国之后）任由这种局势发展下去而无任何办法。

乐的反对。

欧洲问题是辩论的核心。重点是德国融入欧洲的问题，以及德国与法国的关系。欧洲历史自此进入了一个新阶段。法国的命运，不能再在严格意义上的国家框架内进行设想了。这是否意味着戴高乐从此时起，才对这一要求持开放态度？

一点也不。对他来说，把欧洲组织起来，是他一直以来的想法。这个想法，是在战争期间出于法国与被占领的欧洲其他国家的共同命运和共同利益而诞生的。

在 1953 年 11 月 12 日的新闻发布会上，他回顾了自己关于欧洲组织的基本想法："法国构想的这种组织，是一个由各国人民组成的协会，每个人都为共同的事业做出自己的贡献［……］，当然也保留自己的天赋和特色。［……］如果丧失了民族色彩，欧洲就不可能存在。［……］从本质上和历史上来看，我们的大陆是这样的，融合只会带来混乱。［……］如果一个人没有祖国，那他就不是一个欧洲人。"

法国只会从这个统一的欧洲中，汲取更多的力量。1943 年 7 月 14 日，他在阿尔及尔论坛上说："融入古老的欧洲，在经历了这么多的考验之后，它将恢复其平衡和影响［……］，明天的法国将会位于大国的前列。"

这种理想中的欧洲统一，会采取什么形式？在这方面，戴高乐思想的评论者，经常能看到模糊的、矛盾的地方。戴高乐指的只是一个单纯的西欧、还是"从大西洋一直到乌拉尔的欧洲"？

这个欧洲的疆域，可能确实看起来很有弹性。让我们来参考一下他的几个说法：

1941 年 7 月 14 日：他提到，欧洲是"从明斯克到波尔多，从雅典到纳尔维克"。

1942 年 11 月 11 日：他给出了一个新的定义，我们要直达比利牛斯山脉和伏尔加河。

战后，苏联实现了一体化。

只有当我们把他对这个欧洲疆域的看法，看作两种担忧的变体，一种是永久的担忧，另一种是当下的担忧，才能解释这种关于这个欧洲边界明显的不确定性。永久的担忧，是戴高乐对整个欧洲实现深刻统一的信念，这来自他所接受的传统教育和历史教育。局势与国际事件及国际形势的演变密切相关。这一时期的主要时刻，是由四个背景构成的：

-德国的问题。

-苏联的现实。

-大不列颠的地理位置。

-对美国的态度。

我已经广泛地讨论了德国问题和有关欧洲防务共同体的争端。战争结束时，戴高乐将德国的命运视为"宇宙的中心问题"。建立一个欧洲的框架，是避免两国人民爆发悲剧般正面冲突的唯一途径。勒南的叮嘱并没有消失。在给大卫·施特劳斯（David Strauss）的第一封信中，勒南写道，法德之间的谅解，只有在欧洲框架内才能得到保证。对戴高乐来说，这一协议是出于地理和战略因素：通过将德国牢牢地固定在西方，将其从拉帕洛（Rapallo）①

---

① 《拉帕洛条约》，是1922年4月16日由德国魏玛政府与苏维埃俄国在意大利的拉帕洛签署的条约。两国借此宣布放弃在《布列斯特-立陶夫斯克条约》及一战后向对方提出的领土和金钱要求。而且，两国也同意外交正常化并"友好合作，在经济上互惠互利"。条约结束了德国与俄国在一战及俄国革命之后的外交孤立。由于双方都在凡尔赛条约中失去了可观的领土与政治力量，所以两国的目标是组成"反凡尔赛同盟"，抗衡西方国家。

的魔爪中夺回。整合这个德国的方法也大不相同。戴高乐最初设想由德国各州组成的邦联进入欧洲联盟,以避免一个统一的德国重新建立起来。但后来,他不得不接受德国重新建立起来的事实,于是便又在与德国的具体协议中寻找出路。毫无疑问,戴高乐将他的所有希望,都寄托在法-德携手、共同领导欧洲上。1963年1月22日的《法德条约》载入了这一希望……但这个希望很快就破灭了。

俄国的情况,则一直处于德国在欧洲的地位这个问题的背景中:这是一个古老的辩题,俄国有时被纳入欧洲框架,有时被排除在外,有时是一个潜在的朋友,有时是一个令人恐惧的大国。戴高乐则根据世界形式的演变来做出判断。我们记得,战前他曾批准过1935年的《拉瓦尔-斯大林协议》。在战争期间,诺曼底-涅曼的航空兵团曾封存了另一份针对希特勒的《法俄协议》。从1947~1948年起,戴高乐有理由认为俄国可能会对西欧构成危险。他在任何时候都没有质疑俄国的欧洲成员资格。至于"从大西洋到乌拉尔的欧洲"这句名言,戴高乐当然说过,但并没有赋予过它任何具体意义。

另一方面,英国在欧洲的成员资格,则受到了戴高乐更严厉的批评。从1940年6月旨在阻止与德国达成任何停战协议的《法英联合条约》,到法兰西人民联盟时期,这是一条呈现出稳步下降态势的曲线。在1941年11月25日的牛津演讲中,他仍然庆祝"一个比以往任何时候都更加坦率和坚实的法英合作关系的建立",1944年7月25日,在协商大会①上,他再次谈到了"英国和我们是利益共同体"。然而,到了这个时候,戴高乐观察到的,只是英

---

① 前文提到了,"1941年9月24日,戴高乐在伦敦签署了创建法国全国委员会的法令。法令宣布建立一个协商会议"。

国对美国依赖性的持续加深。1949 年 9 月 25 日，他看到英国"渐行渐远，被大西洋彼岸的大块头所吸引"。现在，距离 1963 年 1 月 14 日的历史性新闻发布会，还很远："英国特有的性质、结构和环境与欧洲大陆的情况有很大的不同。"法英关系问题的核心，仍然是英国无法与法国就对德国，特别是对莱茵地区的共同政策，达成一致。对他来说，英国和欧洲之间的关系，是由美国的主导地位决定的。英国只是美国的一个特洛伊木马。然而，对丘吉尔来说，美国的联盟主导了一切。

这就把我们带到了一个问题上，整个戴高乐主义有关欧洲建构的概念，是围绕着这个问题展开的：欧洲和美国之间的关系。面对这个问题，戴高乐借用了二元对立的相关知识。一方面，是杜尔哥①（Turgot）、歌德、孔多塞②（Condorcet）和托克维尔笔下的美国：自由的土地，民主国家的战争堡垒。另一方面，是约瑟夫·德·迈斯特③（Joseph de Maistre）、蒲鲁东④（Proudhon）和索雷尔⑤的美国：物质主义和利己主义有着巨大的力量。第一种形象，

---

① 安·罗伯特·雅克·杜尔哥（1727~1781），法国经济学家，重农学派最重要的代表人物之一。代表作品有《关于财富的形成和分配的考察》。
② 马奎斯·孔多塞（1743~1794），18 世纪法国启蒙运动时期最杰出的代表之一，同时也是一位数学家和哲学家。1782 年当选法兰西科学院院士。代表作品有《人类精神进步史表纲要》。
③ 约瑟夫·德·迈斯特（1753~1821），法国君主主义者。反现代派人物。法西斯主义的先驱和早期鼓吹者，著作有《论法国》、《信仰与传统》、《政治组织和人类其他制度的基本原则论》和《圣彼得堡之夜》。
④ 蒲鲁东（1809~1865）在他的《什么是财产?》、《贫困的哲学》、《社会问题的解决》、《一个革命者的自白》和《19 世纪革命的总观点》等著作中，全面系统地阐述了他的社会主义和无政府主义的观点。
⑤ 乔治·尤金·索雷尔（1847~1922），法国哲学家，工团主义革命派理论家。提出神话和暴力在历史过程中创造性作用的独特理论。索雷尔的哲学结合了柏格森和尼采的思想，认为理性受制于感性。这成了他创立的革命社会主义的理论基础。他认为，通过动员非理性力量进行暴力革命，是实现社会主义的唯一方式。

在戴高乐身上当然从未缺席。他谈到了"美国和我们之间的思想认同,一种既本能又理性的友谊,在我看来,这是即将到来的、重组的世界的基本要素"[14]。随后,他强调了欧洲和美国利益的差异:"美国不是欧洲的一部分。我想,我是在地图上发现的这一点。"[15]

关于其他四个强权国家的这四个基本问题①,从来都不是彼此毫无关系、独立发展的。这些问题,启发了戴高乐关于欧洲建设的思想和战略辩论,也点亮了整个欧洲的辩论。对戴高乐来说,从来没有一个现成的系统,正如他所做的那样,结合了对未来的预测、对过去的沉思以及对行动层面上可能性的衡量。

考虑到这些预防措施,可以说,戴高乐在"穿越沙漠"② 时所构想的关于欧洲建设的计划,形成了三个基本想法:一个开放的欧洲,对任何国家都没有任何排斥性,欧洲是一个整体,只是在走向统一的过程中,现实环境拖延了这一进程,这种做法的目的完全是泰亚尔式③的;一个拥有主权的欧洲,不应加入任何阵营④,不应进行任何形式的一体化,以免解体;最后,一个远离所有技术官僚

---

① 指前文提到的"四个背景",即有关德国、俄国、英国、美国的四个问题。
② 指北非沙漠战役,戴高乐经过艰难的时刻后终于迎来了光明:攻打木祖克的战役和攻占南部沙漠中库弗腊的战役,是完全由自由法国独立打赢的战役。为了配合韦维尔在利比亚进攻意大利,自由法国的一支队伍攻打了费赞绿洲的一个沙漠前哨地区木祖克,这片地区布满了杂树丛和无尽的沙漠,自由法国军队穿越 900 多公里后,突击了一支全副武装、深沟高垒的守军,摧毁了意大利的机场和战斗机,清除了韦维尔面临的威胁。接着,自由法国军队向利比亚和埃塞俄比亚之间的交通要道库弗腊推进,他们就是在这一次次的失败与进攻中,逐渐壮大了自己的力量,也使得光复法国的道路越来越平坦,终于,戴高乐等到了黎明。
③ 泰亚尔·德·夏尔丹(1881~1955),中文名字为德日进。哲学家,神学家,古生物学家,天主教耶稣会神父。德日进在中国工作多年,是中国旧石器时代考古学的开拓者和奠基人之一。代表作品有《人的现象》《人的未来》《神的氛围》。
④ 不加入华约或北约。

主义，将自由的国家聚集在一起的欧洲，这些国家将逐渐按照自己的自由意志，在必要时能够做出授权。

1955年6月30日，戴高乐召开了他的最后一次新闻发布会。1957年9月12日，他在一份公告中表明，某些归到他名下的言论是没有根据的。他说："这尤其适用于阿尔及利亚的问题。"286

第十章 为了争取法国的地位、反对战争而进行的核试爆——一场政治献礼

戴高乐回归前夕的世界

当戴高乐于 1958 年重新掌权时,国际局势不再是冷战时期的局面。我们已经进入了和平共存的时代。即西方和东方的两大集团,各自进行巩固加强,美国和苏联这两个领导者达到了势力平衡。在任何一个集团中,组成集团的国家的任何倡议,都注定会失败。为此,西方国家在 1956 年的苏伊士运河战争中,付出了巨大代价。英国在美国的压力下屈服了,抛弃了在亚历山大城门口的法国,而苏联则以核武器威胁伦敦和巴黎。这种巧妙的默契,导致了两个集团的盟友,在一定程度上被迫绝对中立。

凭借着核能力,美苏在相互制衡的同时,还能通过允许对方做出无害举动,来冻结战略局势。

自第二次世界大战以来,权力已经从旧世界转移到了新的决策中心。被毁坏的、依赖于美国的欧洲,甚至失去了团结,欧洲发现自己被分成两个对立的集团。而马歇尔计划为经济复苏做出了很多贡献。

1949 年 3 月,法国通过签署《北大西洋公约》,将自己置于美

国的保护之下，并通过将其武装部队（不包括海外部队）纳入联盟的军事体系来巩固自己的安防。由于1957年美国和英国在核领域的协议，最高指挥权属于美国，其次，是美国-英国。我们必须为西欧国家和第四共和国政府主持公道：在欧洲建设领域，1957年3月25日的《罗马条约》创建了欧洲经济共同体和欧洲原子能共同体——诚然，在美国的怂恿下，没有任何对权力的渴望。

依赖于美国的分裂的欧洲，失去了其殖民地的光环。在这里，尽管原因不同，但美国和苏联再次联合起来。法国遭受了去殖民化的全面影响。在奠边府①（Diên Biên Phu）的失败，使其从远东战场上消失。苏伊士的惨败，使它从中东地区——除了黎巴嫩——消失。

1958年5月的危机，与去殖民化产生的问题直接相关。阿尔及利亚怎么能不受到自1956年以来独立的突尼斯和摩洛哥的影响呢？黑非洲则通过1956年6月的《德费尔框架法》② 获得了自治权。

阿尔及利亚问题，因近百万欧洲人的存在和阿尔及利亚的地位，而变得复杂，它大致上被当作法国的一个省。在被国际化③的过程中，阿尔及利亚事件导致了外部势力的介入，削弱了国家的信用。

1958年5月13日的事件，可以说是一场军事政变。将军们一开始并不比阿尔及利亚更"戴高乐主义"，他们只是想对巴黎的政

---

① 奠边府战役，发生于1953年5月，是越南抗法战争后期，越军对法军实施的战略性进攻战役。
② 即法国《海外领地根本法》。以法国时任海外部长加斯东·德费尔命名。该法标志着法国及其海外殖民地关系的转变。
③ 即引入各国元素，而非完全受法国统治。

府施加压力，使其采取支持法属阿尔及利亚的坚定立场。

随着政权危机的公开化，军队被迫要求戴高乐来解决这个问题。这是萨兰（Raoul Salan）将军向戴高乐发出的关键呼吁，萨兰绝不是一个"戴高乐主义者"，而是被戴高乐的名气给"煽动"了。接着，我们看到这位从科隆贝走出来的隐士，进行了"常规程序"，这将使他成为第四共和国议会的最后一位主席，这是他的第一步。至于他对阿尔及利亚的最终意图，谁知道呢？

阿尔及利亚事件：实现伟大雄心道路上的一个障碍？

他在 1958 年看到的，远不止阿尔及利亚问题本身。这反而会成为他在外交和国防事务中，实施自己伟大政策的障碍。我们在这里只考虑戴高乐在 1958 年之前，对殖民地问题和阿尔及利亚问题的态度。在整个充斥着道德与戏剧性场面的时期，他的这些态度制约着问题的最终解决。戴高乐，作为从未在马格里布（Maghreb）或非洲行使过指挥权的少数军官之一，总是无视殖民地的反馈。如果他确实在黎凡特服役过两年的话，我们可以从前文看到他对纳钦上校的倾诉："我们[我和我的家人]在那里已经待了两年了。我感觉，我们几乎没有渗透进去，那里的人民对我们来说是陌生的——我们彼此都很陌生———一如既往。"简而言之，法国错失了时机。

然而，这场战争让法属海外殖民地的领土拥有了新的、意想不到的重要性。1940 年 10 月 25 日，帝国防御委员会诞生在布拉柴维尔，三年后，法国民族解放委员会诞生了，总部设在阿尔及尔。约 65000 名穆斯林将被授予法国公民身份。1944 年 3 月 7 日的法令规定，在解放后的法国国民议会确认后，他们将正式成为法国公民。然而，戴高乐将军希望避免阿尔及利亚在争取解放法国的斗争中获得自身的独立。1947年，塞提夫（Sétif）起义①被镇压，而这在《战争回忆录》中几乎没有提及。

尽管如此，他对殖民地的任何法国化和一体化政策都没有幻想。正如他在《希望回忆录》②中所说，他顶多是希望阿尔及利亚能在与法国的联邦形式中找到自己的位置，而且，后来他还想过一个可能会被大家接受的框架——建立一个共同体。

从1953年起，戴高乐就公开表示赞成结束印度支那的战争。而对阿尔及利亚他一直有所迟疑，随着1954年11月叛乱的爆发，他再次陷入了困扰。虽然他没有发表公开声明，但他让身边的人都知道了他的想法，而这些人传播了他的言论。[1]一切都朝着同一个方向汇聚：阿尔及利亚没有形成一个国家，它形成了一个民族，无论我们愿意与否，阿尔及利亚都将独立。

公开宣布这一点，是不可想象的。因此，我们将不得不保持希望。他表示，独立的阿尔及利亚可以在共同体中找到自己的位置。接下来，事情经过了几个阶段的发展，从1959年9月的自决，到1960年11月的"阿尔及利亚共和国"，直到1961年1月8日的公投和1961年4月11日的声明：阿尔及利亚将成为一个主权国家。面对阿尔及利亚共和国临时政府（GPRA）的顽固态度，戴高乐不得不放弃组成一个共同体的想法。而在1962年4月8日，全民公决宣告了阿尔及利亚独立，其中包括了撒哈拉地区，这是戴高乐没

---

① 1945年5月，阿尔及利亚发生了不满法国提高赋税的塞提夫起义，在起义被镇压后，约4万阿尔及利亚人被处决；1947年，在当地民众起义失败后，法军在马达加斯加处决了超过10万人。
② 《希望回忆录》是戴高乐1969年退出政坛之后写成的，记述了他自1958年重掌法兰西政权以来，为法兰西的复兴所做的种种努力。

有预料到的，他不得不承认这一点。事实上，在埃维昂，双方没有进行任何谈判。

街垒的一周和将军们的军事政变宣言，把阿尔及利亚军队中相当一部分人对他的敌意，摆到了明面上。对他来说，这个阿尔及利亚将不再是他有时所说的"悲伤盒子"①。

阿尔及利亚事件，给了戴高乐一个意想不到的机会，让他得以重新掌权。这也给他打算推行的伟大政策设置了一个障碍。因此，人们无法想象，他在这一领域采取主动之前会等待一个解决方案。一点儿也不。我们在他身上发现了这种期待和不耐烦的矛盾存在，这是他的重要性格特征。请看他于1958年9月17日发给艾森豪威尔总统和麦克米伦（Harold Macmillan）首相关于大西洋联盟②运作的备忘录。我们将在后面对这份备忘录进行研究。在此，我们只单纯强调它本身所揭示观点的广度，而这个观点展示了一个早就确定的想法。

1958年，67岁的戴高乐对国际问题和国防问题，有着长期的经验。

他的想法随着经济形势的变化而变化。他富有想象力与前瞻性，在战略问题上也是一个现实主义者，一个实用主义者。他仍然是一个斗士，正如他在战争期间与丘吉尔的争执所揭示的那样。在俄国和德国的问题上，他已经有所发展。关于欧洲联盟的想法，他很快就承认，法国别无选择，只能加入其中，但他从未停止反对任何将他的军队吸收到美国领导的一体化体系中的项目。

---

① 在法国，悲伤盒子（boîte à chagrin），是给儿童和成人的礼物，以帮助他们疏解自己的任何苦恼或不安。孩子们会打开这个小盒子，告诉小动物他们的悲伤，然后合上它，把它放在枕头下。

② 1946年冬至1947年春，美国逐步形成了对西欧的总政策，即大西洋联盟政策。大西洋联盟政策的具体表现是马歇尔计划的提出和北大西洋公约组织的建立。

他对法国的野心,是从他所受的教育和文化熏陶,以及随后的战争经验中,一脉相承下来的,一点儿也不谦虚:恢复法国的地位。由此可见,外交政策是戴高乐的核心。这项政策有两个目标:国家独立,以及改变联盟内部的势力平衡。于是,有两个条件是必要的:一个强大的法国,以及一个相匹配的军事工具。

对戴高乐来说,这两个条件是密不可分的,以至于人们不禁要问:政治因素的加强,是军事要求的原因还是结果?在某种程度上,他在战前就已经回答了这个问题:政治指挥军事,只要政治家知情并意识到其中的利害关系。就戴高乐的情况而言,当政治家与军事家的身份同时出现在一个人身上时,这种融合是非常彻底的。政治领袖兼任战争领袖,直到最终成为唯一的领袖。

这一概念很早就得到了肯定。1946年1月4日的一项法令——戴高乐辞职前不久签署的——指定临时政府主席为国防部长和军队总司令。他既负责国防政策的制定,也负责国防政策的实施。至于统一的军事指挥权,则由一名负责海陆空三军的国防参谋长来保证。考虑到政权的议会性质,第五共和国不可能继承这一机制,因为它需要一个对议会负责的总理,因此,在国防事务上,他要在议会面前担任这项职务。

然而,共和国总统在这一方面有优先地位,总统担任国防委员会主席,负责做出重大决定。难道根据宪法,他不是"国家独立、领土完整和遵守条约的保障者"吗?共和国总统的普选,只能确认总统在执行外交政策,以及在国防方面的首要地位。

当务之急:国家独立

国家独立,是戴高乐整个政策的核心,是基础。作为在国际舞台上存在的必要条件，国家独立与国家主权是密不可分的，国家主权要求任何国家不得对一国的内部事务进行外部干预。这就是"干净的手"政策。正如戴高乐将军所说，独立是依赖的对立面。这种独立政策，还有最后一个原因。这个原因很少被强调，因为许多舆论认为，它主要是在合理性的极限上，证明一种"伟大性"。只有宏大的事业，才有可能抵御法国人民内心深处发酵着的分离主义。根据戴高乐的说法，一个民族总是迅速陷入分裂与不和。因此，它是维持内部秩序的必需品。在"民族独立"这一表述中，我们发现了在戴高乐的著作中多次强调的内容：民族，构成了国际关系的基本现实。每个国家都拒绝成为一个客体，以宣称自己是一个主体。

国家是"冷酷的怪物"，是"最冷酷的怪物"。1959年12月3日，在军事高级研究中心的一次演讲中，他按照长期以来的想法，说道："在任何时候，政府存在的理由，都是为了捍卫国家独立和领土完整。这就是政府的来源。特别是在法国，我们所有的政权都来自于此。"

因此，他在1962年表达了自己的观点："如果有一种声音可以被听到，有一种行动可以在取代冷战的秩序方面发挥效力，那就是法国的声音和法国的行动。但条件是，这个声音和行动，来自法国，而且，法国伸出的手是自由的。"[2]

对戴高乐来说，这种国家独立的概念，与对自由的普世理想有关。于是，他战争期间加入了对盟国的共同敌人、但也对被认为不关心法国主权的盟国，发动的战斗。1941年3月1日，他提到了"法国的伟大与世界的自由之间两千年来的协议"。

这种姿态，很适合像法国这样的中等国家，它能防止自己受到任何帝国主义的诱惑，也让自己免受怀疑。因此，它可以不骄不躁地保持自己的地位，但它有自己的外交手段，既不强到可以去支配别人，也不会弱到被别人支配。这是典型的现实政治（Realpolitik）。

这种对国家独立的强调，并没有导致孤立。戴高乐在多个场合强调，现代世界意味着越来越多的相互依赖："没有一个国家是独立的，因为它实际上总是或多或少地与其他国家有联系，"[3]他在给他的总理乔治·蓬皮杜的一份文件中这样写道。

在国际联盟①为维护两次战争之间的和平所做的努力被证明是徒劳无功后，戴高乐对于如今的联合国想要再次实现集体安全的意愿，只有有限的信心，尽管如此，法国还是在安理会拥有一个永久席位。在任何情况下，联合国都必须尊重其成员国的主权，这是一个优先事项。我们知道，在1965年，戴高乐甚至把它描述为一个"东西"（machin）②。

拒绝霸权主义，拒绝东西两大集团，尊重国家主权，这跟平衡与和平这两个概念密切相关。法国有能力为此做出贡献，它没有强大到可以将自己的想法强加于人，但足够强大到让人听到他自己的声音。

然而，仅仅想正确地执行外交政策是不够的。也有必要拥有能这样做的手段。这需要两个条件：不被强迫结盟，以及有一个可靠的国防。

对西方联盟的批评：1958年9月的备忘录

1958年9月17日，戴高乐亲自给艾森豪威尔总统和麦克米伦

---

① 国际联盟，简称国联，是《凡尔赛条约》签订后成立的国际组织。1945年，二战结束后，国际联盟被联合国所取代。
② 这个词指的是，一时想不起名字而说出的人、东西、玩意儿。

首相写了一份备忘录，其中，他对北大西洋公约组织（NATO）的组织和运作提出质疑，认为它不再符合法国的国防需要。备忘录是在戴高乐于共和国广场提出宪法草案后不到两周的时间内发出的。9月14日，他在科隆贝接待了德国总理康拉德·阿登纳。这两件事并非毫无关联。

戴高乐从未在原则上对《大西洋公约》表示反对，恰恰相反，他始终认为与美国结盟对法国来说是必要的。因此，在1949年3月29日，他说："法国知道，如果法国本土受到攻击，或是法国的自由受到攻击，它会多么需要美国的帮助。"[4]

然而，接下来，它表达了保留意见。首先，关于公约涉及的地理范围："我读到，公约只延伸到北大西洋，这对联合行动的战略准备，可能产生严重的不利影响。"[5]他在1949年3月这样说。还有人怀疑该公约是否能在发生威胁时，进行及时干预，因为它没有规定自动反应。最后，戴高乐批评道，正如他1956年8月2日在圣西尔科特基达（Saint-Cyr-Coëtquidan）说过的那样，该条约让法国的独立化为泡影。

这一切之所以成为可能，是因为法国刚刚能够有效地参与这一共同防御："只有在法国本身拥有国防的情况下，该协议才具有实际价值。"换句话说：这个协议没有价值。结论是：没有任何东西让美国有义务参与"对我们的国家直接、立即的保卫"。

1958年9月17日的备忘录，确实有一段前史。主要涉及美国和苏联这两个超级大国成功研制、并随后公开了拥有核武器的事实。

备忘录本身分为三个部分[6]（见附录六）。

第一部分提到了北大西洋联盟在"政治和战略现实"方面的不足，因为它只局限于北大西洋。就对欧洲和法国的利益延伸到全球其他地区而言，这种限制是专横的。

第二，备忘录主张对北约进行改革。备忘录建议成立一个由美国、英国和法国组成的组织（所谓的"三方委员会"）。它将有两项任务："就影响世界安全的政治问题做出联合决定"以及"在必要时起草战略行动计划，特别是在使用核武器方面"。戴高乐在他的《希望回忆录》中说，"西方对原子武器的垄断，将很快不再属于盎格鲁-撒克逊人，因为我们将靠自己拥有它们"[7]。

关于最后一点，他在备忘录中警告说，"［法国政府］从现在起，对于其在北约的参与情况所采取的任何进一步措施，将取决于［这一改革］"。

最后，他表示，希望通过外交渠道讨论该问题。然而，这并不意味着法国不应诉诸协议中规定的北约修订程序。

1958年夏天，戴高乐对美国人利用划拨给北约的沙特鲁空军基地在中东（北约地理区域之外）进行军事干预，感到非常不满。然而，他从来没有停止过用言语和文字来说明，法国并没有声明要独自保卫自己。相反，他主张一切必要的军事安排，并不反对在战争中进行统一指挥的概念。

就目前的情况来看，美国和英国政府不会认真对待这份备忘录。至于欧洲盟友，他们坦率地反对其中所表达的愿景。

那么问题来了，戴高乐是否预料到了这种拒绝？或者，他对事情的进展还怀有一些希望？看来他没有什么幻想，备忘录如预料之中那样被拒，成为他后来退出北约的借口。几天前，他接见了美国国务卿福斯特·杜勒斯（John Foster Dulles），杜勒斯对戴高乐表达的法国愿望给出了保留意见。这次拒绝，为1966年法国退出北约做了铺垫。

然而，在1958年备忘录之后，戴高乐还是小心翼翼地向美国保证，法国对美国的友谊永远不变。1959年5月25日——在将地中海舰队置于国家权力之下的两个月后——他对艾森豪威尔总统说："首先,我想告诉你,我从未如此确信,在当前形势下,美国的北大西洋联盟会比以往更加必要。"艾森豪威尔只是以最笼统的措辞做出了回应。

1959年1月1日,戴高乐颁布了一项关于国防总体组织的法令。国防,是国家的责任,将会是一件全球性的、永久性的事务。1959年11月3日,戴高乐在军事学院宣布,他决定为法国提供一支独立的战略核力量,并正式谴责北大西洋联盟的一体化军事系统。比如他说:"保卫法国的必须是法国人";"像法国这样的国家,如果它必须参战,那必须得是它的战争";"我们称之为一体化的系统〔……〕,这个系统已经死亡";"我们必须知道如何为自己提供所谓的'打击力量'。〔……〕不言而喻,这种力量的基础,将是一种必须属于我们的原子武器。"[8]

每个国家都必须保留对其国防的绝对控制权,根本原因是:国防是国家的一项基本使命。对戴高乐来说,这一使命是国家诞生的根本原因。

1960年2月13日,法国在撒哈拉进行了第一次核爆。

核爆事件及其政治影响

戴高乐对核武器的了解,并不是从1958年开始的。这可以追溯到更早的时期。

他第一次提到核武器是在1945年10月12日的新闻发布会上。在回答关于法国政府可以从美国对日本使用第一颗原子弹中吸取什么教训的问题时,他回答说:"法国政府没有忽视这个对整个世界都非常重要的问题,因为其威力显然是巨大的。我们现在必须确保它不会引发一场世界性的大灾难。"[9]

戴高乐在更早的时候就被告知了有关核武器的相关进展,那是在1944年7月对渥太华的短暂访问中。法国科学家拜访了他,他们得知一个英国-加拿大的团队正在蒙特利尔进行有关原子弹的工作,这是弗雷德里克·约里奥-居里(Frédéric Joliot-Curie)和伊雷娜·约里奥-居里(Irène Joliot-Curie)1939~1940年在法国所做工作的直接延伸。1944年7月11日,在一次简短的会议上,这些科学家向戴高乐通报了原子弹的发展情况,并坚持认为有必要在法国发展核电。[10]

1945年10月18日,法国原子能委员会(Commissariat à l'énergie atomique)成立,以进行科学和技术研究,"以便在科学、工业和国防的各个领域使用原子能"。而其余的事,即原子能在其他领域的应用,都发生在戴高乐辞职之后。第四共和国并没有无所作为,它的作为包括了原子能在军事领域的应用。正是作为议会主席的皮埃尔·孟戴斯·弗朗斯,在支持核武器方面采取了第一个决定性的行动。1954年10月,一项秘密法令批准要设立一个原子能军事应用高级委员会。一切似乎都已就绪,但直到孟戴斯·弗朗斯于1955年2月败选下台,实际上也没有做出任何决定。他的继任者埃德加·福尔(Edgar Faure)和盖伊·莫莱(Guy Mollet)在面对美国人的担忧、科学家的保留意见和害怕受到歧视的德国人的惊恐时,一直在拖延。直到布尔热-毛努里(Maurice Bourgès-Maunoury),特别是费利克斯·盖拉(Félix Gaillard)的内阁上台后,道路才被扫清。苏伊士事件已经过去了。1958年4月,法国采取了必要的措施,于1960年初在撒哈拉的一个实验中心,首次进行了一系列核试爆。

1958年7月22日,议会新任主席夏尔·戴高乐正式确认了费利克斯·盖拉的决定,并优先执行该决定。保密的时代已经结束。

当 1960 年 2 月 13 日在雷冈（Reggane）宣布第一次核试爆时，戴高乐的反应揭示了他对核武器的重视："法兰西万岁！从此，她变得更加强大，更加自豪了。"这件事的政治象征意义高于军事层面的意义。法国被邀请至了强国的谈判桌旁。戴高乐仍然是一位军事领导人，其权威，因如今落在政治家肩上的艰巨责任，而得到了进一步加强。

核弹，是为外交服务的。继 1960 年 2 月 13 日的第一次核爆后，法国又进行了三次大气层核试射。在关于禁止大气层核试射的《莫斯科协议》（1963 年）[①] 签署之后，接下来的 13 次发射，都是在地下进行的，也是在撒哈拉。从 1966 年起，法国恢复了空中试射，这次是在太平洋。到戴高乐离开爱丽舍宫时，总共进行了 31 次核试射。1968 年 8 月 26 日，法国进行了第一次氢弹试射。

戴高乐有什么看法吗？

他在这个领域的导师，似乎是艾勒雷（Charles Ailleret）将军和加洛瓦（Pierre Gallois）将军。加洛瓦说，他向戴高乐提供了关于基于核武器的最新战略的信息。当时，他在北约-欧洲副空军司令诺斯塔德（Lauris Norstad）将军手下，从事北约的长期战略规划工作。在诺斯塔德的建议下，他向戴高乐介绍了他的研究小组的工作："我在［1956 年］5 月 2 日星期三晚上 9 点 15 分去了拉佩鲁（La Pérouse）酒店（戴高乐在巴黎时住在那里）。我把图表一幅接一幅地放在椅背上，进行了汇报。将军听了几个小时。然后他发表了一段很长的观点，我认真地听着，我意识到，他不仅理解了整个新战

[①] 1963 年 7 月 15 日，美、英、苏在莫斯科恢复谈判，很快达成协议。8 月 5 日，三国在莫斯科签署了《禁止在大气层、外层空间和水下进行核武器试验条约》，即《部分核禁试条约》。

略,而且比我这个研究了三年的人,更了解它。"[11]戴高乐在谈话结束时说:"对法国来说,能够从侵略者身上扯下一只手臂就足够了。"

从 1958 年起,法国的新战略将是"由弱到强进行威慑"。戴高乐在 1964 年 7 月 23 日的一次新闻发布会上总结道:"毫无疑问,我们可以发射的这个百万吨级武器,在数量上没法与美国人和俄国人能够投放的武器相提并论。但从核能力来看,就各自的直接防御而言,各自的核武器的数量差异,没有太绝对的意义。"[12]

在好几个场合,戴高乐将军都回到了这种军备力量平等的概念上,即使彼此的军备力量非常不平等。因此,在 1963 年 1 月 14 日的新闻发布会上,他说:"我们将能够获得的核武器的数量,到目前为止,远比不上如今这两个霸权国家所拥有的数量,这是完全正确的说法。但是,从什么时候开始,会有人认为一个民族应该放弃最有效的武器呢,就因为它的主要潜在对手,抑或是主要朋友的核武力量远比自己强?"[13]

1965 年 12 月 14 日,他在总统大选阶段接受米歇尔·德鲁特(Michel Droit)的采访时又说:"核武器是一种威力巨大的武器,它的威慑能力——即使在数量上无法与两个霸权相提并论——也一样非常巨大,如果我们没有这种核力量,就无法进行有效的威慑,获得有效的安全保障。如果我们没有这些核武器,那我们将会面临什么?"[14]

从弱到强的威慑,不应与核胁迫相混淆。后者甚至意味着前者的失败。要么,面对核冲突的可怕前景,敌方同意达成协议,核威慑失效;要么,敌方不同意屈服,通过预防性销毁其报复性武器来进行核胁迫,以免反过来自己被迫承受影响。只有当使用核胁迫的国家能够保证一蹴而就地、预防性地消除对手的报复性武器时,核胁迫才是可以考虑的。这样做的条件是,国家必须拥有远超敌人的核武器数量。

正是由于经常混淆"威慑"和"胁迫",法国的政策注定在许多方面会受到广泛的批评甚至坚决的反对。

在政治上,反对势力来自共产主义者、社会主义者和中间派,并通过右派的投票,得到加强。从中间和右翼,有两种类型的批评。在阿尔及利亚战争中,传统的军备计划的缺点被凸显出来,特别是那些为军队准备的物资。此外,人们担心法国与其盟友的关系,特别是在北约框架内与美国的关系会受到影响。1961年的柏林危机和1963年的古巴危机,使关于这一点的辩论愈发激烈了。

法国的"小炸弹"①(bombinette)还是很容易被嘲弄。除了经济上的争论,保留意见和反对意见主要涉及各国核力量的对比——法国必然处于不利地位。它能有什么力量?法国的威慑逻辑,是基于一个完全不同的概念,即最强的国家,在攻击最弱国家的时候,会遭受一定的损害,而这个损害会达到其无法承受的程度。对古典战争时代有效的,相关力量的简单数字对比,在核武器时代就不再起作用了。侵略者将会承受的伤害,会超过他能从攻击中获得的利益。当时常用的"打击力量"一词,混淆了"威慑"和"胁迫"。

有两个基本条件必须考虑:决策者的可靠性,以及面对潜在对手,对所使用手段演变的必要考虑。核事实有一个自相矛盾的特点:决策者必须展示他的决策能力,以说服别人他的核能力是真实的,而这么做是为了不必采用这种能力。使用核武器的决定,反映了威慑的失败,因为这是为了阻止对手而采用的重要威胁。决策者的能力在于他有能力让对手相信,如果被逼急了,他会释放出核炸

---

① 法国的核弹很小,因此包括戴高乐在内的人都开玩笑地称其为"小炸弹"。

弹。最重要的是，必须让对手相信，如果他自己为使用核武器创造了条件，就会做出使用核武器的决定。它介于《沙岸风云》①（Le Rivage des Syrtes）和核浩劫之间。

一切都取决于决策者的可靠性。而这有两个条件。

第一个条件：决策者的法律-政治能力在法律-政治制度的结构内。必须允许这个人做出可能使国家的生存受到威胁的决定。这就是1964年1月14日法令的目的，该法令将总统调动核力量的权力建立在《宪法》第15条上，该条法令规定"共和国总统是武装部队的首脑"。

决策能力的第二个条件是在任何时候都有启动核力量的手段。这种技术力量的象征是，一位在共和国总统的所有行动中，像总统的影子一样跟着总统的官员，这位官员随身携带着一个小公文包，从而使总统能够随时联系到建在塔韦尼（Taverny）的指挥所。其逻辑推理是：这个控制机制，可以验证决策者是否有能力做出决定。只有拥有能够威慑的力量，威慑才是可信的。它只能在适应技术发展的条件下，依据潜在对手的情况来维持。可靠性的门槛，只能不断发展。

因此，一支新的军队诞生了，与戴高乐在受训及第一次交战时认识的军队截然不同，那时候，打仗意味着排好胸膛和机枪，坚持到"最后一刻钟"。

1960年，两个重大事件接连发生，是充满征兆性的：法国第一颗原子弹的爆炸，以及阿尔及尔的街垒周。前者，展示了一个新的军事能力，宣告了一个复兴的法国；而后者，提醒人们注意在另

---

① 《沙岸风云》是朱利安·格拉克的代表作，1950年出版，是一部闪烁着超现实主义与象征主义精神的瑰丽而深沉的小说，一个回溯历史与影射现实的天方夜谭式的离奇故事，其用意是讽刺二战初期法德之间那场"滑稽战争"。

一场战斗中，一个瘫痪的法国。

阿尔及利亚战争的结束，引发了针对干部的精简，然而，与1918年和1945年之后相比，规模更小，限制也更少。有7000名官员自愿离开。有500名官员受到了纪律处分或司法行动的影响。

然而，1964年，在核武器问题上，政府还没有达成政治共识。很大一部分右派和中间派仍然反对它，担心大西洋联盟被削弱。左翼方面，共产党人和社会主义者也对"打击力量"充满敌意。直到20世纪70年代，情况才发生了变化。法国共产党在1977年5月11日做出了180度的转变，其中央委员会宣布"赞成将核武器［……］维持在完全由国家安全和独立的要求所确定的数量上"。法国共产党1980年出版的《社会主义计划》则更加明确，尽管并非毫无保留："唯一可行的办法仍然是保持一支独立的法国威慑力量，这是一个可以扩展到欧洲范围的集体安全要素。"

一个为外交服务的炸弹：消逝的欧洲梦

看来，在军事层面之前，戴高乐对核武器的政治-外交层面更为敏感。这将最终允许法国——联合国安全理事会的一个常任理事国——坐在大国的席位上，而在此之前，它一直被大国排斥在外。至此，法国可以参与重大的国际辩论了。军事战略是为外交服务的。在美国之后15年、苏联之后11年、英国之后7年，法国加入了核俱乐部。

赞成核武器的另一个论据，几乎没有被强调过。它伴随着一支新军队的出现，这支新军队与旧军队截然不同。核政策将军队从前一个时代遗留下来的恶魔手中解救出来，赋予其新的自豪感，使其采用新技术。在20世纪60年代，以下几个试验相继进行：以携带

第十章　为了争取法国的地位、反对战争而进行的核试爆——一场政治献礼

核弹的幻影四号为基础的空对地试验；以阿尔比昂高原为基础的地对地试验（后来取消了）；最后是随着1967年法国建立了第一艘核潜艇而进行的海对地试验。

1969年戴高乐离任时，法国的核威慑力量已经达到了其可信度的阈值。他的继任者们不得不继续努力，除了武器本身的威力之外，他们还非常希望看到自己的政治优势得到加强。

在此基础上，又拥有核能力带来的新的外交筹码，戴高乐为自己设定了什么目标呢？

基本上，他想改变现有的两极秩序，促进世界向多极秩序过渡，而法国则可以在其中发挥作用。戴高乐着手进行的正是对国际环境的改造。其野心最初并不在于要摧毁雅尔塔秩序，这已经被笼统地总结过很多次了。这种秩序仍然非常牢固地扎根于当时的地缘政治现实中。这是一个在某个机制中引入一个小游戏的问题，要尽可能通过中间大国来抵消美苏的正面交锋，而法国必须是中间大国的领导者，因为，它进入了非常封闭的核国家俱乐部。

在此基础上，法国的外交政策将以三个方向为导向。首先，关于超级大国的问题。为此，它将首先与美国保持距离，质疑美国在北约的绝对领导地位。这里值得注意的是，戴高乐对大西洋联盟和北约的明确区分。1962年古巴导弹危机期间，戴高乐对法国继续加入大西洋联盟的构想得到了最好的证明：当时，戴高乐自发地给予肯尼迪总统法国的支持。在1961年的柏林危机中，他也曾给予过同样的支持。

在北约，受到质疑的恰恰是一体化。这意味着，成员国的武装力量最终会由一个最高层一直是美国将军的指挥系统来调动。此外，美国只向北约提供一小部分军力，且为自己在北约的军队保留

了使用核武器的能力①。因此，盟友之间存在着实质性的不平等。

最后，我们能确定美国会在欧洲对一个重大挑战有所反应吗？20世纪60年代初，美国在这方面的战略出现了转折点。对任何苏联的倡议做出大规模反应的概念被"灵活反应"的概念所取代。这导致了对前线作战概念的回归，可能涉及逐步部署威力越来越大的小型化核武器。

通过武器升级，美国可以避免投降-消灭的困境。有一段时间，美国方面考虑从核子弹头开始，接着部署核炮弹，然后是核短程和中程导弹。因此，法国计划安排一个配备了中程冥王星核弹头（射程小于300公里）的军团。

在这样的升级中，欧洲可能再次成为一个战场，且不能绝对保证美国会履行承诺，因为美国不想冒着将其现在脆弱的国家避难所暴露于苏联毁灭性打击之下的风险。不能排除这样的假设，即两个拥有相同手段的大国，只想在欧洲使用核武器互相厮杀："完全可以想象，在一个可怕的场合，西欧可能被莫斯科消灭，中欧可能被华盛顿消灭"，[15]戴高乐在1959年11月10日写道。1963年4月14日，他又做出了类似的表述。

正是在这种开放的视角下，早在1958年9月，他就提出了三国委员会的要求，并在1966年决定让法国退出北约的综合军事体系。

在这里，我们看到了外交官的行动。从军事上讲，戴高乐是一个现实主义者。他非常清楚地认识到，北约——即使法国离开了它——对法国和西欧仍然具有重要价值。法国退出的理由是，它会继续保持着军事效力来保卫西欧——包括法国——免受戴高乐从未

---

① 即美国保留在欧洲本土部署、使用核武器的能力。这是法国坚决反对的。

否认的威胁。法国的地理位置使其与西欧的全球防御密不可分。也正因为如此,在批评一体化体系的同时,他从未停止过夸赞大西洋联盟的优势。作为一个战术大师,他知道如何利用这种模糊性。因此,戴高乐对1966年10月28日做出的决定表示祝贺:"在五个月内,任何盟军的任何工作人员、任何单位、任何基地都要离开我国境内;想要经过我国领土的士兵、装备、船只和飞机要逐一获得我们的授权,在有限时间内,在法国境内穿行。"

法国一直很谨慎,没有切断与北约的所有关系。例如,北约一直保持着飞越权——应联盟的要求——如果不给北约飞越权,它就会承受巨大的伤害,因为北约的北部地区将会与地中海地区分隔开来。同样,通往德国的大西洋管道也没有被切断。集中的雷达监视网络也是如此。诚然,法国本身的安全受到了威胁。我们不要忽视这样一个事实,即美国曾为法国的核弹研发提供了计算机援助,并允许法国为幻影四型战机采购美国的空中加油机(KC 135)。

这一撤军决定是为了促进一个重新获得民族独立的国家的国际和平。戴高乐在1967年8月10日是这样表述的:"法国要想掌握和平〔……〕就需要独立。〔……〕通过退出北约,法国已经摆脱了从属性。〔……〕因此,它能够在它认为合适的时候,在整个欧洲达成谅解、进行合作,这是实现我们大陆安全的唯一途径。"[16]

这种重新获得的外交自由解释了为什么戴高乐——象征着他跟华盛顿"解体"——通过向苏联提出"缓和-协约-合作"的政策来拉近与莫斯科的关系。他在1966年对苏联进行了国事访问,随后在1967年和1968年对波兰和罗马尼亚进行了正式访问,就说明了这一点。通过谴责"两个霸权",他攻击了两极秩序,即美苏共管的秩序。作为冷战的替代方案,这一政策是克服欧洲分裂的一种方式。

这种政策与他的欧洲愿景密不可分，这是戴高乐外交政策的第二个目标，即通过开辟一个多极世界来动摇两个大国的监管野心。

他的计划是：推动一个独立于两个超级大国的"欧洲人的"欧洲，这将导致东西方体系的深刻转变。这个戴高乐主义的欧洲不是超国家存在的，而是一个欧洲国家联盟，在戴高乐眼中，这是唯一可能实现的。这是为了提出那个关于英国的问题。法英两国的核合作，本可以有助于为欧洲核防御的雏形奠定基础。但英国仍然顽固地与美国站在一起。1962年由麦克米伦和肯尼迪签署的《拿骚协议》，使英国在政治上与北约保持一致。

接着，肯尼迪在1962年7月呼吁扩大这个由六个国家形成的欧盟，并呼吁英国加入这个扩大了的欧盟，这将是一个超国家的欧洲，而不是一个由国家组成的欧洲。这篇演讲受到了让·莫内的启发，让·莫内在几个月前就在欧盟委员会的框架内开展了扩大共同体的活动。

戴高乐对此做出了反应，他反对英国在1963年1月加入这个欧洲共同体。从这一天起，法美关系的一个黑暗时期开始了。1964年，戴高乐拒绝参加纪念诺曼底登陆20周年的仪式。这在他1966年9月1日著名的金边演讲中达到了高潮，在演讲中，他谴责了美国在越南的作为，并暗指"两个霸权"。

英国退出了欧盟，而德国还在。

正是在一个全球性的欧洲框架内，戴高乐第一次试图让他的观点占上风，以便对德国产生连锁反应。在1959年3月25日的新闻发布会上，他直接向德国发出呼吁："对于两个已经放弃战斗与相互摧毁的前对手来说，法国和德国已经决定进行合作，这很正常。"也许还能更进一步："在这一点上，阿登纳总理的看法与我不谋而合。"[17]

戴高乐在他的《希望回忆录》中说，他已经在1958年9月14日向阿登纳宣布，他打算退出北约体系。

1960年5月31日，在与阿登纳和意大利理事会主席范法尼会谈后，他澄清了自己的想法："把西欧建设成一个因行动和防御而组织起来的政治、经济、文化的人类组织，并为此做出贡献，是法国想要做的。"

1960年7月，在戴高乐和阿登纳于朗布依埃举行会谈之后，欧洲共同体的六个成员国就建立一个邦联式欧洲组织的议题达成一致。1961年2月，在巴黎举行的会议上，各国决定成立一个政府间委员会，考虑建立一个"欧洲政治联盟"。在克里斯蒂安·富歇的主持下，该委员会提出了一项条约草案，即《富歇计划》。它规定，建立一个六国邦联，以促进共同的外交、文化和国防政策。该项目得到了法国、德国和意大利的赞同。但它遭到了比利时和荷兰的反对，主要有两个原因：英国被排除在外（它并非什么也没做，美国也并非无所作为）；国防问题将留给大西洋组织。这是一次失败，也是建立一个真正欧洲防线的希望的终结。在这里，对法国在欧洲的霸权的恐惧，达到了顶点，对一个不受广阔的大西洋海风所影响的、独立自主的欧洲的恐惧，也一样非常强烈。

现在，只剩下法国与德国达成直接协议的事，还有一丝希望了。要么现在跟德国达成协议，要么永远都没可能了！

一开始，这件事看起来并不顺利。德国对法国1958年9月的备忘录采取了非常糟糕的态度，因为它发现自己被排除在法国倡导的"三国委员会"之外。德国的反应似乎透露了两国在欧盟和北约的使命和运作方面，存在着严重分歧，这一点在接下来的几年里将得到证实。

戴高乐对德国的立场一直非常明确。对于德国，他担心两件事。其一，德国将会放弃其在西方的立足点，充分利用东西方的对立关系。其二，德国人将会主导这个一体化的西欧，并利用它来推进其国家野心。戴高乐部分是为了应对其中的第一个问题，曾寻求与苏联合作，他在苏联身上只看到了一个永恒的俄国。只需明确表示绝不允许俄国获得核武器，第二种担心就可以避免。而在欧洲邦联的提议失败之后，为什么不呼吁法国和德国之间达成直接协议呢？这是戴高乐在1962年的长途旅行中所说的话（见附录七）。

任何复兴都需要庄严的法德和解，以结束四分之三个世纪的冲突。两国有机会通过1963年1月22日的《法德条约》来协调他们的观点。这份条约吸收了富歇计划的精华，其中有一条专门讨论国防问题，它规定了：

-在战略和战术方面，两国的主管当局将努力寻求共同的概念。
-两国军队之间的人员交流将被组织起来。
-在军备领域，两国政府将努力发展联合项目。

该条约似乎为两国国防政策的和解铺平了道路。

几个月后，这一势头被掐断了。1963年5月，联邦德国议院——批准该条约的机构——强行增加了一个序言，以非常大西洋主义的语气，重申了联邦德国与美国的关系，并优先考虑"在北大西洋联盟框架内的共同防御，以及属于该联盟的国家的部队整合"。这句话说得再好不过了。

戴高乐的大外交设计的最后一部分是关于南半球的。通过依靠非殖民化产生的新国家以及受美国霸权影响的国家，他希望改变国际体系的两极性质，与此同时，他努力使国际体系在东欧更加灵活。

有几个主要的里程碑事件：1964年1月承认中华人民共和国，1964年3月的墨西哥之行，同年9月和10月的南美大访问。高潮是1966年9月1日在金边的演讲和1967年的魁北克之行。至于他1967年六日战争期间采取的立场，我们知道这引起了多大的轰动。这种打开视野的做法，让他远离欧洲战场，与其1967年发布的"全面"核战略相辅相成。

这个庞大的外交计划——与获得核力量密不可分——对戴高乐来说，是基于两个主要支柱。

第一个支柱，也许是最根本的：是他对法国的担忧。这里有两个参考资料值得一提。1958年9月他在科隆贝接见阿登纳时说："任何让我国放弃的东西，都是对我国来说最危险的东西。"[18]在这里我们找回了1940年的他。还有这句幻灭的话："法国人已经习惯于当欧洲的乳牛了，是他们的伟大感，以及因此而产生的责任感，维持了他们的团结，而他们的天性是，很容易分裂，容易异想天开，这从高卢时期开始，就很明显了。现在，现实［……］为法国提供了重新发现国际使命的机会，如果没有这个机会，它就会对自己失去兴趣，分崩离析。"[19]

第二个支柱是：促进和平，这与反对世界霸权主义的斗争密不可分。法国要想掌握和平，就必须获得自身的独立，这是鼓励其他国家捍卫自身的独立或获得独立的必要条件，为建立一个基于对话的多极世界开辟道路。

我们仍然要研究戴高乐主义在国防和外交政策方面的大设计的局限性，以及它所遇到的障碍。从时间上看，它是一个短暂时期的一部分，基本上是在1958~1962年和1967年的这个时期。从1968

年起，一切都发生了变化。在法国，五月事件①，以及在欧洲，苏联对捷克斯洛伐克的军事干预，使这一政策受到质疑。被危机削弱的法国，不再有办法实现其雄心，东西方的缓和政策也随之停滞。国内政策优先于外交政策。

对此，有两个主要因素可以解释。戴高乐可能低估了——不是没有考虑到这些——两极世界体系的僵化和超级大国的抵抗力。他经历了两个阶段，即全面冷战阶段和"和平共处"阶段，根本原因是东西方的对抗制约了苏联和美国国内政治生活的结构。内部辩论得到了外部环境的支持。这确保了对抗的持久性。

解释戴高乐的大政策局限性的第二个因素是，其西方盟友都没有追随法国；这些盟友都非常倾向于北约。而美国自己，受其霸权地位的影响，没必要拉拢第三梯队的核国家。美国的实力赋予了它决定权。法国的侵入只会有损美国的利益，因为这既会使"核俱乐部"成员间的关系变复杂，又会干扰美国对苏联的政策。美国一直以来对盟友提出的义务是，增加对常规军备的购置。时至今日，这仍然是美国的欧洲国防政策的主旋律。

让我们来看看欧洲的盟友。它们依附于自由经济的原则，在安全问题上与美国有着紧密的联系，它们只能在法国的核武项目中看到狭隘的民族主义这种过时的行为。至于德国，它觉得它不能与美国保持距离。这样，如果欧洲发生冲突，它就能获得一个前排座位，能再次实现统一。在德国眼中，美国的核保护伞仍然是最好的保障。

戴高乐是不是有点过于自信，对阿登纳及阿登纳在德国的地位

---

① 即五月风暴，1968 年 5~6 月在法国爆发的一场学生罢课、工人罢工的群众运动。

和影响过于自信？戴高乐会不会是被他①在德国城市发表演讲时听众们的热烈反响给误导了？他是否低估了某种德国民族主义的影响因素？虽然我们知道很多戴高乐对阿登纳说的话，但我们对阿登纳说的话了解较少。他们之间的关系是基于共有的同理心，这一点毋庸置疑。这位在德国国内被称为"老狐狸"（Der alte Fuchs）的老总理（1958年时已经82岁）受到了自己政府中竞争对手的一些监视。他在联邦议院《法德条约》问题上失败后，也就离开了，取而代之的，是与他观点相左的总理路德维希·艾哈德（Ludwig Erhard）。

这就引出了一个关键问题。在核武器所带来的法国国家独立概念与它所带来的将保护扩大到其德国邻国的关切之间，难道没有某种不相容吗？戴高乐对"德国的战争"和"北部和东北部边界之战"进行了区分。德国的战争，就是在德国的领土上引发战争，因此它会带来最严重的破坏。因此，在戴高乐之后，德国对在法国部署"冥王星"导弹表现出敌意，因为其弹头的平均射程将导致它们在德国本土爆炸。在北部和东北部边界进行战争，意味着要考虑另一种情况，即核报复，或核报复威胁，而这需要被仔细研究。

因此，戴高乐对安德烈·马尔罗做了这样一个令人遗憾的表述是可以理解的："我试图把法国放到能对抗世界尽头的位置。我失败了吗？最后，我已经做了我能做的。"[20]

---

① 此处指戴高乐。前文对阿登纳过于自信指的是对阿登纳会支持法国过于自信。但阿登纳虽然跟他交好，对法国友好，但依然会以德国利益（德国统一）为先，不会坚定支持法国（即背离美国）。

结　语

戴高乐将军去世半个世纪后，世界局势发生了根本性的变化。

随着主角之一的消失，以及美国对太平洋地区的倾斜和中国力量的崛起，欧洲已不再是苏联和美国之间的封闭对抗场。人们感觉美国似乎对欧洲越来越不感兴趣，它比以前更不愿意要求欧洲分担北约的负担。法国加入北约一体化体系，是希望在内部拥有比外部更多的影响力。

欧盟现在有28个成员，其中许多国家是苏联解体后的新国家，欧盟正在寻找一个共同点，否则它将仍然是一个抽象的概念。扩容已优先于深化。就国防与主权的关系而言，欧洲的主权主义怎么可能诞生？东欧的突然解放只不过是加强了北约在那里的势力。"欧洲"（Europe）是一个神奇的词，经常被使用，但它并不符合任何真正的政治、外交或战略现实。

美国的做法是，欧洲共同的防御支柱只是美国指导下防御的一个简单附件，不涉及任何欧洲主权。作为欧洲唯一一个拥有独立核防御来保障领土完整的国家，法国无法将其保护范围扩大到欧洲其他国家，因为这支部队完全在国家控制之下。因此，在对欧洲防务问题的思考似乎停滞不前的时候，如何最佳处理这一原始立场，仍然是个问题。这个问题由于新的威胁而变得复杂，核警报被对恐怖主义、网络攻击和环境问题的各种恐惧所取代。然而，核力量在很大程度上确保了法国作为联合国安理会常任理事国的地位，而德国现在似乎正在挑战这一地位。这就引出了一个问题：在拥有核能力的国家数量大大增加的情况下，如何管理戴高乐主义的遗产。戴高乐所期待的欧洲仍然还未出现……他的要求是否过高？在这个英国脱欧的时代，欧洲难道没有任何野心吗？

附 录

附录一：戴高乐上校在法国战役中的指挥

附录二：卡特鲁将军给魏刚将军的信（1940年11月2日）

附录三：戴高乐将军给罗斯福总统的信（1942年10月26日）

附录四：戴高乐将军给罗斯福总统的信（1945年1月1日）

附录五：罗斯福总统给戴高乐将军的信（1945年3月24日）

附录六：戴高乐将军致艾森豪威尔总统及麦克米伦首相的备忘录（1958年9月17日）

附录七：对德国战争学院军官的讲话（1962年9月7日）

附录一
戴高乐上校在法国战役中的指挥

[以下段落摘自保罗·瓦尔德（Paul Huard）的作品，保罗·瓦尔德作为一名指挥官，在法国战役中于戴高乐手下任职]。

在各个阶层的亲历者笔下，戴高乐的指挥风格都是一样的，首先，戴高乐给人留下了一个理想的领导者形象，他的身材，他的"威严"，一丝不苟的着装，尤其是他时不时在战场上戴起的白手套。这位领导人要求军官们在任何情况下都要跟他保持六步距离以示尊重，在他周围形成一个空间，使他屹立其中，除非他想让远处的人们看到他，这时，他会站在堤坝上，甚至站在石头堆上等待那些他想要用演讲打动的低阶军官。他接受回报但鲜少回应；他用讽刺的调侃表达着不满；他抬起眼皮或举起手臂表达着反对，或者，反过来说，他根据他想产生的效果，宣泄他的不满；他用尖锐的、有时是不合适的言语，刺伤着下属的自尊。在禁止反驳的非常简短的对话中，他进行着恐吓，他会突然将他缓慢的声音提升为一个极高的音调，而他那双没有火焰的棕色眼睛似乎看透、穿越了对方。

在部队里，他的威望迅速上升。对装甲部队的军官来说，他的权威是显而易见的。他身上环绕着光环，他经常在关键时刻出现，所有这些，都有助于创造和传播一种信任，这是来自不同背景的人员在战场上迅速形成凝聚力的主要原因，因为这些人，往往是临时拼凑在一起的。

他的影响还远不止这些，因为他从不妥协，这源于他内心深处的动力，这种反复出现的深层动力影响了他的行为。

戴高乐上校对自己的命运充满信念，在这个年龄，他早已准备好为法国提供他一直向往的"信号服务",① 他打算独自承担这一职责,以及与之而来的功勋。从他在蒙特科内事件前夕表现出的乐观和热情——与他日后一贯的平静形成了鲜明的对比——来看,形势的不确定和资源的匮乏甚至反而激励了他。

戴高乐行使着独立的、排他的、专制的、以自我为中心的指挥权,因为他坚信在任何情况下他的判断都是最好的,甚至是唯一有效的,这使得他对于那些与他对敌人的看法不相符但准确的信息,时常产生怀疑。但是,由于他也知道如何在事实与他的看法不符时,突然改变他的行动路线,我们可以说——用学院派的术语来说——他同时践行着"先验"方法和"形势"方法。

——保罗·瓦尔德,《戴高乐将军及其装甲部队》,法国普隆,1980 年。

---

① 即指引法国、带领法国。

附录二
卡特鲁将军给魏刚将军的信（1940年11月2日）

经由诺奎斯将军给魏刚将军
拉巴特（摩洛哥）1940年11月2日

我的将军，

请您接受这封信并给予关注。毫无疑问，这封信来自一个在您眼中已经违反了禁令，因此无权再与您会面的军人。尽管如此，写这封信的人，是自信满满的，他在一个重要问题上与您意见一致，即，使我们这个暂时被打败的国家成为一个战胜国的必要性。我们的意识形态不同，我们的行动方式也不同，但我确信，我们的目标是一致的。

这足以让我相信，我可以像过去那样自由地给您写信，因为您尊重我的人格，相信我的判断。

虽然我9月18日到达英国后还没有采取任何行动，但我至少已经有所收获。我游历了英国本土及其海外殖民地，特别是，我去到了他们的关键地方，了解到了一些信息。在那里，我对我们的盟友——至少是我的盟友——的力量充满了强大的信心，我相信英国的抵抗意志，相信英国的"收纳"能力，相信英国的政治家，特别是温斯顿·丘吉尔的素质。您得亲自见过炸弹下的伦敦和即将被入侵的威胁，才能对这个国家的坚定性做出判断。

现在，9~10月的危机已经克服，希特勒已经被打败，英国的资源正在稳步增加，美国的支持力度也越来越大，我甚至比以往任何时候都更相信英国会胜利。最初促使我对我们的盟国保持个人忠诚的感觉，现在被一种理性的信念所强化。不是因为我不知道德国的强大资源或德意志帝国的军事力量，也不是因为我没有考虑到世界舞台上可能发生的外交意外，而是因为，从人的角度来考量，英国比德国拥有更多的能够持续下去的因素，无论是在道德方面还是物质方面。

有人说，法国除非借由英国的胜利来复国，否则就没有光复的希望，而这如今已经成为一个不争的事实。这不是一个问题。但我确信，目前法国可以对获取这一胜利有所助力，而且，法国必须证明，它为这一胜利出了一份力，因此获得一些益处是合理的。我坚信，法国可以，而且，请原谅我的补充，法国必须这样做。仅仅从英国的慷慨中接受光复，这对法国来说是值得的吗？

将军，我可以说，近期内，是否采取这一行动，取决于您。争夺地中海、直布罗陀和埃及的战斗已经开始。您比我更清楚我们在非洲和黎凡特的立场能承载怎样的压力。如果他们积极支持恢复英法联盟，他们的干预，将加速事件向有利方向发展。在对我已很了解的这些问题进行深思熟虑之后，我认为，这为我们，或者说为你们这些不得不打一场败仗的人，提供了去赢得另一场具有重大意义的战争的机会。

这个机会还在，我知道，它还没有从您身边溜走。我也知道，可能会阻碍您采取行动的主要考量，即遵守您署了名的停战协议，您担心再次拿起武器后法国大陆将会面临的命运。这些反对意见很中肯，然而它们应该约束我们吗？希特勒经常违反他的承诺。至于法国的苦难以及对法国仍然自由的地区的占领，如果承受这些苦难是我们获取战争最终胜利的代价，那么无论这些地区的人民多么痛苦，我们也不应该遵从他们的意愿去跟德国议和①。

　　我考虑了这个问题，我觉得在目前，您和您领导的殖民地所代表的个人因素，是一个基本事实。希特勒在这一点上没有错。这就是为什么他想获得这些殖民地或使其中立，直到他能完全消灭它。我多么希望您能把它扔进法语-英语的天平里啊！我多么希望看到您，为了您的荣誉，为了法国的伟大，为了目前正在失去灵魂的这些地中海地区的法国军队的重整旗鼓，承担起这个光荣的角色！

　　请原谅我，将军，我如此轻率地、热切地让您听到了一个"移民"的声音，一个不是为这个或那个法国，而是为整个法国而战的移民的声音，而且您知道，他没有个人野心。

　　也许您会认为，我的方法、我的想法、我的建议在内容和形式上都不正常。但我们并不是处在一个正常的时代，我们因不了解它而灭亡。这就是为什么，我作为一个领导人，勇敢而直接地正在向另一个公认比我更伟大的领导人讲话，作为一个有感情的人，对另一个有感情的人发问。

　　将军，我请您接受我深深的敬意。

卡特鲁（签名）

　　——选自盖伊·雷萨克的《游历的军人》，阿尔宾·米歇尔编辑，1963年出版。

---

① "它们"即"法国仍然自由的地区"。这些法国人民希望接受停战协议，但我们不能同意他们（想要接受停战协议的意见），因为希特勒言而无信，他的停战协议并不是法国人民以为的那样。停战协议不会带来他们以为的和平、自由、平等（而是苦难、混乱、奴役）。所以，我们不能答应他们，因为我们要获取最终的胜利，所以无论他们多么痛苦，要付出怎样的代价，我们都不能答应。

附录三
戴高乐将军给罗斯福总统的信
（1942 年 10 月 26 日）

伦敦，1942 年 10 月 26 日

总统先生，

安德烈·菲利普先生会将这封信交给您。他将向您解释他离开法国时的状况。除了他将向您介绍的有关法国抵抗组织的发展和凝聚力，以及国家整体思想状况之外，我想补充一点。

自 1918 年以来，您一直关注着法国的思想和政治演变。您知道，在承受了上次战争的主要负担后，法国已经精疲力竭了。它深深地感到，这种相对劣势的状态，使它面临着严重的危险。它认为有必要进行结盟合作，以弥补这种劣势，并实现力量平衡。

您很清楚，在什么情况下，这种合作是无法存在的。现在，主要是法国发现自己充满疑虑，不知道能找到何种真正的支持，来对付之前和之后的对手，这才是导致我们战败的起伏不定的政策和糟糕的战略的源头。我们内部所犯的错误，即阻挠我们的体制正常发挥作用的内部分裂和滥用职权，只是次要原因。

因此，法国对它所遭受的屈辱和它所遭受的不公正的命运，有着深刻的认识。这就是为什么法国一定要在战争结束前恢复战斗，同时也不能觉得它曾完全放弃过这场斗争。它必须意识到，它是为最终的胜利做出了贡献的国家。这对战争期间很重要，对战后也至关重要。

如果法国即使因民主国家的胜利而获得解放，也会感到自己是一个被打败的国家，那么，恐怕它的痛苦、它的屈辱、它的分裂，非但不会引导它走向民主国家，反而会导致它接受其他国家的影响。您知道是哪些国家①。这不是存在于想象中的危险，因为，我们国家的社会结构将或多或少地因被剥夺、被掠夺而有所撼动。我想补充的是，目前，法国对德国的仇恨，是非常激烈的，因为德国占据着法国，并且是胜利者，但当德国撤离法国后、战败后，这种仇恨将减少。我们在1918年后已经看到了这一点。在任何情况下，无论一个被抛入革命局势的法国接受什么启发，欧洲的重建甚至世界的和平都会被危险地扭曲。因此，法国必须通过胜利来与它自己、与它的朋友们和解，而如果法国不参与战争，这是不可能实现的。

这就是为什么，如果战斗法国的作战努力、仅限于扩大自由党的几个营的兵力，或是召集法属海外殖民地的一部分人，那么这种努力本身，对于一个主要问题，即把法国作为一个整体，重新投入战争，几乎可以忽略不计。

您也许会对我说："你为什么给自己设定这个目标？你这样做的理由又是什么？"

的确，在维希政府停战时期，我发现自己处于一个真正闻所未闻的境地。就职于第三共和国最后一个合法、独立的政府，我大声宣布，要让法国继续参战。而在全国的绝望和恐慌中，夺取政权的政府却下令："停止战斗！"法国内外，当选政府、政府代表、议会主席或辞职或保持沉默。如果共和国总统，如果议会及其领导人

---

① 指苏联。

呼吁国家继续斗争,我甚至不会想到对国家,或以国家名义发言。大量政治家和军事领导人,都在各种地方发现,自己可以自由发言,自由行动,例如在北非。他们在任何时候,都没有表现出对推动参战的任务的信念或信心。这是精英阶层的失败,这一点没有争议。而且,法国人民也已经得出了这样的结论。在任何情况下,我都是一个人。我应该保持沉默吗?

这就是为什么我采取了在我看来是必要的行动,以确保法国不放弃斗争,并在法国内外呼吁所有法国人民继续斗争。这是否意味着我和我的同伴们有冒充过法国政府?绝非如此。我们站起来,宣布自己是一个实质意义上的临时政府,对未来的国民代表负责,适用于第三共和国的法律。

我不是一个政治家。我的一生都局限在我的专业领域。在战前,当我试图让政治家对我的想法感兴趣时,是为了让他们为国家实现一个军事目标。同样,在维希政府停战时期,我首先以军人身份向国家发出了呼吁。但是,随着越来越多的人响应,随着各地区加入或被加入战斗法国的行列中,以及我们仍在独自以有组织的方式行动,我们看到更大的责任向我们袭来。我们可以看到自己在法国创造了一种信仰,而我们就是这个信仰的中心,它一点一点地将所有的抵抗成员集合起来。这就是我们如何通过环境的力量,成为法国的法律实体。这一现实,给我们带来了责任,我们感到责任重大,我们认为如果不对国家犯罪,不背叛法国人民对我们寄予的希望,我们就无法逃避这个责任。

我们得知,我们不需要玩弄政治。如果这意味着我们不应该在过去的党派斗争中站队,也不应该在某一天对政府指手画脚,那么我们就没有必要提出这样的建议,因为我们的原则就是不做这样的伪装。但是,如果这不仅是召集少数部队,而且是召集法兰西民族参战的问题,或者是在我们为法国保卫盟友、对抗敌人的同时,就法国的利益与盟友交涉的问题,我们就不会回避"政治"一词。的确,除了我们,谁能代表这些利益?或者,法国必须保持沉默?或者,法国的事务应该由国联中的维希人,按照希特勒先生认为合适的程度及方式来处理?这不是我们对盟友不信任的问题,而是以下三个事实在支配、指挥着我们的人:只有法国人才能成为法国利益的裁判;法国人民自然相信,在他们的盟友中,我们为他们说话,因为我们为他们战斗;法国人民在不幸中,对他们的海外殖民地所发生的事情极为敏感,盟友在这方面表现出的任何过分行为都会被敌人和维希以一种会危害法国人民民族感情的方式所利用。

因为,我们历史上前所未有的境况,赋予了我们这项任务,这是否意味着我们认为可以把个人权力强加于法国之上,就像国外有些人私下议论的那样?如果我们怀有这种低劣的想法,试图欺骗法国人民未来的自由,我们就会表现出对自己人民的奇特无知。从本质上讲,法国人民是最反对个人权力的。在任何时候,想要将个人权力加诸他们都不会是件容易的事。但是明天,当贝当在德国人的纵容和内部力量的压迫下、进行了可憎的个人权力试验之后,在侵略带来的长期艰苦的约束之后,谁会荒谬地想象个人权力可以在法国建立起来并维持下去?无论他过去提供了什么服务,试图做这种白日梦的人定会遭到一致的反对。

此外,值得注意的是,在法国没有任何人指责我们渴望独裁。我指的不仅仅是这样一个事实:诸如法国总工会的主席儒豪先生、激进党领袖爱德华·埃里奥先生、社会主义党领袖莱昂·布鲁姆先生;甚至共产党的领导人,都听从我们的安排,并让我们知道,在我们的参战努力中,我们可以依靠他们,他们毫无保留地赞同这种方向和目标。且我们的反对者中,不仅有维希的人,还有多里奥①和德亚特的人，我们从未被任何反对者指责以独裁为目的。他们指责我们是受雇于民主国家的雇佣兵。他们从来没有责备过我们想在法国建立一个不民主的个人权力。

总统先生，我想对您说，在这场规模宏大的战争中，为了对抗共同的敌人，我们所有人都要联合起来，通力合作，智慧与正义要求法国作为一个参战方，应该得到真正有力的帮助。现在，除了我们的盟友能够给予我们的精神和物质支持外，在我们不以任何方式要求被承认为法国政府的情况下，我们认为每当涉及法国的整体利益，或是法国对战争的参与、法国领土的管理时，各方都有必要与我们接触。其中，关于法国领土，战争的发展使这些领土逐渐处于可以再次参加战斗的地位，而这些领土上的人尚未自发地团结在我们周围。

在法国，您的名字和您个人都有巨大的、无可争议的威望。法国知道，它可以依靠与您的友谊。但最后，在您与法国的对话中，谁能成为您的谈话对象？是昨天的法国吗？我们对于谁最能代表昨天的法国，也充满困惑。是维希法国吗？也许您认为它的领导人有一天会在我们这边拿起武器？唉！我不这么认为。但是，假设有这种可能，目前有一个确定的事实，那就是，他们在与希特勒合作。在您与他们的对话中，总是有这个第三方在场。是明天的法国吗？在它通过一个自由组成的大会指定一个领导人之前，我们怎么会知道它在哪里？与此同时，难道法兰西民族就不能证明它没有离开盟国的阵营，它在政治上存在于那里，无论如何，它在军事和领土上都在我们这边吗？

---

① 即雅克·多里奥（Jacques Doriot）（1898~1945）法国政客，起初是共产党人，之后成为法西斯。1936年成立了极端民族主义的法国人民党（Parti Populaire Français），1941年与法西斯同党马塞尔·德阿特合作成立了法国志愿军（Légion des Volontaires Français），即德国国防军的法国分支。

有人跟我说，您周围的一些人担心，如果您承认了我们，就会危及某些人，尤其是，会威胁到军队，因为它目前依赖于维希政府，很快就会加入战争。但您相信，难道通过忽视正在战斗的法国人、让他们在孤立中灰心丧气，就会吸引其他人加入战斗吗？另一方面，如果它的盟国通过鼓励它内部形成几个对立的阵营，从而挑起它自己的分裂，对法国来说，这将是一件多么危险的事情啊！一些人跟盟国达成了一致而中立，另一些人则为了共同的国家而各自作战！最后，难道两年多的残酷经验没有表明，任何从维希政府分离出来的分子，要么会被吸引到战斗法国的行列中，要么，就会被视为孤立的、不重要的人？法国人民在可怕的处境中，自然把事情看得很简单。对他们来说，只有战斗和投降这两个选择。对他们来说，战斗是法国的战斗，他们的本能，是把目光投向那些在他们看来可以代表他们战斗努力的人身上。此外，这也是两年多来，尽管战斗法国一直处于令人难以置信的困境中，且不断与困境做斗争，但它却保持并增强了自己凝聚力的深层原因。

尽管法国投降了，也停止了战斗，但法国在世界范围内，仍保留着不容忽视的力量。问题是，它将如何回到国联的战斗中，同时保持自己的立场与团结。在有关战争的问题中，这是最重要的问题之一。这就是为什么，我请您对美国和战斗法国之间的关系，进行全面而直接的审视，无论这种审视采取何种形式。我认为没有任何其他方式可以直白地处理这个问题，我深深地感到，为了我们为之奋斗的神圣事业的利益，这个问题必须得到解决。

总统先生，请接受我最崇高的敬意。

夏尔·戴高乐，《战争回忆录》，第二卷，第381~385页。

附录四
戴高乐将军给罗斯福总统的信
（1945年1月1日）

巴黎，1945年1月1日

总统先生，

事实告诉我们，如果不投入新的力量，我们就无法彻底打败德国；现在，法国尽管折损了300万兵力，但可以强有力地迅速增加其军事力量。而且，它很想这样做。

我们正在重新启动我们的军备生产，但这需要很长的时间，因为我们的设备受损严重，最重要的是，我们缺乏原材料。

在北非，您已经为我们提供了八个师的军备和装备。这就是法国的参战努力，您可以看到您的支援没有白费。

您已经同意给我们送来新一批八个师的武器和装备，我非常感谢您。但为了我们的共同利益，我请您尽快发送这些装备，法国军队在三个月内就可以在战场上充分使用这些装备。

如果我能够确定您届时会给我们送来其他武器和装备，如果我能够事先知道、哪怕是大致知道这些军备的数量、种类和货运速度，将会对法国政府准备其动员计划有极大的帮助。

在今年年底之前，我们可以拥有大约50个优秀的法国师，只要我们能够武装它们。如果您能在原则上给我一个肯定的答复，所有的细节都可以由国防总参谋长朱安将军与您的技术部门协调解决，我会立即派他去华盛顿。

总统先生，请接受我对 1945 年的深情祝愿，这一年对我们两国将是艰难但充满荣耀的一年，请接受我所表达的忠诚友谊。

夏尔·戴高乐，《信件、笔记和笔记本》，第五卷，第 366 页。

附录五
罗斯福总统给戴高乐将军的信
（1945年3月24日）

1945年3月24日

我亲爱的戴高乐将军，

我收到了您1月1日的信，您在信中请求为法国部队再提供一些装备。我感谢您热切地希望让法国为我们的军事努力做出更大的贡献。

参与这场规模宏大的战争的法国部队在战场上取得的成就，为我们在1943年关键的几个月里提供武器和弹药以装备八个师，提供了充分的理由。到1944年12月29日，参谋长联席会议已经原则上同意了一项为另外八个法国师、一些重要服务部门和支援部队提供装备的方案。目前，我们已经知晓法国需要很多必需品，也在尽一切努力完成这一计划，并会尽快完成。

美国的参谋长们对您提出的除上述16个师所需装备之外的有关师级装备要求，进行了极其认真的考虑。

他们已经根据所有现实情况，考虑了您的请求。他们指出，美国在欧洲战区的支援部队和服务部门，已经达到了极限，无法充分维持目前正在作战的美军和法军的需求，在为更多的法国师提供装备之前，我们必须为法国服务部门和支援部队提供装备，以维持那些我们已经提供，或原则上批准提供装备的师。

他们还指出，已经对美国相关部门下达了生产要求，因为美国陆军和我们盟国的军队、包括上面提到的 16 个法国师和支援部队的需求，现在已经超过了美国的生产能力。

此外，他们还提请注意这样一个事实：根据既定计划，用于已批准的军事行动和已经商定的民用设备的运输能力，持续短缺，任何增加法国额外军备的军事需求，只会使这种情况恶化。

我和美国的参谋长们的结论一样，鉴于所有现实因素，在这个时候做出再次为法国提供军备的新承诺，是不现实的。在得出这一结论时，我和美国的参谋长们一样，完全理解法国人民希望尽可能充分地参与对德作战，并最大程度地利用所有可用的法国人力资源的心情。

我相信，根据上面所说的内容，您会意识到，试图在法国和美国实际能够履行的承诺之外、做出新的为法国提供军备的承诺，将阻碍战争的进行。

我保证会给予我最认真的考虑。

您真诚的，

富兰克林·罗斯福

《戴高乐与罗斯福》，拉乌尔·阿格隆著，1984 年。

附录六
戴高乐将军致艾森豪威尔总统
及麦克米伦首相的备忘录
（1958年9月17日）

最近在中东和福尔摩沙海峡①发生的事件再次表明，目前西方的联盟组织不再符合整个自由世界必需的安全条件。面对发生的风险，联盟并没有足够的团结，在做决定、承担责任时的合作也不够充分。法国政府得出了这样的结论，并就此提出建议。

1. 大西洋联盟的构思和实施所针对的最终行动领域，已经不符合政治及战略现实。我们不认为像北约这样仅限于北大西洋安全的组织，适合当今的世界，因为，这就好像在中东或非洲等地发生的事情，不涉及欧洲的直接利益一样；就好像法国无法将不可分割的责任——像英国和美国那样——扩展到非洲、印度洋和太平洋那样。另外，舰船和飞机的行动半径和装置的射程，使这种狭窄的系统在军事上已经过时。诚然，起初人们认为，显然具有重大意义的核武器，将在未来很长一段时间内由美国垄断，而这似乎可以证明，涉及全世界范围的防务，实际上是委托给华盛顿政府来决定的事实。但我们在这里也必须表明，这样一个以前被接受的事实，在现实中已不再适用。

2. 因此，法国不能认为当前形式的北约，满足了自由世界安全的条件，特别是，其自身安全的条件。在世界政治和战略层面

---

① 即台湾海峡，欧洲称福尔摩沙海峡，福尔摩沙即"美丽"的意思。

上，似乎有必要建立一个由美国、英国和法国组成的组织。这个组织将负责就影响世界安全的政治问题做出联合决定，并起草，以及在必要时实施战略行动计划，特别是在使用核武器方面。这样，我们就可以规划、组织一个从属于一个总部的行动区（如北极、大西洋、太平洋、印度洋），如果有必要，这些行动区又可以细分为次级行动区。

3. 法国政府认为这样一个安全组织是不可或缺的。法国已经将其目前参与北约的任何发展作为条件，并提议，如果有必要这样做，将根据第12条，援引修改北大西洋公约的程序，来成立这样一个组织。

4. 法国政府建议，此备忘录中提出的问题，应尽快成为美国、英国和法国之间协商的主题。法国建议，相关协商在华盛顿进行，并首先通过大使馆和常设小组进行。

夏尔·戴高乐，《信件、笔记和笔记本》，第八卷，第82~84页。

附录七
对德国战争学院军官的讲话
（1962年9月7日）

我首先要说，见到你们是我的荣幸，我也很高兴。在军人之间——即我们之间——自古以来就有一个伟大而崇高的共同领域，尽管有边界，尽管有各种伤痕。从军事技术的角度来看，这一点是正确的。但从道德的角度来看，这首先是真实的。因为在任何时候和任何地方，武装下的服务，都不能没有一种美德，拉丁语说，美德使人与众不同，使人升华，即使他们互相争斗，也会给他们都打上一个印记。这就是为什么在任何情况下，戴高乐将军都会很高兴能访问你们这些优秀的军官。

但他更欣赏这次会议，因为这发生在德国和法国之间的历史关系、也是两国军队之间的历史关系正在完全改变的时候。经过两百年连续不断的战争，这两个国家都试图主宰对方，它们都付出了巨大的勇气、鲜血和财富，但甚至都没有改变他们之间的领土边界，现在它们已经意识到了决斗的荒谬。

此外，这也是一个巨大的世界威胁，为了遏制这个威胁而形成的大西洋联盟只有在法国人和德国人在莱茵河两岸达成一致时才有意义。最后，世界的总体形势正在向他们表明，他们在各方面都是互补的，通过将他们彼此所处的位置、所拥有的东西以及他们所赢得的东西结合起来，他们可以形成一个欧洲的基础，其繁荣、力量和威望将与其他任何人媲美。

一切事实都证明我们应该建立这样一个法德联盟，但是，在这个法德联盟中，我们武装力量的团结，可以，而且必须发挥多么大的作用，则必须予以考虑！法国与德国的现实是，从国家或国际角度来看，军事方面没有发挥突出的作用，他们也从未取得过任何伟大的成就。由于我们自身的性质以及共同面临的危险，我们的军队如果在一个单一的防御中有机合作，将会对我们两国的联合至关重要。毕竟，正如你们的楚克迈尔（Zuckmayer）所说：

"这就是我们现在所面临的困境，这就是我们的权利。"

此外，如果德国士兵和法国士兵出于国家安全的需要和他们相互之间的尊重，现在决心这样做，鉴于双方千丝万缕的联系，以及现代军事力量与军事艺术的需要，一定会对双方的联合起到推动作用。军备，在其概念与实施中，现在需要的是有效的——有谁会比你们更清楚这一点——科学、技术、工业、财政资源和能力的与日俱增。法国和德国如果把一切资源都联合起来，就能更好地确保其权力地位。如果再将他们的欧洲邻国的资源联合到一起，那么其实力就更加能够得到巩固了。

先生们，我很高兴能够与你们接触，让你们有所思考，最重要的是，我在这里表明，由于一场非同寻常的革命，理性与感情现在正使法国、德国及其军队走上联合与友谊的道路。

先生们，我很荣幸地向你们问好。

夏尔·戴高乐，《演讲与致辞》，第五卷。

注　释

缩　写

DM : *Discours et messages*
LNC : *Lettres, notes et carnets*
MAE : ministère des Affaires étrangères, Paris
ME : *Mémoires d'espoir*
MG : *Mémoires de guerre*
PRO : Public Record Office, Londres
FO : Foreign Office

引　言

1. Cité dans André Frossard, *De Gaulle ou la France en général*, Plon, 1975, p. 73.
2. Claude Guy, *En écoutant de Gaulle*, Grasset, 1996, p. 71. L'auteur situe cette confidence le 24 mai 1946.
3. Notes d'un carnet personnel, dans *LNC*, t. II, *1919-juin 1940*, p. 289.
4. André Frossard, *op. cit.*, p. 80.
5. *LNC*, t. I, *1905-1918*, p. 45-49.
6. J'ai été rédacteur en chef de la revue *Études gaulliennes*.
7. Jean-Luc Barré, *Devenir de Gaulle, 1939-1943*, Perrin, 2003.
8. *LNC*, t. I, *1905-1918*, p. 97-107.

第一章 预料之中的战争

1. Jean-Raymond Tournoux, *Le Tourment et la Fidélité*, Plon, 1974, p. 180.
2. André Malraux, *Les chênes qu'on abat*, Gallimard, 1971.
3. *Le Fil de l'épée*, Berger-Levrault, 1932, p. 331.
4. Ainsi Jean-Jacques Pauvert dans *De Gaulle est-il chrétien?*, Robert Laffont, 1969, p. 10 et 29.
5. *Études gaulliennes*, colloque d'Antoing, t. 19, n° 49, hiver 1989-1990.
6. Patrick Cabanel, « Le grand exil des congrégations enseignantes au début du XXe siècle. L'exil des Jésuites », dans *Revue d'histoire de l'Église de France*, t. 81, n° 206, 1995.
7. *LNC*, t. I, *1905-1918*, p. 31-34. De 1905 à 1914, l'école d'Antoing a publié la revue *Hors de France*.
8. Père Joseph Boly, « Charles de Gaulle en Belgique », dans *Études gaulliennes*, t. 8, n° 30, juin 1980.
9. Charles Péguy, *Notre patrie*, 1905.
10. Alain Larcan, *De Gaulle inventaire*, Bartillat, 2003.
11. Alain Peyrefitte, *C'était de Gaulle*, t. 1, Éditions de Fallois-Fayard, 1994, p. 220.
12. Joseph Boly, « De Gaulle et Péguy écrivains », dans *Études gaulliennes*, t. 13, n° 41, novembre 1983.
13. *MG*, t. I, p. 74.
14. Gilbert Schelling, « Le paysage mental de Charles de Gaulle. Essai sur les structures de l'imaginaire gaullien », dans *Études gaulliennes*, t. 2, n° 6, avril-juin 1974.
15. Jean Neveux, « Charles de Gaulle et la pensée allemande », dans *Études gaulliennes*, t. 5, n° 17, janvier-mars 1977, p. 13-18.
16. 圣西尔军事学校是在圣西尔女子学校的旧址上建立起来的。圣西尔女子学校是曼特侬夫人在凡尔赛公园尽头为女学生们创办的一所寄宿学校。这所学校在1944年被美国空军摧毁,但其遗址保留了很长一段时间,并在让·科克托的电影《奥菲斯》中作为背景出现。后来,该建筑按原样重建,自1963年以来一直是一所设有预科班的军事高中。而圣西尔军事学校,则迁往科埃基当(Coëtquidan)重建了。
17. *MG*, t. I, p. 2.
18. Jean-Raymond Tournoux, *op. cit.*, p. 48 *sqq*.

第二章 战争学校

1. *LNC, complément 1905-1940*, p. 401-407.
2. *LNC*, t. II, *1919-juin 1940*. Frédérique Neau-Dufour, La Guerre de De Gaulle, 1914-1918, Tallandier, 2015, p. 175-193 et 326, n. 15.
3. *LNC*, t. I, *1905-1918*, p. 411.
4. *Ibid.*, p. 519-520.
5. *Ibid.*, p. 507.
6. *Ibid.*, p. 413 *sqq*.
7. *Ibid.*, p. 418.
8. *Ibid.*, p. 461 *sqq*.
9. 盟军（即协约国——译注）直到1918年春天才形成了一个理论上大致统一的指挥。
10. « La défaite, question morale », dans *Articles et écrits*, Plon, 1975, p. 95-128.
11. *LNC*, t. I, *1905-1918*, p. 460 *sqq*.

第三章 战后时期：挫折与野心之间

1. Jacques Laurent, *Mauriac sous de Gaulle*, La Table Ronde, 1964.
2. *LNC*, t. II, *1919-juin 1940*, p. 32.
3. *Ibid.*, lettre du 25 juin 1919.
4. *Ibid.*, lettre du 29 janvier 1919, p. 15.
5. Charles de Gaulle, *Articles et écrits*, Plon, 1975, p. 33-55.
6. Thomasz Schramm, « Charles de Gaulle, membre de la mission militaire française en Pologne », dans *Études gaulliennes*, t. 10, n°s 35-36, décembre 1981-janvier 1982.
7. Jan Gerhard, *Czas Generala*, t. 1, Varsovie, 1972, p. 56-61. Cité par Thomasz Schramm, *op. cit.*, n° 5.
8. *LNC*, t. II, *1919-juin 1940*, p. 93-104.
9. Cf. n. 6.
10. Marc Bloch, dans Annette Becker et Étienne Bloch (dir.), *L'Histoire, la Guerre, la Résistance*, Gallimard, 2006, p. 545-563.
11. Cité dans André Frossard, *En ce temps-là de Gaulle*, n° 111.
12. *Ibid.*, n° 174, p. 110.
13. *LNC*, t. II, *1919-juin 1940*, p. 262-275.
14. J'ai été moi-même membre du jury du concours d'entrée à l'École supérieure de guerre pour la culture générale.
15. Dans Lucien Nachin, *Charles de Gaulle, général de France*, Éditions Colbert, 1944, p. 65.
16. Il figure dans *Articles et écrits, op. cit.*, p. 145-156.

17. *LNC*, t. II, *1919-juin 1940*, p. 280.
18. *Ibid.*, p. 287.
19. *Ibid.*, p. 360-362.
20. *Articles et écrits, op. cit.*, p. 159-236.
21. L'expression « grande muette » tire son origine du livre de Louis-Edmond Bolot, *La Grande Muette*, Flammarion, 1902.
22. Olivier Forcade, « Les murmures de la grande muette », dans Olivier Forcade, Éric Duhamel et Philippe Vial (dir.), *Militaires en République, 1870-1962*, Publications de la Sorbonne, 2006, p. 507-519.
23. *MG*, t. I, p. 3.
24. Jean-Paul Cointet, « Gouvernement et commandement en France entre les deux guerres », dans *Études gaulliennes*, n°s 15-16, juillet-décembre 1976.

第四章 装甲部队之"战"：从军事到政治

1. W. Deist, « De Gaulle et Guderian. L'influence des expériences militaires de la Première Guerre mondiale en France et en Allemagne », dans *Études gaulliennes*, t. 5, n° 17, janvier-mars 1977. Heinz Guderian, *Erinnerungen eines Soldaten*, Heidelberg, 1950 ; traduction française, *Souvenirs d'un soldat*, Plon, 1954, Perrin. 2017.
2. Estimations dans : colonel Goutard, *La Guerre des occasions perdues*, Hachette, 1956, p. 78 à 84 ; Heinz Guderian, *op. cit.*, p. 150 *sqq*.
3. Dans Jean Auburtin, *Le Colonel de Gaulle*, Plon, 1965, p. 96 *sqq*.
4. L. Mysyrowicz, *Autopsie d'une défaite*, Lausanne, L'Âge d'Homme, 1973. Cité dans François-Georges Dreyfus, « Le général de Gaulle et le corps cuirassé », dans *Études gaulliennes*, t. 4, n°s 15-16, juillet-décembre 1976.
5. Lucien Nachin a écrit un *Charles de Gaulle, général de France* publié en 1944 aux Éditions Colbert et réédité après sa mort chez Berger-Levrault (1971).
6. Lucien Nachin, *op. cit.*, p. 12-13.
7. Jacques Schapira et Henri Lerner, *Émile Mayer, un prophète bâillonné*, Michalon, 1995 ; Henri Lerner, « Le colonel Mayer et son cercle d'amis », *Revue historique*, CCLXVIII, 1981.
8. Évelyne Demey, *Paul Reynaud, mon père*, Plon, 1980.
9. *LNC*, t. II, *1919-juin 1940*, p. 396-397.
10. Ces lettres sont reproduites dans *En ce temps-là de Gaulle. La correspondance de Gaulle-Pétain* n° 15.
11. *LNC*, t. II, *1919-juin 1940*, p. 453.

12. *Ibid.*, p. 494.
13. Villelume a laissé un *Journal d'une défaite*, Fayard, 1996.
14. Maxime Weygand, *Mémoires*, t. III, Flammarion, 1950, p. 556.
15. Hans Umbreit, « Les Mémoires du général de Gaulle en tant que source historique de la campagne de 1940. L'engagement de la 4e DCR à Montcornet et Abbeville sous l'arrière-plan des documents allemands », dans *Études gaulliennes*, t. 8, n° 30, juin 1980, p. 47-50.
16. Rapporté par Alain Peyrefitte dans *C'était de Gaulle*, t. 1, p. 27-28.
17. *LNC*, t. II, *1919 juin 1940*, p. 476-477.
18. Paul de Villelume, *op. cit.*, p. 267.
19. Roland de Margerie, *Journal 1939-1940*, Grasset, 2010, p. 291.
20. Marc Ferro, « Le général de Gaulle sous-secrétaire d'État », dans *Esprit*, n° 73, 1990.
21. *MG*, t. I, p. 67.

第五章 自由法国，即三国战争

1. *MG*, t. I, p. 21.
2. *DM*, t. I, p. 3.
3. Mathieu van Berchem, « Les lumières suisses sur l'appel du général de Gaulle », swissinfo.ch ; Jacques Fourmy, dans *Revue historique et archéologique du Maine*, n° 10, 1990.
4. *Nazi-Soviet Relations 1939-1941*, Département d'État américain, 1948, p. 154.
5. Edward Spears, *Pétain-de Gaulle, deux hommes qui ont sauvé la France*, Presses de la Cité, 1966, p. 161.
6. *MG*, t. I, p. 159.
7. Léon Blum, *L'Œuvre de Léon Blum. Mémoires*, Albin Michel, 1955, p. 111.
8. Gaston Palewski, *Mémoires d'action*, Plon, 1988, p. 142.
9. Roger Stéphane, *Toutes choses ont leur saison*, Albin Michel, 1951, p. 27.
10. Jean Monnet, Mémoires, Fayard, 1976, p. 30-31.
11. Jean-Raymond Tournoux, *Pétain et de Gaulle*, Plon, 1964, p. 441-442.
12. *MG*, t. I, p. 72-73.
13. « De Gaulle, la Grande-Bretagne et la France libre », dans *Études gaulliennes*, n° 43, juin 1983.
14. Jean Monnet, *op. cit.*, p. 172-173.
15. Pierre Julitte, dans *Études gaulliennes*, t. 2, n° 6, avril-juin 1974.
16. *MG*, t. I, p. 73.

17. Jean-Noël Vincent, « Typologie des Français libres », dans *Les Armées françaises*, colloque de 1985, Fondation pour les études de défense nationale, 1986, p. 137 *sqq.*
18. *MG*, t. I, p. 84.
19. *Mémoires de guerre*, Gallimard, 2000, p. 592. Cité dans *De Gaulle et les élites*, La Découverte, 2008, article de Julian Jackson, « De l'appel de Londres au discours de Chaillot », p. 36.
20. Jules Roy, *Le Métier des armes*, Gallimard, 1948.
21. Phrase prononcée devant Henri de Kerillis, qui s'en fait l'écho dans son livre *Français, voici la vérité*, Éditions de la Maison française de New York, s.d.
22. Cité dans Guy Raïssac, *op. cit.*, p. 151.
23. Lettre reproduite dans Guy Raïssac, *op. cit.*, p. 472-474. Cette missive figure dans les *Mémoires* du général Catroux sous le titre « Dans la bataille de la Méditerranée », p. 71-72, mais sous une forme incomplète.
24. Missive reproduite dans Guy Raïssac, *op. cit.*, p. 169-170.
25. PRO, FO 371 36064.
26. *Ibid.*
27. René Cassin, *Les Hommes partis de rien*, Plon, 1975, p. 299-300.
28. Edward Spears, *op. cit.*, p. 177.
29. *LNC*, t. III, *juin 1940-juillet 1941*, p. 384-385.
30. PRO, FO 371 31948.
31. Mary Borden, *Journey Down a Blind Alley*, Londres, Hutchinson, 1947.
32. *DM*, t. I, p. 138-146.
33. Colonel Passy, *Souvenirs*, t. 1, Raoul Solar, 1969, p. 122.
34. *DM*, t. I, p. 15-16.
35. Edward Spears, *op. cit.*, p. 165-166.
36. Les textes de l'accord et des lettres d'accompagnement figurent dans *DM*, t. I, p. 277-283.
37. *Ibid.*, p. 282-283.
38. *Ibid.*, p. 89.
39. *LNC*, t. I, *1905-1918*, p. 127-128.
40. Témoignage de Geoffroy de Courcel dans *Espoir*, n° 57, 1986, p. 26-27.
41. *LNC*, t. III, *juin 1940-juillet 1941*, p. 148.
42. *Ibid.*, p. 150-151.
43. Jean-Paul Cointet, « Naissance d'un État, renaissance d'une nation : le manifeste de Brazzaville », dans *De Gaulle, la Belgique et la France libre*, journée d'études du 10 juin 1990, Bruxelles, 1991. Texte du manifeste et des ordonnances dans *MG*, t. I, p. 303-305.

44. Texte de la déclaration organique dans *DM*, t. I, p. 313-317.
45. PRO, FO 31948.
46. PRO, FO 371 36064, « An outline of relations between his Majesty's government and general de Gaulle between June 1940 and June 1943 ».
47. René Cassin, « Un coup d'État. La soi-disant Constitution de Vichy », dans *La France libre*, décembre 1940-janvier 1941.
48. MAE/CNF 29.
49. Note chronologique sur le statut international de la France combattante. MAE/CNF 191.
50. *LNC*, t. IV, *juillet 1941-mai 1943*, p. 51-54.
51. PRO, FO 371 28545.
52. De Gaulle a établi une note relative à cet entretien. *LNC*, t. IV, *juillet 1941-mai 1943*, p. 59-63.
53. PRO, FO 28545.
54. *Ibid.*
55. *LNC*, t. IV, *juillet 1941-mai 1943*, p. 77.
56. PRO, FO 371 28214.
57. PRO, FO 371 31942.

第六章 从北非登陆到临时政府：戴高乐赢得了将军们

1. PRO, FO 371 31950.
2. *Ibid.*
3. *MG*, t. II, p. 41.
4. *LNC*, t. IV, *juillet 1941-mai 1943*, p. 434.
5. *Ibid.*, p. 406.
6. *MG*, t. I, p. 381-385.
7. Dwight D. Eisenhower, *Croisade en Europe*, Robert Laffont, 1965, p. 171-176.
8. *Foreign Relations of the United States*, 1942. Vol. 2, *Europe*, Washington, United States Government, Printing Office, 1962, p. 523-524 (traduction de l'auteur).
9. MAE/CNF 32.
10. Nombreuses précisions dans François Levêque, « Les relations entre l'Union soviétique et la France libre », dans Maurice Vaïsse (dir.), *De Gaulle et la Russie*, CNRS Éditions, 2006, p. 19 *sqq*. Pour une vision d'ensemble, Hélène Carrère d'Encausse, *Le Général de Gaulle et la Russie*, Fayard, 2017.

11. Ivan Maïski, *Journal 1932-1943*, Les Belles Lettres, 2017.
12. *DM*, t. I, p. 205-207.
13. *DM*, t. I, p. 5-6.
14. Jean-Paul Cointet, « De Gaulle et la République ou la double reconnaissance », dans *Études gaulliennes*, t. 8, n° 31, décembre 1980.
15. *DM*, t. I, p. 262.
16. Henri Frenay, *La nuit finira*, Robert Laffont, 1970, p. 255-256.
17. *MG*, t. II, p. 54.
18. *LNC*, t. IV, *juillet 1941-mai 1943*, p. 431.
19. *Ibid.*, p. 158.
20. MAE/CNF, dossier n° 151.
21. *Ibid.*
22. *MG*, t. II, p. 31.
23. *LNC*, t. V, *juin 1943-mai 1945*, p. 31.
24. PRO, FO 371 36064 et 371 36047.
25. MAE/CFL 193.
26. *LNC*, t. V, *juin 1943-mai 1945*, p. 60-63.
27. *Ibid.*, p. 62.
28. Jean Monnet, *op. cit.*, p. 237.

第七章 战时戴高乐主义在关键时刻的表现

1. Michèle Cointet, *Histoire des 16. Les premières femmes parlementaires*, Fayard, 2017.
2. Jean-Baptiste Duroselle a dressé un tableau précis de ces « défaillances » et de ces ralliements dans *L'Abîme*, Imprimerie nationale, 1982, p. 417-452.
3. *MG*, t. II, p. 244.
4. MAE/GU 3945 1501.
5. *MG*, t. II, p. 245.
6. *LNC*, t. V, *juin 1943-mai 1945*, p. 103-104.
7. L'entrevue orageuse entre de Gaulle et Churchill a fait l'objet d'une publication par Mme Viénot dans *Le Monde* du 6 juin 1974.
8. Charles-Louis Foulon, « Le pouvoir en province à la Libération », Presses de la FNSP, 1975.
9. *DM*, t. II, p. 407.
10. Alain Peyrefitte, *C'était de Gaulle*, t. 2, Éditions de Fallois-Fayard, 1997, p. 84-86.
11. *MG*, t. II, p. 289.
12. *Ibid.*
13. Claude Guy, *En écoutant de Gaulle*, Grasset, 1996, p. 216-217.

14. Jean-Paul Cointet, *Paris 40-44*, Perrin, 2004, p. 280-315.
15. *MG*, t. II, p. 306.
16. Jean Cocteau, *Journal*, Gallimard, coll. « Bibliothèque de la Pléiade », 1963, p. 340.
17. *MG*, t. II, p. 311.

第八章 战时戴高乐主义与法国及国际现实的对抗

1. *MG*, t. III, p. 302-310.
2. Précisions tirées de l'article de Jean Delmas, « Les forces armées françaises en 1945 », dans *Historiens et géographes*, mai-juin 1945 ; Jacques Vernet, *Le Réarmement et la Réorganisation de l'armée de terre française, 1943-1946*, Vincennes, SHAT, 1980, p. 121-124.
3. Jacques Vernet, *op. cit.*
4. *Ibid.*
5. *MG*, t. III, p. 80.
6. *Ibid.*, p. 398.
7. *DM*, p. 487.
8. Claude Mauriac, *Un autre de Gaulle. Journal 1944-1954*, Hachette, 1970, p. 23.
9. *MG*, t. III, p. 284-285.
10. *Ibid.*, p. 271.
11. Selon Georges-Henri Soutou, c'est bien de Gaulle qui, de bout en bout, a voulu ce pacte, insistant notamment sur son aspect préventif ; dans *La Guerre froide de la France, 1941-1990*, Tallandier, 2018, p. 65-76.

第九章 冷战时期的戴高乐主义

1. Pierre Brossolette, *La Marseillaise*, 27 septembre 1942.
2. Jean-François Muracciole, *Les Français libres. Une aventure humaine*, thèse d'habilitation à diriger les recherches, université de Montpellier (inédite).
3. Bernard Lachaise, « Qu'est-ce qu'un compagnon ? », dans *De Gaulle et les élites, op. cit.*, p. 62-70.
4. Claude Guy, *op. cit.*
5. *MG*, t. I, p. 314.
6. *DM*, t. II, p. 102.
7. Rainer Hudemann, « La zone française d'occupation sous le

premier gouvernement du général de Gaulle », dans *Études gaulliennes*, t. VI, n°s 23-24, juillet-décembre 1978.
    8. *DM*, t. II, p. 309-310.
    9. *Ibid.*, p. 349-350.
    10. *Ibid.*, p. 524.
    11. *Ibid.*, p. 565.
    12. *Ibid.*, p. 506.
    13. Fernand L'Huillier, « Le problème allemand vu par Michel Debré entre 1948 et 1968 », dans *Études gaulliennes*, t. 6, n°s 23-24, juillet-décembre 1978.
    14. *DM*, t. I, 25 juillet 1944, p. 135.
    15. *Ibid.*, 21 décembre 1951, p. 490.

第十章　为了争取法国的地位、反对战争而进行的核试爆——一场政治献礼

    1. Nombreuses références dans Charles-Robert Ageron, « De Gaulle et l'Algérie », dans *Études gaulliennes*, t. 5, n°s 19-20, juillet-décembre 1977.
    2. *ME*, t. 1, 1962, p. 175.
    3. *LNC*, t. IX, *janvier 1961-décembre 1963*, p. 44.
    4. *DM*, 1946-1958, p. 273.
    5. *Ibid.*, p. 274.
    6. *LNC*, t. VIII, *juin 1958-décembre 1960*, p. 82-84.
    7. *MG*, p. 213.
    8. *DM*, t. III, p. 125-129.
    9. *DM*, t. I, p. 637.
    10. Sébastien Balibar, *Savant cherche refuge*, Odile Jacob, 2019, p. 138-139.
    11. Général Gallois, dans *L'Aventure de la bombe. De Gaulle et la dissuasion nucléaire*, colloque d'Arc-et-Senans, 27-29 septembre 1984, Plon, 1984, p. 199-200.
    12. *DM*, t. IV, p. 233.
    13. *Ibid.*, p. 71-76.
    14. *Ibid.*, p. 430-431.
    15. Conférence de presse du 10 novembre 1959, *DM*, t. III, p. 134.
    16. *DM*, t. V, p. 201.
    17. *DM*, t. III, p. 112.
    18. *MG*, t. I, p. 189.
    19. *Ibid.*, p. 190.
    20. André Malraux, *Les chênes qu'on abat, op. cit.*, p. 127.

参考文献

文献来源

MAE : ministère des Affaires étrangères, Paris
PRO : Public Record Office, Londres
FO : Foreign Office

戴高乐的图书作品

La Discorde chez l'ennemi, Berger-Levrault, 1924 ; Plon, 1972.
Le Fil de l'épée, Berger-Levrault, 1932 ; Plon, 1971.
Vers l'armée de métier, Berger-Levrault, 1934 ; Plon, 1971.
La France et son armée, Plon, 1938 et 1969.
Quatre études : *Rôle historique des places françaises* ; *Mobilisation économique à l'étranger* ; *Comment faire une armée de métier* ; *Mémorandum adressé par le colonel de Gaulle aux généraux Gamelin, Weygand, Georges et à MM. Daladier et Paul Reynaud*, Berger-Levrault, 1945 ; Plon, 1971.
Mémoires de guerre, t. I, *L'Appel, 1940-1942* ; t. II, *L'Unité, 1942-1944* ; t. III, *Le Salut, 1944-1946*, Plon, 1954, 1956, 1959.
Discours et messages, t. I, *Pendant la guerre, 1940-1946* ; t. II, *Dans l'attente, 1946-1958* ; t. III, *Avec le renouveau, 1958-1962* ; t. IV, *Pour l'effort, 1962-1965* ; t. V, *Vers le terme, 1966-1969*, Plon, 1970.
Mémoires d'espoir, t. I, *Le Renouveau, 1958-1962* ; t. II, *L'Effort, 1962*, Plon, 1970 et 1971.

戴高乐的文章和论著

Articles et écrits, « Une mauvaise rencontre » (1906) ; « La congrégation » (1908) ; « La bataille de la Vistule » (1920) ; « Préparer la guerre c'est préparer des chefs » (1921) ; « Le flambeau » (1927) ; « La défaite, question morale » (1927 ou 1928) ; « Philosophie du recrutement » (1929) ; « La condition des cadres dans l'armée » (1930 ou 1931) ; « Histoire des troupes du Levant » (1931) ; « Combats du "temps de paix" » (1932) ; « Pour une politique de défense nationale » (1933) ; « Le soldat de l'Antiquité » (1933) ; « Métier militaire » (1933) ; « Pour une armée de métier » (1934) ; « Le problème belge » (1936), Plon, 1975.

戴高乐的信件和笔记

Lettres, notes et carnets, t. I, *1905-1918* ; t. II, *1919-juin 1940* ; t. III, *juin 1940-juillet 1941* ; t. IV, *juillet 1941-mai 1943* ; t. V, *juin 1943-1945* ; t. VI, *mai 1945-juin 1951* ; t. VII, *juin 1951-mai 1958* ; t. VIII, *juin 1958-décembre 1960* ; t. IX, *janvier 1961-décembre 1963* ; t. X, *janvier 1964-juin 1966* ; t. XI, *juillet 1966-avril 1969* ; t. XII, *mai 1969-novembre 1970*, Plon, 1980-1988.

参考书目

戴高乐是继拿破仑之后，被研究得最多的法国历史人物。关于他的回忆录和记述有很多，传记更是汗牛充栋，记录的方式也各有不同。至于历史纬度的作品，无论是否在一个总的框架内，它们都足以填满整个图书馆。

因此，我不得不大幅缩减了参考书目的范围，由于本书的特定角度，这些书目大多涉及战争主题。碰巧的是，这个主题几乎没有被之前的作者选中。而本书的注释还涉及了其他一些参考文献。

传记

Jean-Luc Barré, *Devenir de Gaulle, 1939-1943*, Perrin, 2003.
Jean Lacouture, *De Gaulle*, 3 vol., Seuil, 1984-1986.
Paul-Marie de La Gorce, *De Gaulle entre deux mondes*, Fayard, 1964.
Éric Roussel, *De Gaulle*, Perrin, coll. « Tempus », 2006.

亲历者和见证者的著作

Raoul Aglion, *De Gaulle et Roosevelt*, Plon, 1984.
Barré (général), *Tunisie 1942-1943*, Berger-Levrault, 1950.
Pierre Billotte, *Le Temps des armes*, Plon, 1972.
René Bouscat (général), *De Gaulle-Giraud, dossier d'une mission*, Flammarion, 1967.
Paul-Louis Bret, *Au feu des événements. Mémoires d'un journaliste, Londres-Alger, 1940-1943*, Plon, 1959.
René Cassin, *Les Hommes partis de rien*, Plon, 1975.
Catroux (général), *Dans la bataille de la Méditerranée*, Julliard, 1949.
François Charles-Roux, *Cinq mois tragiques aux Affaires étrangères*, Plon, 1949.
Jean Compagnon (général), *Leclerc, maréchal de France*, Flammarion, 1994.
Maurice Couve de Murville, *Une politique étrangère, 1958-1969*, Plon, 1971.
Michel Debré, *Mémoires*, t. I à IV, Albin Michel, 1984.
Antony Eden, *Mémoires*, t. III, Plon, 1965.
Pierre Gallois, *Stratégie de l'âge nucléaire*, Calmann-Lévy, 1960.
Henri Giraud (général), *Un seul but : la victoire*, Julliard, 1949.
Claude Guy, *En écoutant de Gaulle. Journal 1946-1949*, Grasset, 1996.
Paul Huard, *Le Colonel de Gaulle et ses blindés*, Plon, 1980.
Alphonse Juin (maréchal), *Mémoires*, 2 vol., Fayard, 1959-1960.
Lattre de Tassigny (général de), *Histoire de la première armée française*, Plon, 1949.
Dominique Leca, *La Rupture de 1940*, Fayard, 1978.
Robert Mangin, *De Gaulle à Londres vu par un Français libre*, La Table Ronde, 1965.
Roland de Margerie, *Journal 1939-1940*, Grasset, 2010.
Pierre Messmer et Alain Larcan, *Les Écrits militaires du général de Gaulle*, PUF, 1985.
Jean Monnet, *Mémoires*, Fayard, 1976.
Robert Murphy, *Un diplomate parmi les guerriers*, Robert Laffont, 1965.
Lucien Nachin, *Charles de Gaulle, général de France*, Éditions Colbert, 1944.
Gaston Palewski, *Mémoires d'action, 1924-1974*, Plon, 1988.
Alain Peyrefitte, *C'était de Gaulle*, 3 tomes, Fayard, 1994-1998.
François Seydoux, *Mémoires d'outre-Rhin*, Grasset, 1975.
Paul Henri Siriex, *Souvenirs en vérité*, s.l.n.d. [1992].
Jacques Soustelle, *Envers et contre tous*, 2 vol., Laffont, 1955.
Edward Spears, *La Chute de la France*, Presses de la Cité, 1961.

—, *Pétain et de Gaulle, deux hommes qui sauvèrent la France*, Presses de la Cité, 1966.
—, *Fulfilment of a Mission : the Spears Mission to Syria and Lebanon, 1941-1944*, Londres, Leo Cooper, 1977.
Paul de Villelume, *Journal d'une défaite*, Fayard, 1976.
Sumner Welles, *L'Heure de la décision*, 2 vol., New York, Brentano's, 1946.

其他作品

Raymond Aron, *Le Grand Débat*, Calmann-Lévy, 1963.
Jean Auburtin, *Le Colonel de Gaulle*, Plon, 1965.
Éric Branca, *Washington contre de Gaulle*, Perrin, 2017.
Philippe Buton, Jean-Marie Guillon, *Les Pouvoirs en France à la Libération*, Belin, 1990.
Hélène Carrère d'Encausse, *De Gaulle et la Russie*, Fayard, 2017.
Philip G. Cerny, *Une politique de grandeur*, Flammarion, 1986.
Jean-Paul Cointet, *La France libre*, PUF, 1972.
—, « De Gaulle et Churchill », *Revue historique*, n° 544, octobre-décembre 1982.
Michèle Cointet, *De Gaulle et Giraud*, Perrin, 2005.
Michèle et Jean-Paul Cointet, *La France à Londres*, Bruxelles, Complexe, 1990.
François Delpla, *L'Appel du 18 juin 1940*, Grasset, 2000.
Jean-Baptiste Duroselle, *La Décadence, 1932-1939*, Imprimerie nationale, 1979.
—, *L'Abîme, 1939-1945*, Imprimerie nationale, 1982.
Marc Ferro, *De Gaulle et l'Amérique*, Plon, 1973.
André Fontaine, *Histoire de la guerre froide*, 2 vol., Fayard, 1965-1967.
Arthur Layton Funk, *Charles de Gaulle. The Crucial Years 1943-1944*, Norman, University of Oklahoma Press, 1959.
Raoul Girardet, *La Société militaire dans la France contemporaine*, Plon, 1952.
Henri-Christian Giraud, *De Gaulle et les communistes*, 2 vol., Albin Michel, 1988.
Nerin E. Gun, *Les Secrets des archives américaines*, Albin Michel, 1983.
André Kaspi, *La Mission Monnet à Alger, mars-octobre 1943*, Éditions Richelieu, 1971.
François Kersaudy, *De Gaulle et Churchill*, Plon, 1982.
William L. Langer, *Le Jeu américain à Vichy*, Plon, 1948.
Pierre Le Goyet (colonel), *La Participation française à la campagne d'Italie (1943-1944)*, Imprimerie nationale, 1969.

Henri Lerner, *Catroux*, Albin Michel, 1990.
François Levêque, *Les Relations franco-soviétiques pendant la Seconde Guerre mondiale*, thèse de doctorat, Paris I, 1992.
Christine Levisse-Touzé, *L'Afrique du Nord dans la guerre*, Albin Michel, 1988.
Pierre Maillard, *De Gaulle et l'Allemagne*, Plon, 1990.
Jacques Nobécourt et Jean Planchais, *Une histoire politique de l'armée*, 2 vol., Seuil, 1967.
Guy Raïssac, *Un soldat dans la tourmente* [Weygand], Albin Michel, 1963.
Lothar Ruehl, *La Politique militaire de la Ve République*, FNSP, 1976.
Jacques Schapira et Henri Lerner, *Émile Mayer, un prophète bâillonné*, Michalon, 1995.
Robert Sherwood, *Le Mémorial de Roosevelt*, Plon, 1950.
Georges-Henri Soutou, *La Guerre froide et la France, 1941-1990*, Tallandier, 2018.
Thibaut Tellier, *Paul Reynaud, un indépendant en politique*, Fayard, 2005.
Maurice Vaïsse, *La Grandeur*, Fayard, 1998.

集体作品

De Gaulle et la nation face aux problèmes de défense (1945-1946), Plon, 1983.
L'Aventure de la bombe. De Gaulle et la dissuasion nucléaire, 1958-1969, Institut Charles de Gaulle et université de Franche-Comté, Plon, 1985.
De Gaulle en son siècle, 8 vol., colloque de l'Unesco, 19-24 novembre 1990, La Documentation française/Plon, 1991-1992.
Militaires en République, 1870-1962 (dir. Olivier Forcade, Éric Duhamel et Philippe Vial), Publications de la Sorbonne, 1999.

期刊

Espoir
Études gaulliennes
Guerres mondiales et conflits contemporains

索 引

（索引页码为原著页码，即本书边码）

A

Adenauer, Konrad : 32, 278, 280, 296, 313, 316, 318.
Ailleret, Charles, général : 302.
Ardant du Picq, Charles : 69.
Aron, Robert : 88.
Astier de La Vigerie, Emmanuel d' : 18, 203.
Astier de La Vigerie, François d' : 197.
Auburtin, Jean : 88, 90-91, 354.

B

Bainville, Jacques : 33, 51.
Bardoux, Jacques : 61.
Barrès, Maurice : 28-30, 89, 154.
Baudouin, Paul : 121, 128.
Ben Bella, Ahmed : 236.
Bergson, Henri : 27, 30, 68.
Bernanos, Georges : 21.
Bernhardi, Friedrich von, général : 45.
Bethmann-Hollweg, Theobald von : 47.
Béthouart, Marie Émile Antoine, général : 142.
Bidault, Georges : 248.
Billoux, François : 258.
Bismarck, Otto von : 33.
Bloch, Marc : 57, 353.
Bloch, Pierre : 205.
Blum, Léon : 88, 91, 93, 102, 124, 140, 193, 205, 337, 355.
Bogomolov, Alexandre : 201, 229, 263.

Boisson, Pierre : 188, 212, 219.
Bonnier de La Chapelle, Fernand : 211.
Boris, Georges : 140, 208.
Boudienny, Semion, maréchal : 55.
Bourgès-Maunoury, Maurice : 301.
Brasillach, Robert : 99.
Bridoux, Eugène, général : 41.
Brosset, Diego, général : 235.
Brossolette, Pierre : 270, 359.
Butin, P. Augustin : 23.

C

Campbell, Ronald : 117, 121.
Capitant, René : 211, 273.
Cassin, René : 140, 150-151, 168, 172-174, 208, 356-357.
Catroux, Georges, général : 41, 66, 135, 138, 143, 145-148, 165, 167, 176-177, 180, 189, 216-217, 323, 331, 356.
Chaban-Delmas, Jacques : 273.
Chamberlain, Neville : 115.
Chateaubriand, François René de : 10, 18, 27, 43, 154.
Choltitz, Dietrich von, général : 244-245, 247, 254.
Churchill, Winston : 15, 115-117, 120-123, 125-127, 129-131, 133, 135-136, 145, 148-150, 156-160, 163, 165, 167, 170-171, 177-179, 181, 184-185, 188-190, 192, 195, 197, 199, 201, 215, 217, 220-222, 228-229, 238-242, 244, 258, 262-265, 275, 284, 292, 329, 358.
Clark, Mark, général : 190, 235.
Clemenceau, Georges : 31, 52, 109, 115, 248.
Cocteau, Jean : 248, 352, 359.
Colson, Louis, général : 128.
Corbin, Charles : 120-121.
Coulet, François : 174.
Courcel, Geoffroy de : 118, 124, 356.
Couve de Murville, Maurice : 215.

D

Daladier, Édouard : 92, 94, 96, 103-104, 109, 113.
Daniel-Rops : 88, 97.
Darlan, Alain : 188.

Darlan, François, amiral : 95, 121-122, 128, 176, 178, 184-185, 187-188, 190, 196-198, 210-212, 214, 235, 268.
Déat, Marcel : 90, 337.
Debré, Michel : 273, 280, 360.
Dejean, Maurice : 174, 196.
Dentz, Henri, général : 175-176.
Douhet, Giulio, général : 77.
Dreyfus, Alfred, capitaine : 21, 35, 87, 354.
Droit, Michel : 303.
Duboin, Jacques : 85.
Duclos, Maurice : 202.
Dufieux, Julien, général : 58.
Dulles, Allen : 204.
Dulles, John Foster : 298.
Dupuy, Pierre : 152.

E

Eden, Anthony : 156-157, 199, 215, 229, 239.
Eisenhower, Dwight David, général : 188, 194, 214, 221, 231-233, 241, 244-247, 252, 292, 296, 299, 345, 357.
Erhard, Ludwig : 319.
Estienne, Jean, général : 76, 84.

F

Faure, Edgar : 301.
Foch, Ferdinand, maréchal : 52-53, 87.
Fouchet, Christian : 138, 264, 314-315.
Fourcade, Marie-Madeleine : 204.
Fourcaud, Pierre : 202.
Frenay, Henri : 202-203, 209, 358.

G

Gabin, Jean : 257.
Gaillard, Félix : 301.
Gallois, Pierre, général : 302, 360.
Gamelin, Maurice, général : 94, 102, 105, 107, 109.
Garreau, Roger : 200.
Gaulle, Henri de : 18, 22.

Gaulle, Jacques de : 22.
Gaulle, Philippe de : 36.
Georges, Alphonse, général : 107, 217, 227.
Gerlier, Pierre, cardinal : 21.
Gide, Charles : 61.
Giraud, Henri, général : 96-97, 184-185, 187, 190, 196-198, 210-220, 222-225, 227-228, 230-237, 252-253, 268.
Giscard d'Estaing, Valéry : 61, 257.
Goethe, Johann Wolfgang von : 33, 68, 285.
Gouin, Félix : 205.
Grenier, Fernand : 205, 213, 218, 258.
Grunebaum-Ballin, Paul : 88, 93.
Guderian, Heinz, général : 77, 79, 82, 96, 106-107, 354.
Guitton, Jean : 88.
Guy, Claude : 10, 247, 272, 351, 356, 358-359.

H

Halifax, lord Edward : 157.
Hauck, Henri : 208.
Herriot, Édouard : 37, 66, 122, 129, 135, 193, 222, 268, 337.
Hettier de Boislambert, Claude : 138.
Hindenburg, Paul von, maréchal : 47.
Hitler, Adolf : 81, 91, 93, 128, 147, 164, 176, 244, 283, 329-330, 336, 338.
Hugo, Victor : 26.

I

Ikor, Roger : 88.

J

Jarry, Alfred : 85.
Jeanneney, Jules : 122.
Joliot-Curie, Frédéric et Irène : 300.
Jouhaux, Léon : 193, 337.
Joxe, Louis : 212.
Juin, Alphonse, général puis maréchal : 34, 219, 234- 236, 246-247, 265, 341.
Julitte, Pierre : 137, 148, 355.

K

Kennedy, John Fitzgerald : 309, 312.
Kerillis, Henri de : 135, 356.
Kieffer, Philippe, commandant : 242.
Kitchener, lord Horatio Herbert : 21.
Kluck, Alexander von, général : 46.
Kolb, Louis Philippe : 32.

L

Labarthe, Henri : 179.
Lagrange, Léo : 90.
Lamartine, Alphonse de : 9, 26.
Larminat, Edgard de, général : 220.
Lattre de Tassigny, Jean de, général puis maréchal : 21, 234, 236, 246, 249, 253.
Laurent, Jacques : 50, 353.
Laval, Pierre : 96, 143, 167, 183, 241, 283.
Leahy, William, amiral : 191, 195, 243.
Lebrun, Albert : 114, 122, 135.
Leclerc, Philippe de Hauteclocque, dit, général : 147, 187, 212, 220, 234-235, 237, 241-242, 244, 246-247, 253, 257, 260.
Le Cour-Grandmaison, Jean : 90.
Legentilhomme, Paul, général : 138.
Leger, Alexis : 135, 182, 222.
Lévy, Jean-Pierre : 203.
Liddell Hart, Basil Henry : 77.
Linares, François de, colonel puis général : 217.
Loustaunau-Lacau, Georges, commandant : 41.
Ludendorff, Erich : 47.

M

Macmillan, Harold : 292, 296, 312, 323.
Maïski, Ivan : 198-199, 358.
Malraux, André : 19-20, 140, 272, 319, 352, 360.
Mandel, Georges : 109, 115-116, 123, 129, 135, 182.
Marais, Jean : 257.
Marchand, Jean-Baptiste, commandant : 21.
Margerie, Roland de : 111, 118, 355.
Maritain, Jacques : 26, 207.

Marshall, George, général : 186, 275, 288.
Massigli, René : 228.
Massis, Henri : 88.
Mauriac, Claude : 262, 359.
Mauriac, François : 26.
Maurin, Louis, général : 81.
Maurois, André : 65, 135.
Maurras, Charles : 20, 31, 61, 74, 208.
Mayer, Daniel : 205.
Mayer, Émile, colonel : 86-89, 93, 97, 100, 354.
Mendès France, Pierre : 205, 301.
Menthon, François de : 273.
Mérat, Pierre, commandant : 76.
Michelet, Edmond : 27, 154, 202, 273.
Millerand, Alexandre : 90.
Mollet, Guy : 301.
Molotov, Viatcheslav : 122.
Monnet, Jean : 121, 125, 127, 135, 140, 215, 218-219, 224, 312, 355, 358.
Morand, Paul : 99.
Morton, Desmond, major : 171, 179.
Moulin, Jean : 209, 218.
Mounier, Emmanuel : 99, 207.
Murphy, Robert : 194, 216, 230.
Muselier, Émile, amiral : 143, 167, 179-180, 192.
Musset, Alfred de : 26, 68.
Mussolini, Benito : 128.

N

Nachin, Lucien, colonel : 65, 69, 86-88, 290, 353-354.
Napoléon Ier : 9, 11, 68, 100.
Napoléon III : 48.
Niessel, Henri, général : 56.
Nietzsche, Friedrich : 9, 25.
Noguès, Charles, général : 128-130, 135, 167, 212, 219, 328.
Norstad, Lauris, général : 302.

P

Palewski, Gaston : 104, 135, 140, 192, 272, 355.

Passy, André Dewavrin, dit, colonel : 202, 356.
Patton, George, général : 242, 246.
Paul-Boncour, Joseph : 90.
Peake, Charles : 153, 182.
Péguy, Charles : 23-24, 26, 29-30, 154, 207, 352.
Pétain, Philippe, maréchal : 35-36, 38, 40, 44, 54, 58-60, 62-63, 66-68, 70, 81, 97-99, 109, 112, 115-118, 121-122, 128-129, 132-133, 143, 145, 147, 149-150, 152, 164, 169, 187, 191, 195, 198, 202, 224, 227, 234, 241, 253, 255, 336, 354-355.
Petit, Ernest, général : 200.
Peyrefitte, Alain : 28, 352, 355, 358.
Peyrouton, Marcel : 217.
Philip, André : 190, 205, 332.
Pigeaud, Raymond, commandant : 76.
Pineau, Christian : 202.
Pinon, René : 61.
Pleven, René : 140, 178, 191, 273.
Poincaré, Raymond : 31.
Pompidou, Georges : 11, 28, 295.
Portes, Hélène de : 104.
Puaux, Gabriel : 135.
Pucheu, Pierre : 224.

Q

Queuille, Henri : 205.

R

Renan, Ernest : 33, 283.
Répessé, Étienne : 45, 86, 88.
Reynaud, Paul : 20, 85, 91-93, 102-104, 109, 111-113, 115-117, 124, 135, 140, 168, 354.
Rol-Tanguy, Henri, colonel : 247, 254.
Roosevelt, Franklin D. : 167, 185-186, 188-196, 200-201, 205, 210, 215-218, 220-221, 229, 233, 238-240, 243-245, 255, 258-259, 323, 344.
Rougier, Louis : 152.
Roure, Rémy : 85.
Roy, Jules : 141, 356.

S

Salan, Raoul, général : 289.
Schulenburg, Friedrich-Werner von der : 122.
Schuman, Robert : 278.
Schumann, Maurice : 140, 242.
Seeckt, Hans von, général : 77.
Serre, Philippe : 90.
Siegfried, André : 61.
Sorel, Albert : 27.
Sorel, Georges : 25, 285.
Soustelle, Jacques : 18, 140, 173, 231, 272.
Spears, Edward, général : 117, 120, 123-124, 130, 151, 153, 156, 158, 160-162, 174, 177, 197, 355-356.
Spengler, Oswald : 25.
Staline, Joseph : 39, 201, 229, 258-259, 263-265, 283.
Strauss, David : 283.

T

Taine, Hippolyte : 11.
Tardieu, André : 208.
Thierry d'Argenlieu, Georges, amiral : 9, 21, 138, 216.
Thiers, Adolphe : 154.
Tissier, Pierre : 169.
Tixier, Adrien : 140, 191, 259.
Tocqueville, Alexis de : 126, 154, 285.
Toukhatchevski, Mikhaïl, maréchal : 41, 54.
Truman, Harry : 259.

V

Vendroux, Yvonne : 56.
Verlaine, Paul : 65.
Veuillot, Pierre, cardinal : 21-22.
Viénot, Pierre : 222, 239, 358.
Villelume, Paul de, colonel : 104, 109, 111, 355.
Villiers de L'Isle-Adam, Auguste : 26, 68.
Vuillemin, Joseph, général : 95.

W

Weil, Simone : 20.
Weller, George : 178.
Weygand, Maxime, général : 54-55, 81, 105, 109, 112, 114, 116, 123, 138, 144-148, 167, 181, 183, 197, 323, 328, 355.

图书在版编目(CIP)数据

戴高乐:军人政治家的肖像/(法)让-保罗·宽泰著;卢梦雪译.—北京:社会科学文献出版社,2022.6

(思想会)

ISBN 978-7-5201-9971-1

Ⅰ.①戴… Ⅱ.①让… ②卢… Ⅲ.①戴高乐(De Gaulle,Charles Andre Joseph Marie 1890-1970)-传记 Ⅳ.①K835.657=5

中国版本图书馆CIP数据核字(2022)第054011号

思想会

戴高乐:军人政治家的肖像

| 著   者 / [法]让-保罗·宽泰(Jean-Paul Cointet) |
| 译   者 / 卢梦雪 |

| 出 版 人 / 王利民 |
| 责任编辑 / 刘学谦 |
| 责任印制 / 王京美 |

| 出   版 / 社会科学文献出版社·当代世界出版分社 (010)59367004 |
| 地址:北京市北三环中路甲29号院华龙大厦 邮编:100029 |
| 网址:www.ssap.com.cn |
| 发   行 / 社会科学文献出版社 (010)59367028 |
| 印   装 / 北京盛通印刷股份有限公司 |

| 规   格 / 开 本:880mm×1230mm 1/32 |
| 印 张:10.5 插页:0.375 字 数:256千字 |
| 版   次 / 2022年6月第1版 2022年6月第1次印刷 |
| 书   号 / ISBN 978-7-5201-9971-1 |
| 著作权合同登 记 号 / 图字01-2021-3501号 |
| 定   价 / 89.00元 |

读者服务电话:4008918866

版权所有 翻印必究